人民幣SDR時代與
香港離岸人民幣中心

主編　岳　毅

中銀大廈（中環花園道 1 號）

中國銀行大廈（中環德輔道 2A 號）

皇后大道中 4 號舊址

文咸東街舊址

1917 年 9 月 24 日，中銀香港的前身（中國銀行香港分號）在港島文咸東街 47 號開業，
迄今已在香港連續營業 100 周年。

推進人民幣國際化是百年中銀的責任與夢想！

SDR 時代的人民幣國際化

田國立

中國銀行董事長兼中銀香港董事長

過去幾年，人民幣國際化經歷快速發展後開始面臨調整壓力：一是中國經濟增速放緩，發展轉型任務突出，國際上出現懷疑中國經濟增長前景的雜音；二是國際經濟政治領域的不確定因素增多，美元走強、美聯儲加息攪動國際市場，資本大量回流美國，全球金融風險積聚和暴露，人民幣國際化的環境更加複雜；三是 2015 年「8·11」匯改後，人民幣匯率波動顯著，兌美元出現貶值，對人民幣國際使用意願產生一定影響。

然而，短期波動難掩長期趨勢。在市場動盪之下，人民幣國際化依然闊步前行。2016 年，新增三家清算行安排，總數達到 23 家，其中美國清算行落地具有標誌性意義；與三個國家央行新簽了貨幣互換協議，總數達到 36 個；人民幣跨境支付系統（CIPS）運行良好，直接參與者由投產時的 19 家擴展至 27 家，480 家間接參與者覆蓋六大洲 78 個國家和地區。人民幣加入特別提款權（SDR）於 2016 年 10 月 1 日正式生效，既是國際社會對前期成就的充分認可，也將成為人民幣國際化的新起點。展望未來，我

對人民幣國際化有以下三個基本觀點。

首先，SDR 時代的人民幣國際化，將為全球金融穩定注入新的正能量。

伴隨全球化進程，世界各國依存度空前提高，互相影響更為顯著。按購買力平價衡量，新興經濟體和發展中國家 GDP 總量在全球佔比已接近 60%，成為推進發展、減少貧困的重要力量；不再僅僅是發達經濟體政策溢出的被動接受方，也會對發達經濟體產生較強的回溢作用。因此，未來全球金融穩定，應當是發達經濟體與新興經濟體和發展中國家共同的責任，新型國際貨幣夥伴關係亟待建立。

2015 年底以來，美聯儲加息引發了一系列市場動盪，非美元貨幣普遍貶值，跨境資本流動的短期性與波動性已經成為國際金融穩定的重大威脅。這些現象深刻揭示出現行貨幣體系的系統性缺陷，過度依賴美元的國際貨幣框架日趨不穩。

過去一年多的市場波動證實了人民幣國際化的全球價值。以匯率為例，儘管新匯改後人民幣波動幅度加大，2016 年人民幣匯率平均每日變動率為 0.12%，而其他 SDR 籃子貨幣的平均每日變動率普遍超過 0.34%；人民幣加入 SDR 有利於全球匯率穩定，使 SDR 匯率波動有所下降。

人民幣國際化並非破舊立新，而是尊重現有框架，深化與美元、歐元等主要貨幣的互補合作，攜手維護全球金融穩定。在納入人民幣後，SDR 更具有代表性，可以在推動完善現行國際貨幣體系方面發揮更大的作用，比如：可以考慮擴大 SDR 使用範圍，

推動在國際貿易、投資以及大宗商品計價等方面的應用，通過完善發行、定值與清算安排，充分發揮出 SDR 穩定貨幣的核心功能。

其次，SDR 時代的人民幣國際化，借助於中國實體經濟的穩步發展，將邁上新台階。

2016 年 12 月，中國銀行發佈了新一期《人民幣國際化白皮書》，近七成的受訪境外企業計劃在跨境交易中使用或進一步提升人民幣的使用比例，充分表明對人民幣跨境使用的強烈信心，這種信心源自於對中國經濟未來發展的洞察。基於中國 GDP、國際貿易地位和「一帶一路」戰略推進等基本面的支撐，我認為未來五至十年內，人民幣躍升為主要國際貨幣的前景越發清晰。

其一，國際結算使用的潛力巨大。2016 年，人民幣在中國跨境貨物貿易結算中的佔比為 17%，對比 SDR 籃子貨幣在本國跨境結算中佔比普遍高於 40% 的經驗，人民幣在國際支付中提升的空間很大。最重要的是，中國經濟規模世界第二，未來五年仍將維持在 6.5% 左右的中高速增長，在全球領先；中國已成為第一出口大國，貿易質量與效益都在不斷提升；中國對外投資正處於加快時期，金融市場開放進入新階段。未來，人民幣將以服務「貿易投資和產業鏈升級」為重點，助推「一帶一路」建設，積極參與大宗商品市場定價，搭建國際產能和裝備製造合作的金融服務平台，在跨境結算中發揮更大作用。

其二，國際投融資使用空間廣闊。當前，人民幣已經成為全球主要的貿易融資貨幣、國際銀行負債貨幣和國際債券市場貨

幣。隨著全球基礎設施建設、產業投資與貿易金融服務需求的擴大，主要國際貨幣面臨流動性逆轉的挑戰，加入 SDR 籃子的人民幣將繼續抓住機遇，深入參與國際投融資市場，特別是在參與亞投行等國際金融機構投融資活動、發展人民幣國際債券市場、擴大中資大銀行的跨境借貸業務等方面，發揮更大的作用。例如，當前國際投資者持有中國境內人民幣債券佔比不足 2%，而德、英、美、韓等國家均在 10% 以上，人民幣在國際融資活動中大有可為。

其三，外匯交易使用更為頻繁。2015 年新匯改後，人民幣在國際外匯市場中的交易需求大為提升。據國際清算銀行（BIS）統計，2016 年 4 月，全球人民幣日均外匯交易量 2,020 億美元，佔比由 2013 年的 2.2% 上升至 4.0%，人民幣成為交易量最大的新興市場貨幣。除了跟隨實體經濟投資、貿易需求量的自然增長外，政策放開、市場化改革提速將會帶來新的發展機遇。2015 年「8‧11」匯改當月，境內人民幣外匯交易量較上月增長近 30%；全球範圍內的人民幣外匯交易上升，一度推動當月人民幣國際支付佔比超過日圓。未來，通過增加人民幣直盤交易幣種與計價商品類型，開發人民幣金融衍生產品，把握利率、匯率波動中的業務機遇，人民幣在支持交易需求、幫助市場主體管理風險等方面將會大顯身手，外匯交易舞台將會更加廣闊。

其四，納入更多國家的儲備貨幣。當前人民幣已經成為 40 多個國家或地區的外匯儲備資產，加入 SDR 更增強了人民幣作為國際儲備貨幣的吸引力。未來，隨著越來越多的國家把人民幣

納入儲備貨幣，對人民幣資產的需求會快速增加，這將大大推動國際貨幣格局的改變。

最後，要穩妥推進改革政策，夯實人民幣國際化的基礎。

經歷七年快速發展後，當前人民幣國際化出現波動，這是「波浪式前進」、「螺旋式上升」的正常現象。隨著人民幣跨境使用規模越來越大、地域越來越多、範圍越來越廣，人民幣國際化面臨的環境必然越來越複雜，要實現順利發展，更加有賴於國內金融改革的穩步推進。

一是切實理順國內金融體系，形成與跨境人民幣流動規模相適應的市場基礎。完成利率市場化改革進程，形成完整的國債收益率曲線，建立更為有效、合理的在岸、離岸人民幣市場定價基準。深化人民幣貨幣市場、債券市場、外匯市場和衍生品市場的建設，為人民幣國際使用創造更有深度的國內市場環境。

二是加強基礎建設，提升人民幣使用的效率與便利性。要進一步完善統計信息與監測分析，完善跨境支付、結算等金融基礎設施建設，加強政策溝通，接軌國際慣例，降低人民幣跨境使用成本，提升使用效率，增強便利性。

三是把握發展與穩定的關係，提升金融體系抗風險水平。要根據經濟發展需要、國際收支等情況，把握時間窗口，有序推進國內金融市場開放，調整完善監管體系與政策工具，搭建有中國特色的宏觀審慎管理框架，守住不發生系統性金融風險的底線。立足實體經濟與對外開放需要，進一步完善跨境人民幣使用政策，降低跨境經貿活動的金融風險。

四是擴大國際合作，進一步發揮人民幣國際化在完善國際貨幣體系中的作用。通過助力完善全球金融安全網，以人民幣雙邊互換協議補充現有發達國家間互換安排，為全球特別是新興經濟體提供緩衝保障；更加注重研究分析，評估政策「溢出」與「回溢」效應，更好發揮人民幣在國際貨幣體系中的穩定作用。

　　總之，人民幣國際化具有深厚的基礎，在加入 SDR 後，它可以在促進國際貨幣體系改革和國際金融穩定中發揮更重要的作用，也必然邁向新的發展階段。

　　作為一家著眼於全球化發展的大型銀行，中國銀行始終站在人民幣國際化業務前沿。推進人民幣國際化，既是百年中行的責任與夢想，也是我們緊抓戰略機遇的必然選擇。站在新的歷史起點上，中國銀行必將在人民幣國際化大潮中煥發新的活力。

　　1917 年，中國銀行在香港開設了境外第一家分支機搆，一百年來，一直秉持根植於斯、服務於斯的經營理念，積極參與香港經濟發展，全力支持國家經濟建設，在新時代更加致力於維護香港的繁榮穩定，擔當社會責任，做最好的銀行。如今，中銀香港已發展成為香港最大的銀行集團之一，並擔當發鈔銀行角色。

　　作為中國銀行、也是中資銀行規模最大的海外機構，中銀香港在推動人民幣國際化的過程中發揮了不可替代的作用。從 2003 年成為第一家清算行開始，中銀香港一直是人民幣國際化的積極推動者和離岸人民幣市場的開拓者，參與完成了第一筆跨境貿易人民幣結算、第一筆人民幣外商直接投資（FDI）、第一筆企業點心債和第一筆人民幣 IPO 的承銷，創立了離岸人民幣（CNH）

外匯交易。中銀香港營運的香港人民幣實時支付結算系統（RMB RTGS）是全球服務時間最長，首個覆蓋歐洲、美洲及亞洲時區的人民幣清算服務系統，在離岸市場人民幣清算中佔據主導地位。中銀香港的人民幣存款、貸款、貿易結算、資金業務等一直處於市場領先地位。

中銀香港在推動離岸人民幣業務前行的同時，也培養了一支精幹的人民幣業務研究力量，發表了大量的研究成果。他們中很多是在離岸市場一線摸爬滾打多年的業務專家，掌握第一手的市場數據，因此分析視角也更能接近市場運行的本質。我很欣慰地看到中銀香港的各位專家將他們近期對人民幣的相關研究成果集結成冊，這既是對之前發展歷程和經驗的梳理和總結，也為未來的發展之路做了有益討論，提出了很多前瞻性的觀點。相信本書能夠為關注人民幣國際化和離岸人民幣市場發展的人士提供非常有價值的參考。⊕

序二

人民幣加入SDR強化
香港離岸人民幣中心地位

陳德霖

香港金融管理局總裁

2016年10月1日，人民幣正式加入國際貨幣基金組織（IMF）特別提款權（SDR）貨幣籃子，是人民幣國際化的重要里程碑。

回顧人民幣國際化過去十幾年的歷程，香港一直憑藉一國兩制的獨特優勢，扮演著「先行者」的角色。2003年中國人民銀行委任中國銀行（香港）為首間境外人民幣清算行。次年，香港的銀行正式推出個人人民幣業務，為香港離岸人民幣業務中心建設揭開了序幕。2007年1月，中國人民銀行允許內地金融機構在香港發行人民幣債券（點心債），而國家開發銀行於同年7月成功發行了首筆50億元的離岸人民幣債券。2009年7月內地推出跨境貿易人民幣結算安排，並以香港作為首個試點之一，使香港人民幣業務由個人擴展至企業和機構。當然，還有2011年放寬以人民幣支付境內外雙向直接投資和開通人民幣合格境外機

構投資者（RQFII）計劃、2015年推出的兩地基金產品互認機制，以及分別於2014及2016年啟動的「滬港通」和「深港通」等等，都大大拓展了香港的人民幣業務範圍。十多年來，香港離岸人民幣業務在多方位全面發展，時至今日，正如在國家「十三五」規劃中給我們的定位，香港已成為名副其實的全球離岸人民幣業務樞紐。

然而，面對國際金融領域日益激烈的競爭，我們絕不能鬆懈，畢竟「逆水行舟，不進則退」。要維持香港離岸人民幣業務的優勢，以及抓緊人民幣加入SDR帶來的機遇，關鍵在於繼續把握好三大要素——政策空間（Policy Headroom）、市場基建（Infrastructure）、人才／產品（People／Products），即PIPs。

第一個方面，政策空間。拓展離岸人民幣業務，市場力量固然重要，但人民幣國際化步伐很大程度上取決於政策空間。近年，隨著中國資本帳持續開放，內地陸續推出多項政策，包括上文提到的人民幣跨境貿易結算、RQFII、「滬港通」、「深港通」等，都是重大舉措，擴大了人民幣跨境流動渠道，強化了香港作為內地與世界之間的金融橋樑。我們會繼續與內地當局緊密合作，持續開拓更大的政策空間，鞏固及提升香港人民幣業務的發展。

第二個方面，市場基建。要成為全球離岸人民幣中心，一流的市場基建是重要一環，其中包括充裕的流動性。在這方面，金管局近年做了不少工作，包括在2012年開始向市場提供流動性支持和在2014年委任香港人民幣市場的一級流動性提供行，我

們還於 2016 年擴大了計劃。事實證明，金管局的人民幣流動資金安排行之有效，尤其在離岸人民幣市場資金供求出現波動時，能夠發揮穩定作用。

第三個方面，人才和產品。我經常強調，「軟實力」是金融中心競爭力的核心。一流的國際金融中心必須能夠匯聚人才去設計、開發、銷售各種切合消費者需要的金融產品。金管局一直十分重視軟件方面的建設，並與業界緊密合作培育各方面的金融人才，以及鼓勵業界豐富人民幣產品和服務。過去幾年與業界組織合作，推出多項措施，包括 2013 年成立私人財富管理公會，2014 年為私人財富管理從業員設立「優化專業能力架構」並推出培訓課程等。未來金管局將會與業界繼續衷誠合作，致力推動銀行樹立正確的企業文化和價值觀。

人民幣加入 SDR，將為人民幣業務發展注入更多動力，境外對人民幣資產以及衍生的資產管理和風險管理服務需求也會逐漸增加。如何做好 PIPs 三方面的工作，把握新的機遇，需要所有持份者共同探討和努力。我很高興看到中銀香港出版《人民幣 SDR 時代與香港離岸人民幣中心》新書，從人民幣加入 SDR 後人民幣業務發展趨勢、離岸人民幣市場波動及運行規律、跨境人民幣政策解讀、銀行人民幣業務的實務及產品、人民幣國際化前瞻等不同角度進行深入探討，針對大家關心的重大問題充分展示了真知灼見，體現了中銀香港研究團隊的實力及專業精神，相信會為讀者提供寶貴的參考和啟示。⊕

目　錄

第三章　離岸人民幣市場運行機制探索

第四章　最新跨境人民幣政策動向

第五章 大力拓展香港離岸市場人民幣業務

第六章 資本項目開放及香港離岸人民幣中心前瞻

第一章

開篇——SDR 時代的
人民幣業務

抓住「入籃」有利契機 發揮香港離岸人民幣業務 樞紐作用

岳 毅（中銀香港副董事長兼總裁）

2016 年 10 月 1 日，人民幣正式加入特別提款權（Special Drawing Rights, SDR）貨幣籃子，人民幣國際化由此進入一個新階段。回顧人民幣國際化走過的道路，香港一直扮演著「開路先鋒」的特殊角色，在協助國家將人民幣推向更廣泛的全球市場的同時，也築建了一個有一定深度的離岸人民幣中心。然而，隨著人民幣晉升為主要國際貨幣，影響香港人民幣業務的因素也更加複雜，主要業務指標出現波動，匯率、利率變化也更具不確定性。作為境外人民幣業務樞紐的香港，必須適應人民幣國際化的變化，力爭更準確地把握新環境下人民幣業務的運行規律，協助內地解決由離岸人民幣市場向縱深發展而不斷產生的各種問題，同時亦更好地把握住人民幣「入籃」的歷史機遇。

一／香港已成為境外人民幣業務的樞紐

自 2003 年底內地在香港委任人民幣清算行並開展四項個人人民幣業

務，香港金融業把握先發優勢，拓展各項人民幣業務，香港人民幣市場逐漸形成及發展。2013年台北、新加坡等其他地區建立人民幣清算行時，香港離岸人民幣中心已趨於成熟。

——香港擁有境外最大的人民幣資金池，高峰時存款超過1萬億元（人民幣，下同），佔境外人民幣存款一半以上；

——香港是最主要的人民幣債券（點心債）市場，高峰時年發行量約2,000億元，居境外地區之首；

——香港是境外最大的人民幣外匯交易中心，即期、遠期及衍生品齊全；

——香港是境外最重要的人民幣貸款中心，包括對本地貸款、跨境直貸及貿易融資，貸款餘額約3,000億元；

——香港是境外最主要的人民幣資產管理中心及人民幣保險市場；

——香港是離岸人民幣清算業務的最重要樞紐，其即時支付結算（Real Time Gross Settlement, RTGS）系統覆蓋六大洲30多個國家和地區，是境外人民幣進出境內的主要通道；

——香港是離岸人民幣定價中心，初步形成國債孳息率曲線，並公佈人民幣香港銀行同業拆息（CNH Hong Kong Interbank offered Rate, CNH HIBOR）定盤價。

中央從一開始就重視利用香港離岸人民幣中心，推動人民幣國際化。2011年3月公佈的「十二五」規劃將港澳地區獨立成章，明確提出「支持香港發展成為離岸人民幣業務中心」。同年8月，中央在香港宣佈了多項重要政策措施，推動香港發展人民幣業務中心。香港離岸人民幣市場迅速發展，並出色地完成了各項跨境人民幣業務政策的試點工作，保證人民幣國際化順利展開。

隨著香港離岸人民幣中心日趨成熟，人民幣業務開始向更廣泛的境外地區輻射，並具備了支持其他地區發展人民幣業務的能力，中央也對香港提出了更大的期望。2016年3月公佈的「十三五」規劃進一步提出，「要

發揮港澳獨特優勢，提升港澳在國家經濟發展和對外開放中的地位和功能」，強調「支持香港強化全球離岸人民幣業務樞紐地位和國際資產管理中心功能。」

二 ／ 香港離岸人民幣中心受到來自各方面的挑戰

隨著人民幣國際化全面推進，人民幣的國際貨幣功能不斷提升，全球市場接受人民幣程度持續上升，各國政府看到人民幣成為主要國際貨幣的發展前景，積極採取措施推動人民幣業務，從而亦對香港離岸人民幣中心構成強大的競爭壓力：

一是跨境政策惠及全球，香港不再享有「獨一無二」優勢。毋庸諱言，香港能夠率先建立起離岸人民幣中心，很大程度上受益於政策先行先試。中國人民銀行（簡稱人行）在推動人民幣跨境使用的最初幾年，基本上都以香港為試點地區。例如，首先把香港列為跨境貿易人民幣結算的境外試點地區；首先在香港發行人民幣金融機構債券、企業債及國債；首先開展外商直接投資人民幣結算；首先批准香港試點人民幣合格境外機構投資者（Renminbi Qualified Foreign Institutional Investor, RQFII）並授予境外最大的 RQFII 額度；首先允許前海從香港借入人民幣貸款。在香港試點上述政策的大部分時間內，其他境外地區並未大規模參與進去。這幾年人行政策面向更多境外地區，包括跨境人民幣貸款、RQFII、本幣互換協議、境外發債、人民幣境外投資，香港已沒有特殊業務，站在了同一起跑線。

二是競爭對手重視發展人民幣業務，步步進逼香港。離岸人民幣業務的發展格局發生很大變化，人行在香港以外地區一共委任了 23 家人民幣清算行，覆蓋各大洲及主要國際金融中心，分流了香港的人民幣清算量。35 個國家和地區與人行簽訂雙邊本幣互換協議，合計 3.33 萬億元。17 個國家和地區獲得 RQFII 額度，總額度達 1.46 萬億元。香港獲得 2,700 億元

總額度，而其他國家如新加坡、英國、韓國獲批額度合計也有 2,400 億元。新加坡專享對蘇州、天津及重慶；台灣地區專享對福建跨境人民幣貸款政策優惠。財政部及人行分別在英國發行人民幣國債及票據。一些國家的領導人在國事活動中主動營銷，爭取獲得優惠政策。與香港相比，其他主要國際金融中心的優勢不容忽視——倫敦兼具全球最大的離岸金融中心及歐洲時區優勢，新加坡的外匯交易、大宗商品交易及資產管理實力雄厚，享有東南亞地理優勢，都足以向香港發起挑戰。

三是市場波動顯著擴大，最大離岸人民幣市場承受最大壓力。最初幾年，香港發展人民幣業務比較順利。人民幣匯率持續升值，人民幣大量流入香港，又可通過不斷擴大的回流渠道投資境內市場，令香港人民幣業務形成良性循環，因而成為香港銀行業主要收入來源。然而，人民幣匯率轉為雙向波動後，尤其是「8·11」（2015 年 8 月 11 日）後出現較大幅度的貶值，原有的業務模型難以持續，各項人民幣業務出現不同程度的萎縮。相對其他境外地區，香港人民幣市場規模更大、銀行業對人民幣業務更加投入，由市場波動造成的業務調整也就更加明顯。2015 年下半年銀行業稅前盈利下降 15.5%，與人民幣收入下降有一定關係。其他境外地區人民幣業務起步晚，基數小，影響較為輕微。

然而，儘管其他離岸人民幣中心迎頭趕上，而市場環境亦日趨複雜，但香港金融業能夠以持之以恒的競爭意識、創新精神及適應能力應對各種挑戰。

相對境外主要競爭對手，香港與內地經貿關係更加緊密，特別是「走出來」的中資企業將香港作為境外首選融資平台、財資管理中心及業務運營平台，「走進去」的跨國公司將香港作為投資中國市場的跳板，人民幣業務需求源源不絕；而相對境內主要國際金融中心，香港具有與國際接軌的制度結構及營商模式，有利於人民幣向外拓展。

總而言之，香港具有境外不具備的「境內優勢」及境內不具備的「境

外優勢」，只要金融機構堅持不懈，香港作為首要離岸人民幣業務中心地位不會動搖。

三 ╱ 「入籃」後人民幣業務轉軌進入新階段

2015 年國際貨幣基金組織（International Monetary Fund, IMF）重啟五年一次的對 SDR 貨幣籃子的評估，並據此對貨幣籃子進行調整，引起全球市場對人民幣的廣泛關注，亦形成了人民幣國際化的 SDR 效應。同年 11 月 30 日，由 188 家央行共同組成的 IMF 執董會一致同意將人民幣納入 SDR 貨幣籃子，並確定了 10.92% 的第三大權重。2016 年 10 月 1 日此項決定正式生效。

人民幣成功「入籃」，被公認為主要國際貨幣，取得與美元、歐元、英鎊及日圓同等重要地位，並從國際支付貨幣、外匯交易貨幣提升為國際儲備貨幣，極大地推動了人民幣國際化。但人民幣成為主要國際貨幣，不可避免將要經受全球金融市場的大風大浪。2015 年 8 月 11 日人行對中間價形成機制進行市場化改革，引起市場過度反應，離岸人民幣市場大幅波動，國際炒家藉機做空人民幣。經過宏觀調控，市場信心才得以恢復。

從 IMF 重新評估 SDR 貨幣籃子到人民幣正式「入籃」，人民幣業務發生以下一些重要變化：

1 ╱ 人民幣走向「深藍」，匯率、利率波動成為常態，市場承受能力有所提高

離岸人民幣市場不斷擴大，並從亞洲時區走向歐美時區，人民幣匯率雙向波動格局已經形成。「8‧11」後，受內外經濟基本面及一些突發事件的影響，人民幣匯率波動明顯加大，有時會在很短時間內發生急劇變化。從「8‧11」至 2016 年底，人民幣兌美元中間價、在岸市場匯率

（CNY）及離岸市場匯率（CNH）分別貶值 13.4%、11.8% 及 12.2%。事實上，主要國際貨幣大幅波動是一種常態。經過「8．11」市場考驗，加上人行加強預期管理，離岸市場改變了單邊貶值預期，逐漸接受人民幣雙向波動，大規模拋售不復存在。同樣，離岸利率波動也成為常態，2016 年以來 CNH HIBOR 幾次抽緊，最高隔夜 CNH HIBOR 定盤價一度達到 66 厘，但市場運行保持基本正常。

2 ／ SDR 效應逐漸顯現，全球初現人民幣資產熱，購買境內外債券增多

人民幣加入 SDR 的最直接影響，是全球央行持有人民幣外匯儲備及機構投資者配置人民幣資產的需求明顯上升。人民幣國際化最初幾年，不斷有外國央行對人民幣表現出濃厚興趣並實際持有。根據 IMF 調查，2014 年底宣佈持有人民幣外匯儲備的國家有 38 個，人民幣資產規模為 746 億美元。人民幣被納為 SDR 籃子貨幣進一步刺激境外央行增持，2015 年底持有人民幣外匯儲備的外國央行達 50 個，持有人民幣資產餘額 8,647 億元（折合 1,332 億美元）。外國央行增持行為又影響到機構投資者的投資意願及興趣。在離岸市場，高等級人民幣債券受到追捧，以至於出現人民幣「資產荒」。在境內市場，外國央行及機構投資者加快投資步伐。2016 年底，銀行間債券市場境外機構託管量為 7,788 億元，比 2015 年底增加 1,763 億元，增幅達到 29%。

3 ／ 市場波動後續影響尚未消除，離岸人民幣存款持續減少

市場波動對香港人民幣業務造成不利影響，首當其衝的是人民幣資金池的大幅萎縮。由於香港貿易商擔心人民幣進一步貶值，在出口內地時採取人民幣結算有所減少，令貿易項下流入香港的人民幣也相應減少；另一方面，香港居民持有的人民幣資產受到一定影響，兌換港元及美元增加。

2016 年 12 月底香港人民幣存款餘額 5,467 億元，比 2015 年底減少 3,044 億元（跌幅為 36%），比高峰時的 2014 年 12 月減少 4,569 億元（跌幅為 46%），是香港離岸市場建立以來最嚴重的滑坡。此外，人民幣存款證（Certificate of Deposit, CD）發行成本較高，發行量大幅減少，2016 年 9 月底餘額 777 億元，比 2015 年底減少近一半。

4 ／ 境內外資金價格倒掛影響持續，人民幣貸款增速有所放緩

近年來，內地連續在前海、上海自貿區及其他地區試點跨境人民幣貸款業務，並推出本外幣全口徑跨境融資宏觀審慎管理政策，促進香港人民幣貸款迅速增長。2014 及 2015 年人民幣貸款均增長六成左右，到 2015 年 12 月達到 2,974 億元，成為香港銀行業重要的資產業務。然而，2015 年下半年的市場波動影響了境內外人民幣資金價格對比，自「8·11」後境外資金價格超過境內市場後，2016 年「倒掛」依舊維持，香港三個月同業拆息平均高出 120 基點，跨境貸款漸失成本優勢，9 月份貸款餘額 3,074 億元，比 2015 年底微增 3%，增長動力小於前兩年。

5 ／ 多種因素共同作用，點心債發行「冷凍」，熊貓債成為市場「新寵」

2014 年是點心債市場的黃金期，全年發行 2,018 億元，但進入 2015 年卻發生逆轉，全年新發行 841 億元，同比下降近六成。特別是「8·11」後，人民幣貶值抑制投資需求，資金成本上升又影響商業機構發債興趣，加上境內債券市場反彈及國外機構獲准在內地發行人民幣債券（熊貓債）分流，點心債連續數月零發行。2016 年以來發行量進一步萎縮，全年發行 422 億元。扣除財政部在香港發行國債，商業機構發債進入冰凍期。相反，2013 年底熊貓債重啟後，在政策鼓勵及境內融資成本下降雙重刺激下，迅速進入發行旺季。全年熊貓債發行量超過 1,200 億元，其中銀行間債券市

場發行 400 億元。2016 年，境外機構還在境內市場發行了兩筆以人民幣計價的 SDR 債券。

6 ／ 歐美人民幣使用增多，有助於人民幣國際支付見底回升

由於人民幣在貿易結算、外匯交易及債券發行的使用越來越多，金融機構之間的人民幣支付量迅速增長。根據環球銀行金融電信協會（Society for Worldwide Interbank Financial Telecommunication, SWIFT）數據，2015 年 8 月人民幣支付金額的全球佔比升至 2.79%，首次排名各種貨幣中第四（只用三年排名就上升八位）。在亞太區金融機構與中國內地及香港的支付中，人民幣排在首位。此後的市場波動一度令人民幣支付量有所下降，排名後退兩位。隨著市場信心復甦，人民幣支付再度反彈，尤其是歐美地區使用人民幣上升，增加了支付量。歐洲和美國與中國內地和香港之間的人民幣支付已佔全球三分之一，英國和美國分別排在香港以外境外地區的第一及第四位。2016 年 9 月人民幣支付的全球佔比反彈至 2.03%，排名升回第五位，全球有 1,200 多家金融機構之間使用人民幣支付。

7 ／ 人民幣外匯交易活躍，香港穩居離岸最大交易中心

人民幣外匯交易相當活躍，已成為全球外匯市場主要交易幣種之一。根據國際清算銀行（Bank for International Settlements, BIS）調查，2016 年 4 月人民幣日均外匯交易達到 2,020 億美元，比 2013 年 4 月調查時增長 68%。人民幣在所有貨幣中的佔比從 2.2% 升至 4%，排名從第九位升至第八位，並與排名第五至七位的澳元、加元及瑞士法郎相差不遠。在離岸市場，香港、新加坡、英國和美國外匯交易量最大。其中，香港人民幣以 771 億美元排名第一，新加坡、英國、美國分別為 425、391 及 242 億美元。

8 ／ 美國清算行成功登陸，全球人民幣清算體系連成一片

2016 年 6 月第八輪中美戰略與經濟對話就進一步發展在美人民幣交易與清算能力達成一系列共識，包括中美各指定一家清算行、中方給予美方 2,500 億元 RQFII 額度等。9 月份人行授權中國銀行紐約分行擔任美國人民幣清算行，令人民幣業務在全球最大經濟體落地。自 2003 年人行首次在香港委任人民幣清算行，2013 年以後加快建設境外人民幣清算體系，累計委任 23 家人民幣清算行，覆蓋東南亞、西歐、中東、北美、南美、非洲、大洋洲。人民幣清算行落戶美國，完成了清算行全球版圖重要佈局，對保證境外人民幣資金往來的安全及順暢，促進各地人民幣業務發展，具有重要意義。

2015 年 10 月人行成功上線人民幣跨境支付系統（Cross-border Interbank Payment System, CIPS），構建跨境支付國家級「高速公路」，進一步提升跨境結算效率，支持人民幣在全球使用。至年末，CIPS 參與者包括 19 家直接參與者和 185 家間接參與者，覆蓋六大洲 50 個國家和地區。2016 年中銀香港獲准接入 CIPS，成為唯一一家以境外直接參與者加入 CIPS 的銀行，進一步提升香港人民幣清算行的地位。

四 ／ 人民幣「入籃」給香港人民幣業務帶來重大機遇

人民幣「入籃」令人民幣國際化進入一個新階段，觸發離岸人民幣業務領域發生深刻變化，促使香港金融業加快調整。更重要的是，人民幣「入籃」給香港金融業帶來重大業務機會，有利於鞏固香港人民幣業務樞紐地位。

首先，「入籃」驅動全球外匯儲備持續調整，香港可以爭取境外央行將人民幣投資平台設於香港。

保守估計，未來三年人民幣資產佔全球外匯儲備的比例可達到 5% 左

右，即 3,500 至 4,000 億美元，超過英鎊、日圓而成為第三大外匯儲備貨幣。到 2025 年，人民幣佔全球外匯儲備的比例有望進一步增加至 10%，即 6,800 億美元，拉近與美元和歐元的距離。未來，境外央行主要通過境內市場購買人民幣債券，但同樣可以把香港作為重要的投資平台。主要原因是，境外央行增持人民幣外匯儲備是一個長期持久的過程，亦是一個動態調整的過程，需要借助一個流動性很強的市場，並有賴於代理機構提供優質服務，而香港有潛力朝這個方向努力。事實上，境外央行一般會選擇在多個地方通過多家銀行為其代理各種投資業務，香港銀行有同等機會。香港原本就是離岸金融市場，資金進出、兌換不受限制，可投資各幣種和各類型債券。過去幾年，財政部每年在香港以境外央行為對象發行專項人民幣國債，吸引了越來越多境外央行進入香港市場，形成一批固定央行客源。下一步，香港金融業可積極爭取投資境內債券市場的代理資格，同時加大對境外央行的營銷力度，為境外央行提供包括帳戶服務、外匯兌換、債券交易、資產管理及債券託管在內的一攬子服務，將香港作為境外央行調整外匯儲備的重要平台。

其次，內地資本項目配合「入籃」進程加快對外開放，香港跨境人民幣業務進一步向內延伸。

過去兩年，為推動人民幣加入 SDR，內地採取了一系列金融業對外開放措施，資本項目實現可自由兌換的進度是歷史上最快的。例如，積極推動「滬港通」、「深港通」並擴大合格境外機構投資者（Qualified Foreign Institutional Investor, QFII）、RQFII 規模；降低境外央行、主權類機構及機構投資者進入境內債券市場的門檻，並為境外央行、主權類機構提供兌換便利；試點跨境人民幣貸款，並全面推進全口徑跨境融資宏觀審慎管理；不斷降低跨境資金池准入門檻等。人民幣成功「入籃」將進一步促進資本項目可兌換，下一步的重點預計是推動資本市場雙向開放，有序提高跨境資本和金融交易可兌換程度，如擴大合格境內機構投資者（Qualified

Domestic Institutional Investor, QDII）和 QFII 主體資格並增加投資額度，建立境內外資本市場及商品市場的互聯互通機制，提升個人資本項目交易可兌換程度，及提高直接投資可兌換便利化程度，推進衍生金融工具交易可兌換。香港金融業一向受惠於內地資本項目開放，亦擅長把握政策動向，搶佔市場先機，可在交易所互聯互通、人民幣資產管理及人民幣衍生產品加強跨境合作，強化人民幣產品創新功能，形成新的業務領域，並向內延伸到更廣闊市場範圍。

第三，人民幣「入籃」令更多國家接受人民幣，為銀行業拓展「一帶一路」人民幣業務提供了方便。

香港建設離岸人民幣業務樞紐正好與香港積極配合及參與「一帶一路」戰略實現對接，而與香港鄰近的東盟地區也就成為香港同時實踐兩大發展戰略的「試驗田」。一直以來，香港與東盟地區經貿聯繫緊密，銀行業佈局亦多，中資銀行加快東盟地區網點鋪設，進一步強化兩地金融關係。不過，香港支持及推動東盟地區人民幣業務有一定難度，主要問題是部分國家接受人民幣程度較低。人民幣「入籃」，代表全球央行一致認可人民幣為國際貨幣，有利於打消部分東盟國家的顧慮，甚至可轉變某些國家的觀念。香港可利用人民幣業務的市場優勢及產品優勢，為東盟地區「一帶一路」建設提供多元化人民幣業務支持，搭建人民幣投融資平台，如為參與「一帶一路」建設的中資企業使用人民幣提供更多結算及融資便利，通過人民幣衍生產品化解「一帶一路」的投資風險，將當地企業的融資需求吸引到香港離岸市場及境內市場，向華僑、中產階層及富裕階層提供高回報人民幣理財產品，推動當地居民接受及使用人民幣。

最後，人民幣「入籃」提升了人民幣的投資價值，香港國際資產管理中心亦有望成為離岸人民幣資產管理中心。

2015 年香港基金管理業務合併資產達到 17.39 萬億港元，其中資產管理業務 12.26 萬億港元，私人銀行業務 3.67 萬億港元。並且，香港資產

2016年9月3日，習近平主席在杭州二十國集團工商峰會發表主旨演講表示：「我提出『一帶一路』倡議，旨在同沿線各國分享中國發展機遇，共同繁榮。」（新華社照片）

管理的外向型程度很高，大多數資金來源於海外，海外投資者佔比達到68.5%。因此，「十三五」規劃同樣將香港定位為國際資產管理中心。人民幣加入 SDR 後，人民幣外匯儲備大量增加，必將帶動境外投資者增持人民幣資產，而香港又是境外人民幣資產最集中、產品最豐富的國際金融中心，包括 RQFII 基金、QFII 基金、離岸人民幣債券基金、人民幣股票及人民幣保險產品，香港的基金管理業可直接代理境外投資者配置人民幣資產。隨著「滬港通」、「深港通」及基金互認的不斷推出，香港人民幣理財產品會吸引更多境外投資者。另一方面，內地居民財富大量積累，亦產生到境外配置資產的強烈需求。據估計，近年來內地淨資產流出 5,000億美元，其中七成屬境內居民購買境外資產，香港佔比是最高的。流出的資產以人民幣為主，在香港轉為外幣資產，香港提供了一個兌換平台。未來境內居民全球配置資產將會更大，高資產客戶（1,000 萬元可投資資產）超過 120 萬人，近八成有計劃「走出來」，為香港國際資產管理中心提供源源不絕的客源，而內地如果進一步開放個人資本項目，包括合格境內個人投資者（Qualified Domestic Individual Investor, QDII2），將提供更多資金流出合法渠道。

總之，人民幣「入籃」推動更多人民幣業務機會，必定促進香港離岸人民幣市場轉型及升級。香港人民幣業務將從以經常項目為主轉到資本項目與經常項目並重發展，將從向內聚集型朝向外擴散型方向轉變，香港作為離岸人民幣業務樞紐的功能也將更加突出。

五 / 履行社會責任，全力參與離岸人民幣業務樞紐建設

中銀香港一向把履行社會責任作為拓展業務的堅實基石，而作為香港人民幣清算行及香港市場最重要的人民幣業務參加行，中銀香港亦將人民幣業務作為重要業務支柱。面對由人民幣加入 SDR 帶來的新業務機會，

中銀香港一定會全力以赴，根據離岸人民幣市場變化及時調整策略，加強產品創新及業務拓展，全力支持香港離岸人民幣中心發展。

自從 IMF 開始探討人民幣加入 SDR 的可行性起，中銀香港便整合營銷力量，投入營銷資源，充分利用現有基礎及各種有利條件，加大對境外央行及其他各類機構的主動營銷，爭取成為它們的主要往來銀行。與中銀香港發生業務往來的境外央行客戶已佔央行總數的三分之一。在產品上，中銀香港有針對性地向央行客戶及機構客戶提供帳戶開立、存款、結算、人民幣兌換、債券投資、現鈔、現金管理、託管、基金產品等。境外央行在中銀香港的存款、現鈔及外匯兌換迅速增加，並把中銀香港作為投資人民幣債券的主要代理銀行。

下一步，中銀香港將在夯實本地人民幣業務的基礎上，研究進一步增強人民幣業務區域合作功能及跨境人民幣業務功能，爭取在強化香港離岸人民幣業務樞紐方面擔當更主動、更積極的角色：

一要強化機構營銷，爭取成為更多境外央行及其他機構主要合作夥伴。中銀香港的機構營銷力量已經重整，力量得以加強，爭取機構客戶數量進一步突破。另一方面，進一步提升機構客戶服務能力，在做好帳戶、存款、現鈔服務基礎上，不斷增加外匯交易、資產管理及投資產品，拓展與央行及機構客戶的業務規模；

二要採取傾斜政策，加快人民幣交易平台建設。人民幣加入 SDR 後，外匯交易及債券交易都會不斷增加，但市場競爭也越來越激烈。因此，中銀香港將投入資源，強化外匯及債券交易功能，力保人民幣做市商、承銷商及領先報價行地位。同時，促進大宗商品及貴金屬交易，推動並參與境內外商品交易所互聯互通清算服務，提高大宗商品做市能力，支持香港發展成為人民幣商品交易及定價中心建設；

三要積極準備人民幣個人業務，搶佔市場先機。未來內地資本項目開放領域將更多轉向個人跨境投資渠道方面，如通過 QDII2 為境內個人提

供跨境投資便利、積極探索建立合格境外個人投資者（Qualified Foreign Individual Investor, QFII2）等，為中銀香港個人業務提供了空間。中銀香港將利用人民幣資產管理、私人銀行及保險業務基礎，加強各項個人業務協同發展，通過與母行境內外機構聯動，抓住每一項個人業務開放的機會；

四要結合「一帶一路」及東南亞機構業務重整，重點拓展人民幣業務。既要抓住傳統結算、存貸款業務，又要抓住交易業務、大資管業務及風險對沖等有潛力的新業務；既要提高對中資企業服務能力，又要不斷拓展當地客戶群體；既要複製香港人民幣優勢產品，穩固人民幣業務競爭力，又要兼顧本幣及美元系列，並提供不同貨幣靈活轉換及套期保值功能；

五要進一步強化人民幣清算功能，確保清算環節人民幣跨境流動及境外支付的高效及安全。人民幣加入 SDR 後，作為國際支付貨幣的功能進一步強化，離岸人民幣清算系統將越來越重要。CIPS 系統不斷擴展，現有境外人民幣清算行體系將圍繞國家級金融基礎設施展開清算服務。中銀香港一方面將繼續提升人民幣 RTGS 功能，另一方面，作為唯一以直參行（直接參加行）加入 CIPS 的境外銀行，更要用好 CIPS 並協助國家提升 CIPS 功能，從而亦鞏固了香港離岸人民幣清算中心地位。◉

人民幣「入籃」為香港離岸人民幣市場帶來五大增長動力

鄂志寰（中銀香港首席經濟學家）

2016 年 10 月 1 日，人民幣正式加入國際貨幣基金組織（IMF）特別提款權（SDR）貨幣籃子，佔比 10.92%，在全球五種國際儲備貨幣中僅次於美元、歐元，居第三位。加入 SDR 是全球金融治理的一件大事，也是人民幣國際化進程的一個重要里程碑，標誌著人民幣國際化的驅動力將由內地金融管理當局擴展到國際多邊機構，IMF 對人民幣國際儲備貨幣地位的明確背書將產生一定的政策驅動效應，加速推進人民幣國際化進程，為香港離岸人民幣市場打開新的發展空間。

一 / 人民幣提升國際儲備貨幣職能有助於改善市場信心

SDR 本身尚不是一種真正國際化的超主權貨幣，其總規模只有約 2,000 多億美元，因此，加入 SDR 貨幣籃子給人民幣帶來的直接影響相對有限。但是，人民幣加入 SDR 貨幣籃子將提升 SDR 的代表性，加大其在全球儲備管理中的影響力，推動其在國際金融市場發揮長遠的、不可替代的積極

影響。

　　長遠而言，加入 SDR 後，人民幣將實現國際貨幣職能的跨越，從全球重要支付貨幣，發展成為主要國際儲備貨幣，並將擴大在貿易和投資中的使用，成為重要的投資、融資貨幣和大宗商品交易計價貨幣，從而在國際金融架構中承擔更加重要的職能。

　　人民幣國際貨幣職能的演進將從兩個方面改善人民幣的市場信心。

　　其一，從匯率形成機制上看，人民幣加入 SDR 後，作為新的國際儲備貨幣，人民幣匯率形成機制將進一步市場化，提升人民幣匯率的靈活性，人民幣匯率將越來越多地受到經常項目和資本項目引起的市場供給和需求變化的影響。隨著人民幣匯率決定機制的市場化程度明顯提高，人民幣匯率的可預測性亦有改善，對於市場信心的恢復有一定的支持作用。

　　其二，從市場供求角度看，加入 SDR 後，國際資本流入內地的動力可能有所上升。人民幣加入 SDR 後，國際貨幣基金組織 188 個成員國可以持有人民幣資產以隨時滿足國際收支融資需求。預計在未來一段時間內，IMF 成員的央行或貨幣當局將逐漸在其外匯儲備裏增持人民幣資產，增大人民幣在全球外匯儲備中的佔比。

　　根據我們的觀察，央行及主權財富基金的投資風格和決策考量明顯不同於其他私人投資者，在以流動性、安全性、整體回報作為重要考量的基礎上，有較強的分散投資的需求，貨幣匯率變化只是一個參考因素，更為關注分散投資、多元選擇和市場深度、廣度，以及市場交易是否便利等因素。人民幣作為 SDR 籃子中第一隻來自新興市場的貨幣，可以有效地滿足此類需求，因此，央行和主權財富基金逐漸增加人民幣計價資產的持有份額，將成為人民幣國際化的新主體。

　　此外，由於全球金融市場「黑天鵝事件」頻繁出現，英鎊、歐元等資產的風險上升，在全球新一輪資產配置調整中，作為高息貨幣，人民幣資產可能引起投資者的更大關注。

二 / 人民幣加入 SDR 將推動內地資本市場加快開放

人民幣加入 SDR 貨幣籃子，將為各國央行調整外匯儲備幣種結構提供更多的選擇，也將帶來巨大的人民幣業務需求，人民幣國際化的驅動力量將逐漸由跨境貿易和投資牽引轉向跨境投資和金融交易雙輪驅動，國內資本市場將發揮主體作用。

首先，人民幣儲備資產需求上升，將推動債券市場發展。

為便利境外機構投資境內債券市場，2016 年內地連續出台新政策，取消境外央行及符合條件的境外機構投資境內銀行間債券市場的額度限制，延長境內外匯市場交易時段，在境內銀行間外匯市場引入更多合格境外主體。隨後，世界銀行旗下國際復興開發銀行在中國銀行間債券市場發行首批總額為 5 億 SDR 單位以人民幣計價的三年期金融債券，為全球債券市場提供了新的債券品種的選擇。上述政策措施陸續落地，將給人民幣債券市場帶來新的發展空間。

截至 2016 年 8 月，內地債券市場總託管量為 59.5 萬億元，境外機構的債券託管量不到 2%，大大低於印度的 6%、泰國的 16%、馬來西亞的34%、印尼的 58%、日本的 10.6% 和美國的 48.2%。人民幣加入 SDR 後，境外央行類機構投資境內債券市場將會有持續的增長，並將帶動其他類別的相關機構投資者在其資產組合幣種結構中配置一定數量的人民幣資產。

根據中國人民銀行披露的信息，截至 2015 年 6 月底，境外央行持有人民幣資產 7,822 億元，折合約 1,279 億美元。2015 年底持有人民幣外匯儲備的央行有 50 家。2016 年 2 月到 8 月境外機構在境內銀行間債券市場淨增加 1,344 億元的人民幣債券。

根據中銀香港專家的測算，未來三年，人民幣佔全球外匯儲備的比例可由目前的 1% 左右上升至 5%，按現有外匯儲備規模推算，約合 3,500 至4,000 億美元，超過目前離岸人民幣市場的債券餘額。未來五到十年，人

民幣外匯儲備佔比可能會接近 10%，全球主要央行持有的人民幣外匯儲備將增至約 6,800 億美元。

其次，股票市場互聯互通，為境外機構提供更多的人民幣資產配置渠道。

2014 年 11 月「滬港通」開通，離岸人民幣業務擴展到資本市場領域。2016 年 8 月，「滬股通」的日均成交額為 32 億元，同比下降 45%。「港股通」的日均成交額為 41 億元，同比增加 70.2%。

2016 年 8 月宣佈並於 12 月 5 日啟動的「深港通」將進一步加強內地與境外資本市場的互聯互通，滿足境外投資者投資內地的多元化需求，活躍資金流動，從而為證券與銀行提供新的業務機會，並推動內地股票市場深度與廣度的拓展。

為增加海外資金流入內地投資的興趣，內地逐步放寬對合格境外機構投資者（QFII）的限制。2016 年 2 月外匯管理局公佈了 QFII 新規定，包括放寬額度上限、簡化審批程序，以及在基礎額度內增加投資，只需備案等安排。內地進一步取消對 QFII 資產配置中股票比例不能低於 50% 的要求，允許 QFII 更靈活地對股票及債券等資產類別進行配置。

當然，隨著內地資本市場開放進程的加速，資本市場的參與主體更加多元，交易模式和市場價格波動形態都將出現一定的變化，金融市場波動對中國經濟內外部均衡的依賴程度將有所上升。同時，國際金融市場動盪，向國內金融市場傳導的渠道亦有可能增加，不同市場之間的相互影響和作用程度更趨複雜，將對防範系統性風險提出更高的要求。

三／香港離岸人民幣市場進入調整期

近年來，人民幣業務成為香港金融市場的核心優勢，也成為香港國際金融中心發展的重要推手。香港是全球領先的並唯一提供人民幣即時支付

2011 年 8 月，時任國務院常務副總理李克強出席香港人民幣國債發行儀
式（中銀香港擔任牽頭行及簿記行）。

結算系統（RTGS）的離岸人民幣中心，擁有先進的人民幣業務基礎設施和最大的離岸人民幣資金池。但是，2015 年下半年以來，人民幣匯率波動幅度明顯加大，香港離岸人民幣市場進入了調整期，出現以下幾個方面的變化：

1 / 離岸人民幣業務量持續收縮

2015 年，香港市場的人民幣存款餘額首次出現同比萎縮（跌幅為 15.2%）。2016 年以來，資金池繼續收縮。截至 2016 年 8 月，人民幣存款餘額為 6,529 億元，較 2015 年底下跌 23.3%；而人民幣存款在總存款的佔比也從 2015 年底的 9.4% 跌至 6.7%。

2015 年的點心債發行額為 750 億元，同比萎縮 61.9%。2016 年首八個月，點心債發行額只有 221 億元，同比萎縮 63.8%。

2 / 市場波動性上升

由於美元加息預期持續升溫，人民幣匯率面臨貶值壓力，離岸市場人民幣匯率波動幅度持續放大，截至 2016 年 9 月底，離岸人民幣兌美元較年初貶值約 1.6%。

離岸人民幣市場的同業拆息亦出現大幅度波動。2016 年春節後香港人民幣拆息一度下降，大多數時間隔夜拆息不到 2 厘，甚至在個別時間段，出現負利率。2016 年 9 月 8 日起，受遠期交易到期交割等技術性因素及季節性因素的影響，部分資金集中流向內地，同業拆息大幅飆升。9 月 19 日，隔夜拆息定盤價為 23.68 厘，一周拆息 12.45 厘，一個月拆息 7.72 厘，三個月拆息 5.86 厘，升至 2016 年 1 月 12 日以來最高水平，到 9 月下旬，香港人民幣拆息逐漸回到正常水平。

3 ／ 市場交易減弱

人民幣市場交易活躍度仍然維持在相對較低的水平，拆借、即遠期外匯交易、衍生品及點心債交易量大幅回落。顯然，香港離岸人民幣市場經過了近十年的發展，正面臨成長的煩惱，需要另闢蹊徑，尋找新的增長動力。

四 ／ 人民幣國際化新發展為香港離岸人民幣市場提供五大增長動力

人民幣納入 SDR 後，將有更多國家和地區加強與內地相關機構合作的意願，人民幣國際使用的區域結構亦加快調整。近日，美國、俄羅斯相繼設立人民幣清算行，推動北美等市場的人民幣清算和結算業務發展。離岸人民幣市場的區域擴充意味著離岸人民幣市場整體規模的擴張，各離岸人民幣市場之間亦可形成互補關係，形成多區域離岸人民幣支付交替上升的新格局。

香港作為全球資金自由港，具備輻射其他離岸市場的先天條件，更具有人民幣業務的先發優勢和規模優勢，可以借助各地建立起來的人民幣業務系統，加強與其他地區的合作，充分發揮離岸人民幣的樞紐作用，通過打造離岸人民幣業務五大中心，將自身建設成為全球離岸人民幣市場樞紐。

具體可以從以下五個方面著手：

1 ／ 打造離岸人民幣金融產品開發中心

香港離岸人民幣市場應抓住人民幣加入 SDR 帶來的發展機遇，發揮亞太區重要的國際金融中心、離岸金融市場和境內企業「走出去」及跨國公司「走進去」的主要跳板的區位優勢，針對人民幣業務新需求，加快人民

幣產品創新，提升服務能力，吸引更多客戶利用香港離岸人民幣市場，促進香港人民幣業務發展。尤其是圍繞加入 SDR 後的央行客戶需求，有針對性地開發相關產品。

2 / 打造離岸人民幣風險管理中心

為全球企業及機構等各類投資者提供全面的外匯風險對沖工具，為其配置人民幣資產保駕護航。加入 SDR 後，人民幣匯率形成機制將更加市場化，人民幣外匯市場的參與者結構更加多元，組成更為複雜，人民幣匯率真正進入雙向波動時期。隨著人民幣在投資及金融交易領域的廣泛使用，匯率風險的重要性將會日益突出，引起越來越多的企業和投資者的關注，對沖風險、鎖定收益的產品需求快速上升。因此，香港銀行業應根據環境的變化，加快開發多種多樣的產品，滿足各類客戶的避險需求。

3 / 鞏固作為最大離岸人民幣交易中心的地位

隨著人民幣國際化發展，離岸人民幣的外匯交易快速增長。香港離岸人民幣日均交易量從 2010 年的 107 億美元等值，上升至 2016 年的 771 億美元等值，增長 6.2 倍。人民幣加入 SDR 將促使人民幣在貿易以及投融資方面更廣泛的使用，為香港的離岸人民幣外匯交易續添強勁的增長動力。

4 / 打造離岸人民幣資產管理中心

加入 SDR 籃子後，人民幣資產管理需求將快速上升。香港金融業可以加快開發資本帳下產品，進一步擴大客戶基礎，與眾多央行、主權基金、超主權機構、大型國際金融機構和交易所客戶群體建立業務往來；有針對性地對境外機構進行批量營銷及單獨營銷；完善境外機構債券投資代理模式，吸引客戶開立帳戶，全權代理其人民幣債券投資，以及管理人民幣資金；建立更靈活的資金管控機制，擴大交易和持盤能力。

5 ／ 完善離岸人民幣清算基建中心

香港可以繼續完善人民幣清算體系，鞏固現有的金融基礎設施平台，加強與周邊國家和地區的人民幣業務聯繫和業務往來，為香港銀行業提升跨境人民幣服務能力打造堅實基礎，提升人民幣產品優勢及服務水平，全力拓展新市場及新領域。

總之，香港發展人民幣業務的綜合優勢不會因為其他地區建立了人民幣離岸中心而消失。相反，香港應抓住人民幣加入 SDR 後湧現的新的業務機遇，加強與其他地區的合作，大力開發新的離岸人民幣業務領域，推動離岸人民幣樞紐的深化與發展。 ⊕

如何看待人民幣在 SDR 貨幣籃子 中的比重

||||||||

戴道華（中銀香港發展規劃部高級經濟研究員）

自上一次 2010 年的國際貨幣基金組織（IMF）檢討以來，美元、歐元、英鎊和日圓在特別提款權（SDR）貨幣籃子當中分別佔 41.9%、37.4%、11.3% 和 9.4% 的比重。IMF 在 2015 年 8 月份發表的 SDR 初步評估報告中指，按照原有計算方法，人民幣如果作為第五隻貨幣加入 SDR，它在貨幣籃子的佔比可能在 14% 左右，如果它取代一隻現行 SDR 貨幣的話，其佔比約為 16%，僅次於美元和歐元。2015 年 11 月 30 日，IMF 執行董事會討論並通過接納人民幣進入 SDR 成為第五隻貨幣，唯其比重就定為 10.92%，低於原先估計的 14%。

一 ／ SDR 中人民幣的比重如何得來？

比重之所以如此，是因為 IMF 在決定把人民幣納入 SDR 的同時，也修改了計算各個貨幣比重的方法。原有的計算方法只是簡單地把一個經濟體的出口和其貨幣被其他經濟體持有作為外匯儲備的金額相加而得，兩者

的計算權重分別為 67% 和 33%，換言之，該計算方法偏重出口。由於中國是全球最大的商品出口國和第三大的商品和服務出口國，在這一計算方法之下，作為 SDR 的第五隻貨幣，其比重就可達 14%。

但 IMF 早就醞釀修改這一計算方法，降低出口的影響力，增加一隻貨幣在全球金融領域的影響力。在 2015 年的檢討當中，改良後的計算方法是出口和金融領域指標各有相等的 50% 計算權重，而金融領域指標的範圍再擴展為包括該貨幣被持有作為官方外匯儲備的金額、外匯交易量、國際銀行業負債餘額及其國際債券餘額，從原來單一的官方領域指標擴展至包括私人領域指標在內，這些金融領域的細項指標也各有相同權重，都是衡量一隻貨幣是否可自由使用的參考指標。根據這一新的方法計算，人民幣在 SDR 貨幣籃子的佔比於是低於原有計算方法。

不過，這一較預期為低的比重並非意味著對人民幣儲備資產的配置也會少了約 3%。SDR 是 IMF 創於 1969 年的一種國際儲備資產，時至今日它還有作為 IMF 或其他國際組織一個記帳單位的功能。其規模不大，目前只發行了 2,041 億 SDR 或折合約 2,850 億美元。雖然說每一單位的 SDR 都可以按照市場匯率來換取籃子中一隻或數隻可自由使用的貨幣，但它並不像香港的貨幣發行局制度一樣，要求每一港元的發行必須按照 1 美元兌 7.80 港元的匯率來有相應的美元支持。換言之，2,041 億 SDR 背後其實是沒有 2,850 億美元等值的資產組合來支持的，因為 SDR 的創造可以說是憑空而來，例如在 2009 年 8 月底，為應對全球金融海嘯、充實弱國的外匯儲備，IMF 便一下子創造並分配了 1,612 億 SDR，後在 9 月初再一次性創造和分配了 215 億 SDR，才令其餘額達到今天的 2,041 億 SDR。

SDR 的分配一般按照 IMF 的配額來進行，成員國配額越大、向 IMF 繳納的資金越多、投票權越大，獲分配的 SDR 就越多。但這樣一來，美國所持有的 SDR 便最多，偏偏作為全球最主要儲備貨幣美元發行國的美國，它根本沒有用 SDR 來補充外匯儲備的需要。而人民銀行最新的數據

則顯示在中國的官方儲備資產當中，持有了相當於 101 億美元的 SDR。

　　SDR 並非一隻貨幣或可以在公開市場上供私人投資者買賣的資產，它只可以在 IMF 成員之間或與 IMF 進行交易，換言之交易雙方為政府或 IMF。如果有需要，成員國可以出售 SDR 換取任何一隻可自由使用貨幣，該交易可以是成員國之間通過自願協議達成，也可以通過 IMF 指定的國際收支實力較強的成員國來進行。一般而言，成員國買賣 SDR 的原因包括與 IMF 的往來如還款付息、國際收支方面的需要、調整其儲備資產的需要等。根據 IMF 的披露，成員國之間的 SDR 自願交易協議迄今共有 32 個，其中有 19 個是自 2009 年以來的新協議。照此推理，國際儲備貨幣發行國、外匯儲備充足的成員國、國際收支較強的成員國買賣 SDR，要麼是應付與 IMF 的往來，要麼是調整其儲備資產，要麼是作為 SDR 交易的莊家，只有較弱的成員國才真正需要出售 SDR 以換取外匯來應付其國際收支。

　　根據人民銀行的報告，IMF、國際清算銀行（BIS）、世界銀行（World Bank, WB）等國際組織管理著以 SDR 計價的資產，它們需要根據 SDR 籃子的貨幣權重進行資產配置。人民幣加入 SDR 後，SDR 籃子的幣種和權重會相應調整，這些機構也會相應增持人民幣資產，粗略估計資金規模會超過百億美元。除此以外，不排除 IMF 成員國的外匯儲備或是私人投資基金裏面有一部分投資組合是追蹤 SDR 貨幣籃子組合的，那麼它們也要根據五隻 SDR 貨幣的新比重進行組合調整，但無從準確得知會涉及多少金額。此外，由於人民幣是新加入 SDR 的貨幣，對於這一類追蹤 SDR 的投資組合來說，人民幣都是從無到有的增持，而非從 14% 到 10.92% 的減持。

　　人民幣在 SDR 中 10.92% 的比重必然來自其他四隻 SDR 貨幣比重的下降，但值得留意的是人民幣的得，主要來自歐元、英鎊和日圓的失，而非美元。在新的貨幣籃子當中，美元的比重僅從 41.9% 微降至 41.73%，

但歐元、日圓和英鎊的比重就分別從原來的 37.4%、9.4% 和 11.3% 降至 30.93%、8.33% 和 8.09%。從絕對值看，以歐元比重降幅最大，以百分比看，以英鎊比重降幅最大。美元比重歸然不動相信有四方面原因：一是在統計期間全球外匯儲備的增幅快於出口，而美元在全球外匯儲備中的比重一直保持最高，並無顯著下降；二是期間美國的出口增長甚至快於歐元區、日本和英國；三是新的計算方法提高了金融領域指標的權重，而美元的優勢在金融領域更加突出；四是人民幣的權重主要來源於出口，歐元也如此，人民幣加入 SDR 後，它所得到的權重就主要來自歐元等以出口權重為主的貨幣。

這樣一來，在 SDR 這一層面，加入人民幣並沒有對美元主導的體系帶來太大的改變，因為人民幣的權重來自歐元、日圓和英鎊的減磅。這一情況與 IMF 在 2010 年提出的改革方案（美國國會 2016 年終於放行）一致，根據該方案，美國的投票權從 16.74% 只略微降至 16.5%，而新興市場配額和投票權的增加主要來自歐洲的減少，另外歐洲還要讓出兩個執行董事職位給新興市場。這反映在過去五年期間，美元的地位基本不變。在市場層面，美元仍佔全球官方外匯儲備的 63%、佔國際銀行業負債的 52%、佔國際債券市場的 43%、佔跨境支付的 42%、佔貿易融資的 86%、佔外匯交易的 44%，而且這些佔比絕大部分在過去五年是上升的。從匯率波動的角度看，自 2014 年以來人民幣兌美元和日圓累計貶值約一成，但兌歐元和英鎊則升值超過一成，換言之其匯率走勢更為貼近美元。那麼無論是在 SDR 內還是在國際匯市，人民幣的崛起其實是對美元主導有輔助性效果。據此，在可見的未來，人民幣加入 SDR 和其國際化的深入主要是對國際貨幣體系的非美元領域產生多元化影響。

二 / 人民幣納入 SDR 後的儲備資產需求

接下來的一個發展便是全球央行所持有的官方外匯儲備當中，會隨之產生持有人民幣資產的需求，無論是從進一步分散投資還是從無到有的持有，那麼問題便是有關的需求會有多大。2015 年 6 月份，人民銀行發表首份人民幣國際化報告，當中提及截至該年 4 月末，境外中央銀行或貨幣當局持有的人民幣資產餘額為 6,667 億元。到了 6 月底，金額進一步上升到 7,822 億元。有關的人民幣資產包括股票、債券、存款等，由於為央行持有，可以將之理解為是央行所持有的外匯儲備的一部分。這一數字傳遞了兩個重要的消息：首先，就算在人民幣還沒有正式加入 SDR 前，全球央行有不少已認可人民幣的國際儲備貨幣地位，並沒有等到 IMF 的正式背書便已經通過離岸和在岸市場，把其外匯儲備的一部分投放在人民幣之上。對這些央行而言，SDR 只是對事實的追認而已。例如全球透明度最高之一的瑞士央行，其官方外匯儲備投資雖然沒有單獨把人民幣列出統計，但就將之歸在佔比為 7% 的其他幣種當中（連同澳元、韓圜、新加坡元等）。

其次，有關的投資規模已然不小，而且相信還會持續增加。以 1 美元兌 6.30 元人民幣換算，7,822 億元人民幣約相當於 1,242 億美元。對比 IMF 的全球官方外匯儲備幣種構成報告（Currency Composition of Foreign Exchange Reserves, COFER）統計，在 2015 年年中，全球官方外匯儲備共有 114,597 億美元，當中有 66,663 億美元已披露幣種構成，其中自 2013 年起單獨列出統計的加元和澳元各有 1,277 億和 1,268 億美元，佔比均為 1.9%，那麼各國央行所持有的 1,242 億美元等值人民幣資產就相當於已披露幣種構成的官方外匯儲備的 1.9%，與加元和澳元相當。不過，應該指出的是全球央行當時還有 47,933 億美元外匯儲備的幣種構成不詳，正常推理加元和澳元在其中的佔比也應該是與 1.9% 相近，但全球央行持有人民幣資產的金額統計則已經是全口徑的，故單以金額而論，它比起加元和澳元

還是有一些距離。

此外，這是否意味著全球央行已經持有的人民幣資產已非想像中的少、未來再增持的空間有限？對此，答案相信是否定的。各央行持有的外匯儲備並非都遵守單一的幣種構成比例，例如全球整體的比例最新是美元佔 63.4%、歐元佔 20.2%、英鎊佔 4.7%、日圓佔 4.5%、加元佔 2.0%、澳元佔 1.9%（截至 2016 年 6 月份），但不同的央行偏好和取態不同，例如瑞士央行的外匯儲備當中歐元的佔比為 42%，比美元的 33% 還要高，同理如果它們對人民幣偏好更強，就有可能持有更高比例的人民幣資產。此其一。

其二，在人民幣還沒有加入 SDR 之前就已經持有人民幣的央行，對人民幣資產的重視程度毋庸置疑，但當時在離岸市場規模有限、在岸市場開放有限的情況下，未必能夠達到其心目中的持有比例。在人民幣加入 SDR、人民幣離岸市場繼續開展、在岸市場基本開放的情況下，其增持的主觀意願會加強、技術難度會下降，因此相信還有潛力。據人民銀行的統計，截至 2015 年底，有約 50 家境外央行或貨幣當局在中國境內持有人民幣金融資產並納入其外匯儲備，另有逾 20 家央行獲得了內地銀行間債券市場的投資額度。IMF 的成員高達 188 個，這就是說大多數的央行在人民幣資產上還是空白，持有人民幣資產的空間很大，人民幣成為全球第三大外匯儲備幣種應該只是時間上的問題。IMF 於 2016 年 3 月 4 日發表聲明指，其將從 2016 年 10 月 1 日開始在其季度的 COFER 裏面把人民幣單獨列出進行統計，首份報告發表後便可見分曉。

央行外匯儲備的投資一般偏向保守，保值和分散投資是其主要考慮，相信會以風險較低的人民幣國債和政策性銀行債為主，而且對人民幣匯率波動的敏感度低於私人投資者。至於後者，無論是機構還是個人投資者，其投資主要是追求回報，所涉足的可以是人民幣股、匯、債、衍生產品等，對人民幣匯率的波動較為敏感，因此他們和央行所側重的資產類別和風險

偏好會有所不同。在 SDR 之前，通過合格境外機構投資者（QFII）、人民幣合格境外機構投資者（RQFII）、滬港通、香港離岸市場等，他們已經大量投資於人民幣資產。

人民銀行的統計顯示，截至 2016 年 9 月，非居民（境外機構和個人）持有境內人民幣金融資產有 33,011 億元，其中股票市值和債券餘額分別為 6,562 億元和 8,060 億元，債券餘額為新高；貸款餘額為 7,082 億元；人民幣存款餘額為 11,307 億元（包括境外參加行同業往來帳戶存款、境外機構和境外個人存款）。其中央行的持有量約佔四分之一。這還未計及離岸市場的持有量。對於這些投資者而言，SDR 只是一個滯後的指標，它能進一步增強其投資信心，至於是否會增加投資，相信還是要取決於內地資本市場的開放程度和對人民幣資產回報的綜合判斷。

三 / 人民幣「入籃」後的中國外匯儲備水平

人民幣成為 SDR 當中的第五隻國際儲備貨幣，就意味著它可以在國際交易、支付、清算和結算當中廣為使用，就算中國出現持續的經常帳赤字，或累積了一定規模的外債，其支付和償還也可以用人民幣來進行。這樣一來，中國對外匯儲備的倚賴程度就會降低。

綜觀其他四隻 SDR 貨幣的發行國，其持有的外匯儲備水平分歧頗大。根據彭博（Bloomberg）的資料，美國持有的外匯儲備只有區區 419 億美元，由於它是美元的發行者，因此它的外匯儲備裏面全部是非美元貨幣；同樣由於它是美元的發行者，美國隨時可以增發美元用於對外支付，其累積外匯儲備的誘因很低。美國可以說是最極端的例子，因為美元在全球定價、交易、結算的使用以及作為儲備資產的比例遠遠超出了美國經濟在全球經濟當中 22% 的比重，輔以美元自由浮動，那麼即使美國是全球最大的商品和服務進口國，公、私營外債已經超過其 GDP 的 100%，美國也從來

無必要關心自己需要持有多少外匯儲備。

　　歐元較為特別，它是歐元區的統一貨幣，但歐元區各國沒有印發歐元的權力，只有歐洲央行有此權力，而歐洲央行並沒有為歐元區各國對外支付買單的義務，歐元區各國有此需要的話，無需考慮幣種、幣值和兌換，但就要考慮如何籌集到足夠的歐元。據此，歐元區各國或多或少仍有持有外匯儲備的需要，例如德國、法國、意大利和西班牙持有的外匯儲備目前介於 350 億至 490 億美元之間，葡萄牙、愛爾蘭和希臘持有的外匯儲備則分別少至 84 億、12 億和 20 億美元。在歐債危機當中，葡萄牙、愛爾蘭和希臘需要向歐盟、歐洲央行和 IMF 求援，因為其政府財困，國際債券市場對其關閉，因而無法有效償還到期的國債，特別是外國投資者持有的國債，因此外匯儲備對它們而言還是有比沒有好，多比少好。

　　英國持有的外匯儲備目前有 1,152 億美元，它是非歐盟成員及非歐元區成員，英鎊的國際儲備貨幣地位比歐元還要悠久，英國有此外匯儲備水平主要來自倫敦作為國際金融中心吸引外資和輸出金融服務。對於美國、歐元區和英國來說，它們的資本帳高度開放，外債水平亦不低，其中歐元區和英國以銀行業融資為主，但它們除了在 2009 年全球金融危機當中因為銀行業流動性出了嚴重問題以外，並沒有新興市場在同樣危機下要面對的對外支付危機；除了匯率自由浮動以外，它們發行的都是國際儲備貨幣，這才是它們毋須累積龐大外匯儲備的根本原因。

　　至於日本，它既是日圓的發行國，又擁有達 11,962 億美元的全球第二大外匯儲備，其來源一是長年的經常帳盈餘累積，二是日本央行進行匯市干預以壓制日圓升值或是直接令日圓貶值。儘管自 2011 年起日本大部分時間從貿易盈餘國逆轉成為貿易赤字國，但日本整個經常帳還是一直處於盈餘狀態，目前盈餘相當於日本 GDP 的 3.7%。這令日本一直有穩定的外匯來源。而安倍經濟學通過大規模的量化寬鬆意圖刺激經濟和通脹，是要借助日圓貶值的，在匯率貶值成為了政策之後，日本央行如果要進行匯市

干預，也是沽日圓買美元，那麼日本的外匯儲備就會進一步增加。

2016 年 9 月份中國外匯儲備水平為 31,664 億美元，雖然從 2014 年年中時高位的 39,932 億美元回落不少，但仍然居全球之首。人民幣雖然剛剛加入 SDR 成為五大國際儲備貨幣之一，但它還是一隻新興市場貨幣，國際儲備貨幣之名要勝於實，尤其是在各項金融指標（外匯儲備、支付、外匯交易、國際銀行業負債、國際債券等）當中，人民幣的佔比均在 3.0% 或更低，與中國經濟佔全球 15% 的比重、人民幣在 SDR 當中 10.92% 的比重有一定距離，故仍需持有外匯儲備。

作為可向全球提供金融援助的最大機構，IMF 所制訂的外匯儲備合適水平的標準被廣為引用。IMF 把全球的經濟體分為三類，分別為成熟經濟體（發達經濟體）、金融市場深化中的經濟體（新興市場）和有限度市場准入經濟體（低收入經濟體），它們適用的衡量標準不同。中國應該屬於新興市場類型，傳統上適用的外匯儲備最低安全線水平為至少要能覆蓋三個月進口和所有短期外債。另外，如果是銀行業規模較大和資本帳高度開放的新興市場，外匯儲備應該要達到相當於貨幣供應量 M2 的 20% 的水平。

2016 年第三季中國三個月的進口值約為 4,000 億美元，全國全口徑短期外債餘額為 8,673 億美元，那麼 3.2 萬億美元外匯儲備是三個月進口和所有短期外債總和的 2.5 倍，足夠覆蓋有餘。不過，由於中國經濟是銀行信貸為主導的體系，目前其廣義貨幣供應 M2 高達 GDP 的 210%，比率遠超發達經濟體，那麼它可以承受資金持續外流、外匯儲備減少的程度亦相對有限。如果沿用 IMF 要覆蓋 20% 的 M2 的標準，要求有 30.3 萬億元人民幣或 4.5 萬億美元的外匯儲備，已超過了目前官方外匯儲備的水平。對於該標準是否適用於中國存在分歧，但它揭示的是如果中國本身的資金由於各種原因大規模地外流，對人民幣匯率穩定的影響或會大於外部任何的投機行為。

IMF 的方法論也在不斷改進，它在 2016 年發表了一份題為《合適儲

備評估》（*Assessing Reserve Adequacy*）的報告，為評估一個經濟體外匯儲備的合適水平提出了最新的框架和方法。對於新興市場，四個參數為短期外債、其他負債、廣義貨幣和出口，另外再根據其是固定匯率還是浮動匯率、有沒有資本管制再給這四個參數以不同權重，以計算出合適的外匯儲備水平。在這一評估方法之下，如果每一個參數都套用最高／最嚴格的比重，那麼中國合適的外匯儲備水平就會達到 2.6 萬億美元。

人民幣躋身成為國際儲備貨幣之後，中國對外匯儲備的倚賴理應減少，因為中國可以用人民幣直接作對外支付，或將之兌換成為其他儲備貨幣後作對外支付。但作為五隻 SDR 貨幣之一，人民幣有其特殊性，一是其匯率是有管理的浮動匯率，而非像其他四隻 SDR 貨幣一樣的自由浮動；二是人民幣在資本帳下仍未完全實現可兌換，中國仍然有資本管制。SDR 本身並不視這兩項為門檻，但在此結構下，人民幣作為國際儲備貨幣的地位也會與其他四隻 SDR 貨幣不同。只有當人民幣國際化的程度達到與自身條件相匹配的水平，中國所需要維持的外匯儲備規模才會顯著降低。 ⊕

第二章 ————————

「8 · 11」匯改及市場波動回顧

「8‧11」匯改後
離岸人民幣市場
的新變化

張朝陽（中銀香港發展規劃部總經理）

2015 年 8 月 11 日中間價報價改革後離岸人民幣市場出現的一些新變化，值得我們深思。過去若干年人民幣匯率一直保持相對穩定，離岸市場建立後，離岸價（CNH）雖然偶有偏離，但基本上是以中間價為軸心波動的。然而，中間價報價改革後，CNH 卻出現持續偏離的趨勢，在岸市場對離岸市場的引導一度失效，反映了影響 CNH 的因素正發生變化。這些因素包括離岸外匯交易膨脹、交易時段延長、大量投資及投機需求出現，以及被動捲入新興市場貶值等。不過，同時也要看到內地「保持人民幣匯率在合理均衡水平上的基本穩定」的決心很大，跨境人民幣流動渠道進一步拓展，對 CNH 變化也產生越來越大的影響，未來人民幣匯率走勢有待進一步觀察。

2005 年匯改以來，人民幣在大部分時間呈現單邊升值，市場亦習慣人民幣的這種穩定走勢。然而，2014 年以來人民幣出現雙向波動，2015 年 8 月份中間價報價改革後市場大幅震盪。人民幣從一種走勢清晰、較易預測的貨幣，變成上下波動、來回轉向，甚至不好琢磨的貨幣，背後隱藏著什

中國銀行董事長田國立於 2014 年度業績發佈會上表示：「我們全力推動人民幣國際化進程，不斷鞏固業務主渠道地位。」

麼特殊誘因？

一 / 人民幣邁向國際貨幣呈現出雙重特徵

回顧這幾年人民幣的發展道路，可以看出之前人民幣匯率所具有的「可控性」，與資本項目開放程度低、境內外匯市場相對封閉有一定關係。人民幣匯率是有管理的浮動匯率，但管理難度相對不大。然而，人民幣市場化改革加快，從人行幾次擴大中間價波幅，到 2015 年 8 月調整中間價報價，人民幣定價的市場成份明顯加重。

對定價影響更大的則是人民幣國際化全面鋪開。人民幣國際化進程超過預想，也快於資本項目開放。全球市場很快接受了人民幣，將其作為國際交易貨幣，但交易仍被資本帳戶分隔在內外兩個市場，原先在境內行之有效的管理手段並未延伸出去。不同於其他國際貨幣，人民幣匯率有離岸市場匯率（CNH）及在岸市場匯率（CNY）兩個市場價。中間價報價及波幅只限於 CNY，某種意義上講，CNY 是有管理的浮動匯率，而 CNH 如同自由浮動匯率。

進一步觀察發現，人民幣作為一種新的國際貨幣，既不同於美元、歐元及日圓等成熟的西方貨幣，又不同於在國際市場上交易較活躍的新興市場貨幣（如新加坡、韓國、俄羅斯及巴西貨幣），而是兼具了兩類貨幣的特徵。

一方面，中國經濟實力增強對人民幣的穩定性有強力支撐。中國經濟持續穩定增長時間冠居各國之首，即使在全球性經濟危機中經濟增長也保持相對穩定，GDP 總量穩居全球第二，境外市場對人民幣有充足信心，將其視作等同於美元、歐元的重要國際貨幣。人民幣國際使用的迅速發展證明了這一點。以環球銀行金融電信協會（SWIFT）的統計數據，離岸人民幣支付在各種貨幣的排名在短短三年半從第十七位升至第四位，人民幣

外匯交易及貿易融資排名分別升至第五及第二位。境外央行及貨幣當局持有人民幣外匯儲備排名全球第七位。人民幣國際使用與 SDR 的四種籃子貨幣接近，令其具備一些成熟國際貨幣的基本特徵。

另一方面，中國仍是一個發展中國家。金融海嘯及歐債危機後，主要歐美國家釋放了部分風險，而新興市場國家卻面臨著越來越大的調整壓力，不少貨幣波動顯著擴大。作為新興市場領頭羊的中國，也遭遇前所未有的挑戰，不得不面對經濟增長換檔期、經濟結構調整期及前期刺激政策消化期的「三期疊加」。人民幣作為新興市場貨幣的代表，更具備新興市場貨幣的主要特徵：在國際使用呈現高成長性的同時，潛伏著波幅加大的誘因。

正由於人民幣的雙重特徵，波動加大難以避免。2014 年以來，人民幣從單邊升值轉為雙向波動，便反映了匯率變化的新趨勢。

二 / 離岸匯率形成後一直受在岸市場影響及牽引

理論上，CNY 與 CNH 的定價機制不同。CNY 的定價軸心是中間價，並受限於規定波幅。中間價主要根據國內因素來確定，包括國內市場外匯供需及市場預期，同時服從於宏觀調控目標。CNH 是國際貨幣定價，由境外市場對人民幣供求及預期來確定，除了國內因素外，還受到其他國際貨幣之間匯率變動的影響，波動幅度不受任何限制。

但是，歷史數據顯示，自 CNH 於 2010 年形成以來，儘管亦曾短暫震盪，但基本上沒有脫離中間價軸心。從 2010 年 7 月至 2012 年初，除了因市場不成熟而出現大幅偏離外，其餘時段 CNH、CNY 及中間價基本重疊。2012 年 4 月中間價波幅擴大至 1% 後，CNY 及 CNH 雙雙偏離中間價。有一年多 CNY 及 CNH 平均高於中間價 500 基點左右，而 CNY 與 CNH 的點差不到 100 基點。2014 年以後 CNY 及 CNH 多次轉向，但兩者保持同步。

可以斷定，CNH 自誕生後就一直受在岸市場的影響及牽引。為什麼 CNH 短暫偏離後，很快就被拉回軌道呢？

這與人民幣外匯交易的結構有很大關係。無論是在岸還是離岸市場，人民幣交易均是由真實貿易結算及支付的業務背景發展起來的。貿易商根據實際需要進行即期及遠期兌換，銀行之間則在外匯市場上進行資金調劑。其中，在岸市場（銀行間市場）是銀行為企業提供結售匯服務的延伸。離岸市場上，銀行一般也是為貿易商兌換人民幣，再進入外匯市場進行平盤。據國際清算銀行（BIS）調查，人民幣即期交易佔全部外匯交易產品的 28%，低於其他國際貨幣 38% 的比重，而遠期交易佔 23%，又明顯高於其他國際貨幣的 13%。這種結構差異與企業在貿易結算中較多採用遠期支付方式是有一定關係的。

過去幾年，境內外人民幣外匯市場的參與者相類似，部分甚至是同一批參與者（境內企業在香港設立平台公司，而香港企業在內地投資亦保留了香港公司，以香港為中轉站進行轉口貿易），對人民幣預期相差不遠，故即使被分隔在兩個市場，實際匯率偏離不會太大。

當 CNH 與 CNY 出現較大點差時，會通過境內外貿易商的選擇性結算方式，將兩地價格拉近。例如，人民幣升值加快時，CNH 往往相對於 CNY 升值更快，貿易商從香港向內地轉口時採用人民幣結算增多，收到人民幣貿易匯款後在香港兌換為美元，支付從歐美進口的貨款；而當人民幣貶值時，CNH 又相對於 CNY 更弱，貿易商從內地進口時採取人民幣結算增多，而向歐美轉口收到貨款時，則在香港兌換為人民幣，支付從內地進口的貨款。這樣的操作客觀上在兩個市場之間形成套戥，逐步拉近了 CNH 與 CNY 的差距。

清算行及代理行模式下的平盤安排有助於 CNH 與 CNY 的趨同發展。只要符合真實貿易背景，清算行及代理行可為參加行的兌換頭寸提供跨境平盤，即可以直接在在岸市場以 CNY 兌換人民幣和外幣。因此當 CNH 與

CNY 出現偏差時，會引起相反的人民幣流動，將兩地價格拉近。

三 ／ 影響離岸匯率的因素發生變化

2015 年 8 月 11 日，人民幣中間價引入市場化報價，卻未能立即實現與市場價格對接。CNH 大幅偏離在岸價格長達一個多月，直至 9 月底才消除點差。離岸人民幣正在經歷一些變化，價格形成機制正在作出適應及調整。這反映了影響離岸匯率的因素正在發展變化。

1 ／ 離岸人民幣外匯交易膨脹，直接影響到在岸市場對離岸市場的引導

2013 年 BIS 調研全球外匯市場時，披露全球人民幣每日交易金額為 1,200 億美元，在岸市場的每日交易金額為 440 億美元。一年後，香港、新加坡及倫敦人民幣外匯交易日均 2,300 億美元，而在岸市場日均成交只增至 550 億美元（人行《人民幣國際化報告》）。2015 年 8 月 11 日後，在岸市場交易急劇上升，但總體上受到監管規定的限制，而離岸市場交易增長更快，一時脫離在岸市場的制約。

2 ／ 離岸人民幣外匯交易擴展至歐美時區，影響 CNH 變化的因素更加複雜

人民幣國際使用成功推進，表現為歐美國家接受人民幣，而在各項業務中又重點進行外匯交易。據 SWIFT 統計，2015 年首季歐盟及美洲人民幣支付量佔全球的一成二，而外匯交易量則佔近一半。儘管交易發起及實際交割主要發生在香港，只因一些跨國銀行外匯交易中心設於倫敦，令 SWIFT 報文數據偏大，但歐美人民幣交易更趨活躍是一個事實。人民幣交易在亞太時區結束後仍會延續，歐美一些重要經濟數據、市場變化及突發性事件都會直接影響 CNH。

3 / 離岸市場開始出現大量的投資、投機需求，成為影響 CNH 變化的新力量

離岸市場不斷有新的參與者加入，交易活動更複雜，衍生品創新也趨於活躍。貿易商有真實資金需求及對沖需求，在某種條件下也會轉變為投資及投機需求。例如，部分外資銀行向客戶營銷對沖產品時，有意引導客戶加槓桿，從而也影響著客戶的市場預期。在歐美交易時段，市場參與者對人民幣實際需求不多，投資及投機需求佔比較大。相關數據顯示，2014 年下半年至 2015 年首季，美元升值而人民幣較弱，香港美元遠期購入增長較快，而人民幣遠期沽出則大幅增加。

4 / 人民幣被動捲入新興市場貨幣的貶值潮

2014 年下半年以來，新興市場經濟出現問題，部分國家爆發危機或陷入困境，資金從新興市場流出，新興市場貨幣持續偏弱。2015 年 8 月 11 日後，一些新興市場國家借勢貶值，到 9 月底巴西貨幣貶值兩成以上，南非、俄羅斯、馬來西亞、印尼等貨幣均曾貶值一成。人民幣是新興市場貨幣，投資者視新興市場貨幣變化為同一個方向，一同拋售。

9 月 10 日以後，離岸人民幣市場又出現新動向，對嚴重扭曲的 CNH 出現一輪校正。當日 CNH 大幅貼水 803 基點，與中間價及 CNY 的點差均收窄至 70 多基點。9 月底，新一輪的市場糾偏效果明顯，CNH 回到 6.35，為 8 月 10 日以來首次高於中間價及 CNY。

四 / 未來兩個市場互動性將越來越強

儘管離岸市場變化更加複雜，波動進一步加大，但是，我們也觀察到，經歷了一段時間大幅波動，在岸市場對離岸市場的影響正在發生變化。監管層面上，「維穩」基調沒有改變，「保持人民幣匯率在合理均衡水平上

2016 年 5 月，中國銀行副董事長兼行長陳四清接受傳媒訪問時表示，香港可打造海外人民幣業務對接平台，充分利用完善高效的清算網絡與流動性管理功能，支持其他離岸人民幣市場。

的基本穩定」的決心十分堅定。內地進入離岸市場，以中國龐大的外匯儲備，維持 CNH 基本穩定是完全可能的。另一方面，隨著資本項目不斷開放，跨境人民幣流動規模擴大，兩個市場之間的相互影響也會繼續發生變化：

1 / 在岸市場對離岸市場的參與進一步增強

香港和倫敦是兩個最大的離岸人民幣外匯市場，近年來，境內各類機構在兩個市場不斷設立分支機構，並強化交易平台建設。這些機構在主要離岸市場加大參與度，更多考慮 CNY 變化因素，從而也會影響 CNH 走勢。

2 / 各種離在岸交易互聯互通機制將會建立

滬港通是在資本項目尚未實現自由兌換的情況下，實現兩個市場直接交易的成功範例，未來人民幣外匯交易、衍生品交易及債券交易都可能會引入類似的封閉交易機制，在一定額度內允許境內機構參與離岸交易，亦允許境外機構參與在岸交易，傳遞價格信號，拉近兩地價格。

3 / 自貿區為境內機構參與離岸交易提供了新途徑

上海自貿區分帳核算業務在成功隔離跨境風險的基礎上，為境內金融機構參與離岸交易創造了機會，如同業拆借、外匯及衍生品交易。隨著內地自貿區越辦越多，此類交易規模將會越做越大，在岸市場對離岸市場的影響也會加大。

4 / 人民幣跨境流動渠道也在迅速拓展

2015 年以來經常項下人民幣淨回流境內，令離岸市場資金池增長放慢，但內地正在大力拓展人民幣跨境流動渠道。長遠看，隨著資本項目進一步開放，境內外銀行之間通過同業帳戶進行資金往來的空間很大，企業

利用跨境人民幣資金池雙向歸集閒餘資金增多，個人資本項目開放也會逐漸加快，促使更多人民幣流向境外市場，從而有助於離岸市場健康發展，對 CNH 的價格形成產生積極影響。

總之，兩個市場進一步打通後，影響中間價、CNY 及 CNH 的各種因素將會越來越複雜。未來各種匯率之間如何互動及離岸人民幣匯率如何發展，有待長期跟蹤、觀察及分析。 ⊕

加入 SDR 與
人民幣匯率調整前景

鄂志寰（中銀香港首席經濟學家）

2016 年 10 月 1 日，人民幣加入特別提款權（SDR）貨幣籃子正式生效，開啟了人民幣從貿易結算貨幣邁向國際儲備貨幣的跨越征程。人民幣作為第一隻來自新興市場的貨幣加入 SDR 貨幣籃子，將為各國央行調整外匯儲備幣種結構提供更多的選擇，標誌著人民幣國際化進入了市場牽引階段。「入籃」後，人民幣匯率的變動也開始出現一些新的特徵。從外部看，主要是受美國加息週期啟動後美元匯率指數繼續走強的影響。從內部看，實體經濟 L 型特徵明顯，未來仍有下行壓力。貨幣政策的針對性成為「不可能三角」的首選目標，資本帳戶開放進程持續，增加匯率彈性成為重要選項，直接表現為人民幣匯率更多由市場因素決定、人民幣匯率形成轉向參考一籃子貨幣。預計中短期內，人民幣匯率將進一步分化為兌一籃子貨幣保持穩定，兌美元調整力度加大，具體調整幅度主要取決於美元匯率指數的變化。在這樣的整體背景下，應密切關注人民幣匯率政策的外溢效應及匯率波動對人民幣國際化可能產生的影響。

一 / 「入籃」後人民幣匯率變動的新特徵及深層原因

1 / 人民幣匯率波動表現出一定的非對稱性

　　「入籃」後，人民幣匯率呈現兌美元和一籃子貨幣一貶一平的非對稱性變動趨勢。首先，中間價調整引導市場匯率波動方向。人民幣兌美元中間價從 2016 年 9 月 30 日 1 美元兌 6.6778 元人民幣，貶至 11 月 8 日 1 美元兌 6.7817 元人民幣，貶值約 1.56%。人民幣兌美元的市場匯率亦隨之出現貶值，在岸市場匯率（CNY）從 9 月 30 日的 6.6718 貶至 11 月 8 日的 6.7799，貶幅約為 1.6%，趨近 2008 年金融危機期間盯住美元的 6.83 水平。離岸市場匯率（CNH）從 9 月 30 日的 6.6770 貶至 11 月 8 日的 6.7909，貶幅約為 1.71%，創出 2010 年 8 月離岸市場形成 CNH 人民幣匯率以來的新低。

　　其次，人民幣在兌美元貶值的同時，兌 SDR 籃子的其他三種貨幣即歐元、日圓和英鎊有所升值，同期人民幣兌中國外匯交易中心（China Foreign Exchange Trade System, CFETS）一籃子貨幣指數表現穩定，9 月 30 日和 10 月 31 日的 CFETS 人民幣匯率指數分別為 94.07 點和 94.22 點。

　　從中間價、CNY 和 CNH 的相互作用關係上看，中間價直接反映市場供求，做市銀行每個交易日計算當日人民幣匯率指數與上一日人民幣匯率指數持平所需要的人民幣兌美元匯率，得到人民幣匯率「調整幅度」，將「調整幅度」與前一交易日下午 4 時 30 分在岸銀行間外匯市場人民幣兌美元收盤匯率相加，得出中間價報價。人民幣匯率變動的非對稱性表明中間價的市場化程度提升，人民幣匯率形成的透明度和匯率水平的可預測性隨之上升。CNY 跟隨中間價波動，並引導 CNH 達成一致的市場趨勢。

　　從人民幣兌美元和一籃子貨幣呈現一貶一平的非對稱性波動看，「8‧11」匯改後形成的「雙錨」機制引入了「黑天鵝事件」的過濾機制，引導市場加大參考一籃子貨幣的力度，尋求兌一籃子貨幣保持基本穩定，同時，希望能夠培養市場對人民幣兌美元匯率彈性增大的適應性，適當擴展

人民幣兌美元匯率波動的容忍空間。

2 ／「硬脫歐」下英鎊「閃跌」導致的美元走強是人民幣匯率的外部主導因素

2016 年 10 月上旬，「硬脫歐」的可能性上升導致英鎊「閃跌」，英鎊兌美元匯率創出過去 31 年的新低點，並拖累其他主要貨幣兌美元貶值，推動美元指數回升，與美聯儲重新鼓動起來的加息預期相互配合，美元指數急升超過 3%。美元指數走強成為影響人民幣匯率實際水平的外部主導因素。

2014 年以來，美國加息預期幾經上落，隨著加息預期的上升，美元匯率指數持續走強，2014 到 2015 年兩年間，彭博美元指數顯示美元累計升值 23.2%，儘管同期 CNY 累計貶值接近 7%，但與美元指數的升幅相比，人民幣兌美元匯率的貶值幅度非常有限，事實上形成了人民幣跟隨美元升值，長期保持全球第二強勢貨幣地位的局面，這也是「8‧11」人民幣匯改之後人民幣兌美元名義匯率持續面臨貶值的壓力來源。

3 ／人民幣匯率貶值預期主要體現在即期市場

與 2016 年初的人民幣貶值模式有所不同，最近以來的人民幣匯率貶值主要體現在即期市場，掉期價格和期權隱含波動率保持區間波動，表明當前即期匯率的市場定價作用增強，衍生品市場反映市場預期的功能有所減弱。人民幣掉期市場價格主要取決於人民幣流動性的變化，更多反映資金成本情況。在市場預期減弱時，掉期市場定價中樞向利率平價回歸。當前離岸市場美元穩中趨緊，人民幣流動性相對穩定但仍有驟鬆驟緊的可能，會直接影響掉期價格的變化。

4 / 人民幣國際化將在較長的時間內支持人民幣資產的市場信心

人民幣加入 SDR 後，為便利境外中央銀行和主權財富基金等機構投資者加快配置人民幣資產，內地相繼開放了在岸銀行間債券市場和外匯市場，並調整合格境外機構投資者（QFII）等管理的措施。由此看來，人民幣國際化將始終是政策制定者的重要目標之一。當然，在資本市場開放的過程中，各種形式的資本外流是人民幣國際化的一個不容忽視的干擾因素，並持續影響人民幣匯率穩定。

二 / 未來一個階段人民幣貶值的壓力仍然主要來自美元走強

從一個較長的週期看，美元匯率指數始終是影響人民幣匯率實際水平的重要因素。1994 年人民幣匯率並軌，恰逢美元指數從一個小週期回落，中和了人民幣一次性大幅度貶值的不利影響；1996 年開始，美元進入長達五年的升值週期，直到「911」促使美元匯率掉頭向下，這段時間人民幣盯住美元，共同兌其他貨幣升值。2001 到 2009 年之間，美元持續貶值，前半段人民幣繼續盯住美元，與之同步貶值，配合加入世界貿易組織（World Trade Organization, WTO）等利好因素，推動中國出口以年均 30% 的速度迅速增長。隨後，美國開始施壓人民幣升值，2005 年 7 月啟動匯改，人民幣匯率連續三年兌美元升值，但扣除美元匯率指數下跌，人民幣兌其他貨幣仍保持一定的競爭優勢。次貸危機後，美元再度啟動升值週期，人民幣先以盯住美元渡過全球金融危機期，並借助歐債危機的機會，小幅貶值。2014 年後，隨著美聯儲加息預期的不斷醞釀，美元匯率進入 20 世紀 70 年代「尼克遜衝擊」以來的第三輪上升期，強勢美元王者歸來，人民幣貶值壓力亦開始逐漸升溫。

2015 年 12 月美國聯儲局加息，支持美元匯率維持相對偏強。2016 年新年伊始，彭博美元指數再次接近 100 點的水平。但與美元指數的升幅相

比，人民幣兌美元匯率的貶值幅度不算大太，這也難免對人民幣名義匯率造成一定的貶值壓力。

2016 年美國經濟持續溫和復蘇，通脹有上升苗頭。美聯儲加息預期再度升溫，預示美元仍處在強美元週期之中。美元保持強勢，將令非美貨幣普遍面臨貶值壓力，人民幣也不例外。

三／「不可能三角」框定中期人民幣匯率政策取向

「不可能三角」是蒙代爾－弗萊明模型（Mundell-Fleming model）的簡化版。根據開放經濟下的 IS—LM 模型，貨幣政策刺激經濟增長的效果受到資本流動和匯率制度的影響。一般而言，如果資本不流動，固定匯率和浮動匯率制度均不影響貨幣政策效果；加入資本流動因素後，貨幣政策效應與資本流動程度逆向關聯：如果資本完全可流動，在固定匯率下，貨幣政策將無法影響經濟增長；在浮動匯率制下，貨幣政策則有效。即貨幣政策獨立性、資本自由流動與匯率穩定這三個政策目標不可能同時達到。亞洲金融危機後，美國經濟學家保羅·克魯格曼（Paul Krugman）總結出一個三角形，形象地展示了「蒙代爾不可能三角」的原理。在一個三角形中，一個頂點表示選擇貨幣政策自主權，一個頂點表示選擇固定匯率，一個頂點表示資本自由流動。這三個目標之間不可調和，最多只能實現其中的兩個，也就是實現三角形一邊的兩個目標就必然遠離另外一個頂點。

過去 20 年間，中國謹慎而小心地保持了獨立的貨幣政策、穩定的人民幣匯率和不斷開放的資本帳戶之間的脆弱平衡，似乎可以不受制於「不可能三角」的制約，但從實質上看，其組合還是三者均有所妥協的結果：即不完全獨立的貨幣政策、名義上浮動的匯率制度，與未宣佈實現資本可兌換但資本流出入的控制日漸寬鬆，並根據不同時期的國內外經濟和金融市場情況，動態調整三者的偏好程度。在實現內外均衡的過程中，以持續

積累外匯儲備的形式減輕人民幣升值的壓力，將人民幣的升值壓力轉化為巨額的外匯佔款，並通過沖銷干預縮小貨幣政策讓渡的空間。

從資本流動方面看，近年來隨著中國金融改革的深入和金融市場的不斷開放，資本帳戶可兌換程度不斷上升。人民銀行在《2015年人民幣國際化報告》中表示，將繼續積極推動人民幣資本項目可兌換改革：一是打通個人跨境投資的渠道，考慮推出合格境內個人投資者（QDII2）境外投資試點；二是完善「滬港通」和推出「深港通」，允許非居民在境內發行除衍生品外的金融產品；三是修訂外匯管理條例，取消大部分事前審批，建立有效的事後監測和宏觀審慎的管理制度；四是提高境外機構投資者投資內地資本市場的便利性；五是繼續便利人民幣國際化，消除不必要的政策壁壘和提供必要的基礎設施；六是做好風險防範。國際市場將以上六個方面視為人民銀行就人民幣加入SDR而對國際貨幣基金組織（IMF）做出的政策承諾。

「十三五規劃」也明確提出，在「十三五」時期將不斷完善對外開放戰略佈局，推進雙向開放，促進國內及國際要素有序流動和資源高效配置，以及市場深度融合。對外開放的重點是金融業的雙向開放，有序實現人民幣資本項目可兌換，推進資本市場雙向開放，改進並逐步取消境內外投資額度限制。

顯然，未來一個時期資本的進出會變得更加容易，這意味著中國當局的政策制定必須在匯率彈性和獨立的國內貨幣政策之間做出取捨。2016年以來，內地經濟L型特徵明顯，但未來仍有下行壓力。從長期看，去產能、去庫存、去槓桿有助於內地經濟更加健康發展，但在短期內則可能對經濟表現構成制約，因此，客觀上要求貨幣政策保持穩健。因此，最近以來，市場理解人民幣匯率政策開始出現新的調整方向，未來的人民幣匯率政策取向將在不可能三角的框架下騰挪，並表現出以下三個方面的特徵：

1 / 人民幣匯率越來越多地由市場因素決定

2015 年 8 月 11 日，人民銀行實施人民幣兌美元匯率中間價報價機制的改革。改革後，做市商參考上日銀行間外匯市場收盤匯率，綜合考慮外匯供求情況以及國際主要貨幣匯率變化，向中國外匯交易中心提供中間價報價。在新機制下，人民幣兌美元中間價受在岸價的影響顯著增強，中間價向在岸價靠近，在岸價向市場均衡匯率靠近。從機制上說，人民幣匯率機制調整後，人民幣匯率決定更多地來自市場因素的影響，更大程度反映市場預期的變化。

2015 年 11 月底，國際貨幣基金組織宣佈人民幣加入 SDR 後，人民幣兌美元匯率更多按照市場的供求情況來訂價，在岸價於 2015 年 11 月底在較短時間內由 6.40 左右跌至接近 6.60，而離岸價則由 6.42 曾跌至 6.76。顯然，人民幣匯率更多地由市場因素決定，意味著貨幣政策制定當局對人民幣匯率波動（包括貶值）的容忍度同步加大。

2 / 人民幣匯率形成機制逐漸轉向參考一籃子貨幣

2015 年 12 月 11 日，中國外匯交易中心發佈了 CFETS 人民幣匯率指數，目的是推動市場觀察人民幣匯率的視角，從單一人民幣兌美元匯率轉變為參考一籃子貨幣。在首次公佈時，CFETS 人民幣匯率指數於 2015 年 11 月底為 102.93（以 2014 年底為 100）。即使外匯市場依然把焦點放在人民幣兌美元匯率上，但亦相信人民銀行正在推動市場參與者更多關注人民幣匯率指數，而有意淡化人民幣兌美元匯率變化的影響。

3 / 清潔浮動將是人民幣匯率政策的長期推進方向

從理論上說，完全清潔的浮動是浮動匯率制度的完美境界，需要一個運作完善、具備足夠深度和廣度的外匯市場，能夠為市場參與者提供足夠的風險對沖工具，使之有效地管理與匯率相關的風險。目前，我國金融市

2016年1月，中銀香港副董事長兼總裁岳毅在「亞洲金融論壇」上表示，
國家經濟實力的進一步提升，將給人民幣國際化提供新的動力。

場的發展尚不具備充分的條件。但是，近年來的歷次匯改均以提高人民幣匯率彈性為目標，2012 年 4 月和 2014 年 3 月兩次提高人民幣兌美元的日浮動區間及「8‧11」匯改，概莫能外。隨著中國資本市場雙向開放，人民幣匯率的清潔浮動將是人民幣匯率政策的遠期發展方向。

四 ／ 人民幣匯率水平進一步分化：兌一籃子貨幣保持穩定、兌美元調整空間加大

下一階段，人民幣匯率的走勢將保持分化發展趨勢。一方面，人民幣國際化和「一帶一路」戰略的實施將推動人民幣的國際化使用，中國外匯交易中心發佈官方權威 CFETS 人民幣匯率指數亦不斷擴大其影響，逐步實現人民幣與美元脫鈎，減少人民幣兌單一貨幣帶來的匯率扭曲。人民幣的國際使用和需求增加，將支撐人民幣兌一籃子貨幣繼續保持穩定。此外，中國在應對人民幣持續升值壓力的過程中所積累的巨額外匯儲備，也將對人民幣匯率的穩定發揮壓倉石的作用。

另一方面，從影響匯率的主要因素看，人民幣兌美元仍有調整壓力。

首先，在 CFETS 人民幣匯率指數籃子的 13 隻貨幣中，美元佔 26.4%，港元佔 6.55%，由於港元實行與美元掛鈎的聯繫匯率，可以與美元相加計算，CFETS 人民幣匯率指數當中美元的權重可達到 33%。在人民幣兌一籃子貨幣保持穩定的前提下，美元保持強勢並企於高位，人民幣兌美元也需要貶值。

其次，美國經濟復甦繼續領先全球主要經濟體，美國貨幣政策與其他主要經濟體繼續背離。美國經濟復蘇領先全球主要經濟體，美聯儲率先加息並將繼續加息進程，歐洲央行可能進一步加碼量寬，歐元後市易跌難升。歐元在各類美元指數中保持 57.6% 的絕對佔比，必然與美元匯率形成「蹺蹺板」效應，歐元弱勢亦將助推美元走強。全球主要貨幣兌美元均面臨貶值壓力，人民幣亦無法獨善其身。美國息率的上升可能繼續吸引國際

表一

CFETS 人民幣匯率指數構成

幣種	權重（%）	幣種	權重（%）	幣種	權重（%）
USD/CNY	26.40	AUD/CNY	6.27	CNY/MYR	4.67
EUR/CNY	21.39	NZD/CNY	0.65	CNY/RUB	4.36
JPY/CNY	14.68	SGD/CNY	3.82	CNY/THB	3.33
HKD/CNY	6.55	CHF/CNY	1.51		
GBP/CNY	3.86	CAD/CNY	2.53		

資料來源：中國外匯交易中心

資本回流美國，加大全球金融市場的波動。此外，在地緣局勢緊張的情況下，各種突發事件亦可能因應避險需求推動美元走強。

第三，內地經濟維持 6.7% 的增長，隨著房地產市場調控以及去產能的推進，未來經濟仍面臨下行壓力。中美利差存在進一步收窄的可能。

第四，國際收支結構繼續調整，資本外流趨勢短期內難以改觀。內地貨物貿易順差擴大，緣於進口下滑幅度比出口更大，這種衰退式的順差狀況將難以持續。服務貿易逆差大頭來自內地公民出境旅遊，未來可能會進一步增加。企業「走出去」及增加對外投資的趨勢不可逆轉。所以，從趨勢上看，國際收支可能出現經常項目順差收窄、資本金融項目逆差擴大的態勢。資金流向也反映在銀行的結售匯上，逆差格局中短期不易扭轉。

顯然，中國經濟自身的因素決定了人民幣面臨一定程度的貶值壓力，在外匯市場則可能表現為人民幣匯率的進一步分化，即兌一籃子貨幣保持基本穩定，但兌美元則仍將走貶，具體貶值程度可能隨美元匯率指數的變化而有所調整：在美元兌國際市場主要貨幣走強的情況下，人民幣兌美元匯率貶值幅度將有所加大；相反，在美元匯率指數走軟的情況下，人民幣兌美元匯率貶值壓力則相應減輕，從而出現人民幣「動態盯住」美元的局面。

五 / 人民幣匯率政策的溢出效應及近期需關注的幾個問題

從過去 20 年人民幣匯率調整的歷史經驗看，人民幣匯率改革措施初期往往會引起了比較大的貶值預期，甚至導致匯率水平的超調。因此，在中短期內，人民幣匯率政策的調整需在加大匯率彈性與推動人民幣資本項目可兌換及人民幣國際化進程之間尋求理想的均衡。在加大人民幣匯率市場化步伐的同時，必須進一步完善國內的金融市場體系建設，提高投資及融資渠道的資本配置效率，提供更多風險轉移及對沖的工具選擇，幫助實體經濟有效地規避匯率風險，減少匯兌損失，促進進出口穩定增長。

1 / 關注人民幣匯率政策的溢出問題

隨著人民幣國際使用程度的上升，中國金融市場對全球金融市場的影響力持續加大，人民幣匯率政策的溢出效應日漸顯現，2015 年的人民幣匯率調整就伴隨著新興市場貨幣的大範圍貶值。在亞洲新興市場，馬來西亞林吉特兌美元一度貶值超過 15%，跌至 17 年低點。印度尼西亞盾亦貶值 10% 以上，兌美元匯率達到 1998 年 7 月以來的最弱水平。這輪新興市場貨幣的貶值顯然是美國貨幣政策轉向的溢出效應在國際資本流動領域的體現，但也與中間價形成機制調整後人民幣貶值預期有一定的聯繫。未來一個時期，新興市場和發展中經濟體的經濟增長速度可能繼續放緩，國際資本大規模流出仍可能衝擊這些國家或地區的貨幣匯率，導致宏觀經濟失衡風險攀升，全球性金融不穩定性上升。對此，我們應該有所準備。

2 / 加大與外匯市場的溝通力度，提高管理匯率預期的有效性

針對人民幣匯率調整後可能出現的外匯市場超調，應妥善管理人民幣匯率預期，降低匯率波動對人民幣國際化的影響。「8·11」之後，中國人民銀行對市場預期進行有效管理，在比較短的時間內穩定了市場信心。

針對未來可能出現的匯率變動方向的調整，在人民幣匯率政策制定和推行過程中，應繼續加大對市場的溝通力度，有效管理人民幣匯率預期，減少市場「超調」的可能性，推動匯率趨於均衡區間。

3 ╱ 人民幣國際化實現動力切換

人民幣加入 SDR 貨幣籃子正式生效，人民幣國際化亦進入一個新的發展階段。從目前情況看，人民幣國際化的水平比照美元、歐元、英鎊、日圓四個主要國際貨幣離岸指數的 52.27%、24.41%、5.58%、5.12%，仍有較大的發展空間。歸根結底，人民幣能否成為國際儲備貨幣，最終取決於國際市場的接受程度，國際市場圍繞某種貨幣進行的交易活動，很大程度上是市場對該貨幣信心的體現。2016 年離岸市場人民幣匯率波幅放大，同業拆息亦出現較大波動。顯然，在國際投資者的眼中，人民幣還帶有明顯的新興市場貨幣的特徵，尚未成為成熟的國際貨幣。

4 ╱ 關注不同金融市場之間的相互作用，有效地控制市場風險傳遞

近年來，中國金融市場發展無論是在市場規模還是在市場運作機制方面都取得了巨大的進步，隨著市場規模的上升，不同市場的相互影響亦明顯加大，股市與外匯市場的聯動更為緊密。2016 年初的幾個交易日，內地 A 股熔斷與人民幣兌美元匯率下跌密切關聯並相互作用。股市、匯市和樓市的互動加大了宏觀調控的難度；同時，人民幣離岸市場匯價與在岸匯價的關係日趨複雜，人民幣貶值預期的傳遞速度加快。因此，內地必須加快金融市場體系建設，提高市場的深度和廣度，為人民幣的國際使用提供高效率、低成本的交易場所和充裕的流動性來源。 ⊕

如何看待人民幣匯率的靈活性？

柳　洪（中銀香港發展規劃部高級經濟研究員）

2015 年 8 月 11 日，人民銀行推出人民幣市場化改革，完善人民幣兌美元匯率中間價的報價機制。該重大舉措既提升了人民幣兌美元中間價的市場化程度，又回應了國際貨幣基金組織（IMF）對人民幣納入特別提款權（SDR）貨幣籃子的重要關切，滿足了 SDR 的操作性要求，國際貨幣基金組織執董會於 2015 年 11 月 30 日決定將人民幣納入 SDR 貨幣籃子。「8·11」匯改之後，人民銀行進一步推出相關措施：2015 年 12 月 11 日，人民銀行委託中國外匯交易中心（CFETS）公佈了 CFETS、SDR 和國際清算銀行（BIS）三大人民幣匯率指數，以加大人民幣匯率參考一籃子貨幣的力度，推動人民幣與美元脫鈎進程。2016 年 2 月，人民銀行初步形成了「收盤匯率＋一籃子貨幣匯率變化」的中間價報價機制。在美元加籃子的雙錨機制下，人民幣匯率的靈活性、規則性、透明度和市場化水平顯著提高。人民銀行強調，將在提高匯率的靈活性與保持穩定之間尋求平衡。那麼，提高匯率的靈活性將意味著什麼？

一 / 人民幣兌美元中間價匯率彈性增強

綜觀 1994 年人民幣匯率並軌改革以來 30 餘年，人民幣相比其他國家貨幣，匯率總體非常穩定，波動性幾乎是全球最小的。儘管人民幣兌美元交易價的日浮動區間有序擴大，1994 年 1 月為 0.3%，2007 年 5 月為 0.5%，2012 年 4 月為 1%，2014 年 3 月為 2%，但匯率的波動性沒有明顯提升，人民幣兌美元中間價的形成機制缺乏彈性是主要原因。

1994 年以來，人民幣匯率機制大致經歷了五個階段：一是 1994 至 1997 年，實行以市場供求為基礎、單一、有管理的浮動匯率制度；二是 1998 至 2005 年，實際盯住美元；三是 2005 年 7 月 21 日啟動匯率形成機制改革至 2008 年 6 月，實行以市場供求為基礎、參考一籃子貨幣進行調節、有管理的浮動匯率制度；四是 2008 年 7 月至 2010 年 6 月，因應金融海嘯，再次實際盯住美元；五是 2010 年 6 月 19 日重啟匯改，實施以市場供求為基礎，參考一籃子貨幣，實行有管理的浮動匯率機制。這期間，人民幣兌美元中間價的形成機制幾經調整變化，總體上均存在透明度和市場化不夠、彈性不強的缺陷，影響了匯率波動性的擴大。匯率波動性長期較小的現象，也給國內及國際市場造成「人民幣就應該特別穩定」的不切實際的預期。

「8·11」匯改之後，特別是形成「收盤匯率＋一籃子貨幣匯率變化（籃子 24 小時穩定）」的中間價報價機制之後，人民幣的市場化程度顯著提升，波動性逐步擴大。2016 年上半年，人民幣對美元匯率中間價最高為 6.4565 元，最低為 6.6528 元；雙向波動的特點更為明顯，120 個交易日中 59 個交易日升值、61 個交易日貶值，其中，最大單日升值幅度為 0.57%（365 點），最大單日貶值幅度為 0.90%（599 點）。

根據人民銀行提供的數據，2016 年 3 月初至 6 月末，人民幣兌美元匯率中間價的年化波動率為 4.28%，CFETS 人民幣匯率指數年化波動率亦有 2.31%。人民幣兌美元匯率的波動率超過人民幣兌一籃子貨幣匯率指數的

波動率，體現了在「收盤匯率＋一籃子貨幣匯率變化」的人民幣兌美元匯率中間價形成機制下，人民幣兌美元匯率更加靈活，彈性顯著增強。中間價的彈性增強、波動性擴大，推動了即期匯率波動性擴大。市場對人民幣擴大波動性，反應越來越平靜，說明市場也逐步適應。

二 ／ 人民幣兌美元匯率將更多地順應市場趨勢波動

「8·11」匯改提升了人民幣兌美元中間價的市場化程度，讓人民幣匯率更廣泛地反映市場的供求關係。人民幣匯率市場化程度提升的過程，其實亦是人民幣匯率糾偏、逐步反映市場價格的過程。原因是人民銀行2005 年 7 月 21 日啟動匯改以來，人民幣兌美元匯率至 2014 年年初升值了八年，升幅近 40%，即使至 2016 年 6 月末，人民幣兌美元在岸即期匯率累計亦升值 24.81%，存在一定程度的超升、高估。

一年來，市場趨勢不斷變化。2015 年 12 月美聯儲啟動了金融海嘯以來的首次加息，正式步入加息週期，美元走強。但是，之後加息預期不斷變化，美聯儲以各種理由延後第二次加息，導致 2016 年美元表現為強－弱－強的 V 型反轉。6 月 24 日，英國「脫歐」黑天鵝飛出，經濟全球化趨勢面臨考驗，英鎊、歐元承壓，以及更多資金避險流入美元資產，助推美元升值。一方面，美國總統大選存在不確定性；另外，年初以來市場對中國內地經濟的看法也有波動，看空做空人民幣的力量時強時弱。

順應市場趨勢，人民幣兌美元匯率從 2016 年年初至年底，經歷了五個階段，實現了不對稱性的有序貶值：1 月初急跌，1 月中至 4 月底企穩反彈，4 月底至 7 月 18 日貶值 3.6%，7 月 19 日至 9 月底橫盤運行，10 月初人民幣正式加入 SDR 至 12 月初貶值約 1.4%。從 2016 年初至 10 月初，人民幣兌美元在岸價（CNY）貶值約 4.1%。

內地推動人民幣跨境使用，給香港銀行業帶來大量業務機會。圖為中國銀行及中銀香港專家在中銀大廈頂層舉辦熊貓債研討會，為客戶介紹熊貓債發行。

三 / 循序漸進開放資本帳戶仍將對人民幣匯率產生持續影響

「8‧11」匯改之後，監管層確實加強了套利監管。例如：外管局加強了銀行對個人分拆購匯的管理，督促銀行重點關注人民幣非居民帳戶（又稱境外機構境內帳戶，Non-resident Account, NRA）購匯操作；對銀聯卡境外取現設限；加強遠期售匯宏觀審慎管理，對開展代客遠期售匯業務的金融機構收取外匯風險準備金，包括進入銀行間外匯市場的境外金融機構，在境外與其客戶開展遠期賣匯業務產生的頭寸在銀行間外匯市場平盤後，按月對其上一月平盤額交納外匯風險準備金，準備金率為 20%，準備金利率為零；離岸人民幣徵收存款準備金。加強監管目的是為了堵塞套利漏洞，擠壓套利空間，使匯改舉措能在良好的市場環境下運行，並不是放慢或者收緊資本帳開放步伐。

2015 年以來，資本帳戶的開放仍在有序推進。例如：人行允許境外央行類機構直接進入中國銀行間外匯市場，開展即期、遠期、掉期和期權等外匯交易。市場更為關注的是，2016 年 2 月 24 日，人行發佈 2016 第 3 號公告，對境外機構投資者投資境內銀行間債券市場，放開境外機構投資者主體種類限制，取消額度限制，簡化管理流程等。人行推出這些措施，不排除有滿足人民幣加入 SDR 籃子後全球增持人民幣資產的需求，以及可起到平抑資金外流、支撐人民幣匯率的作用等考慮，但更主要的意圖是，向市場表明人民幣匯率的波動不會明顯影響匯率改革及資本帳戶開放的步伐。

四 / 人民幣貶值預期有所減弱，但仍在探尋均衡匯率水平

「8‧11」匯改後，市場對人民幣的信心有些波動，人民幣貶值預期揮之不去。在一年時間裏，人民幣兌美元經歷四浪下跌，人民幣兌一籃子

貨幣下跌超過 8%，表明人民幣匯率已順應市場趨勢做了「補課」式有序貶值。另外，2016 年 2 月初步形成的「收盤匯價＋一籃子貨幣匯率變化」的中間價新機制，經過近一年的運作，其兩面的作用得以提升：一方面增強了中間價的透明度和可預測性，可增添市場對新機制的信心，承受更大幅度的匯率波動；另一方面亦有利於市場預期分散化，減少市場與央行之間博弈，並增加市場參與者之間的博弈，減緩單向貶值預期。總體而言，市場貶值預期有所減弱。

人民幣兌美元貶值預期有所減弱，在人民幣遠期等衍生品市場表現較為明顯。一是 2016 年 12 月初無本金交割遠期（Non-deliverable Forward, NDF）報價顯示，1 美元兌人民幣：三個月後為 6.81 元，一年後為 6.93 元。從一年期 NDF 曲線走勢看，近期曲線遠不及 1 月份時的曲線陡峭。二是離岸遠期（Deliverable Forward, DF）的報價顯示，一年期 USD／CNH 的遠期價格為 6.93 元。從一年期 USD／CNH 的遠期點數看，近期主要在 1,500 點上下波動，遠遠低於 2016 年 1 月至 2 月份的 2,500 至 3,000 點水平。離岸人民幣一年期遠期隱含波動率近期在 3.23% 上下波動，也大幅低於 2016 年 1 月曾觸及 5.9732% 的高點。三是 USD／CNH 一年期權波動率近期維持在 6% 附近，比 2016 年初時的高點 10.59% 低了 400 多個點子。這些現象可能意味著人民幣匯率與均衡匯率不遠。

但是，在美聯儲緩慢加息、美元仍處強勢週期以及內地推進金融改革的背景下，探尋人民幣兌美元以及兌一籃子貨幣匯率的合理均衡水平有較高難度，未來將增加市場在探尋均衡匯率水平中的作用。為防止人民幣匯率出現超調，加劇資金外流等風險，加強預期管理很有必要。

五 ／ **未來人民幣匯改將穩步推進，人民幣地位將進一步提升**

人民銀行在匯改後不斷摸索經驗，與市場的溝通日見順暢，預計人民

幣匯改應該會穩步推進，盡量減少對金融市場造成震盪並產生溢出效應的可能性。

一是提高匯率的靈活性，加大市場決定匯率的力度。增強人民幣匯率雙向浮動彈性，除了順應市場趨勢有序升貶外，亦需要進一步加大中間價的波動性。在擴大人民幣匯率波動性的同時，也將逐步引導市場適應人民幣進一步擴大其波動性。

二是進一步加大參考一籃子貨幣的力度，即保持一籃子匯率的基本穩定。比較分析 CFETS 人民幣匯率指數、參考 BIS 貨幣籃子和 SDR 貨幣籃子的人民幣匯率指數可見，2016 年 7 月 29 日三大指數分別為 95.34、96.10 和 95.99 點；9 月 30 日分別為 94.07、94.75 和 95.05 點；10 月 28 日分別為 94.15、94.98 和 95.56 點。人民幣對一籃子貨幣總體上保持了基本穩定，預示在人民幣匯率形成機制中將加大參考一籃子貨幣的力度，有序推進人民幣與美元脫鉤。完善人民幣對一籃子貨幣的參考機制，將涉及一系列安排，包括引導市場測算保持一籃子匯率穩定所要求的匯率水平；要求做市商在提供中間價報價時考慮穩定籃子的需要；以及央行在進行匯率調節時維護對籃子穩定的策略等。

三是擴大市場雙向開放，有序推進人民幣資本項目的可兌換。在美聯儲加息週期的背景下，探尋人民幣兌美元及一籃子貨幣的合理均衡匯率水平，努力實現匯率「在合理均衡水平上的基本穩定」，在此基礎上逐步實現資本項目的可兌換。

隨著人民幣匯改穩步推進，人民幣匯率的靈活性不斷提高，人民幣匯率的市場化及其國際化進程前景被看好。但是，人民幣匯率的市場化及其國際化進程前景，歸根結底要回歸經濟基本面。而供給側結構性改革是否成功，事關中國內地經濟的基本面能否長期健康發展。

筆者認為，中國內地供給側結構性改革任重道遠，人民幣不會成為下一個日圓。相反，英國脫歐凸顯歐元作為超主權貨幣的脆弱性，歐元的國

際地位和全球的支付使用佔比可能會有所下調，客觀上有利於提升人民幣在國際貨幣體系中的作用。人民幣完成了從結算貨幣、投融資貨幣到國際儲備貨幣，從周邊性貨幣、區域性貨幣到全球性貨幣的歷史性跨越之後，展望前景，未來人民幣可能晉升為全球第二大儲備貨幣，從而與美元、歐元呈「三足鼎立」的局面。◑

「8‧11」匯改後人民幣匯率貶值的原因及影響

柳　洪（中銀香港發展規劃部高級經濟研究員）、
陸海鵬（中銀香港發展規劃部高級策略員）、
梁汗強（中銀香港發展規劃部策略發展主管）

2015 年 8 月 11 日，中國人民銀行發表聲明，自即日起完善人民幣兌美元匯率中間價報價機制，市場稱之為「8‧11」匯改。受匯改措施影響，外匯市場出現劇烈震盪。8 月 11 日，人民幣兌美元匯率中間價為 1 美元兌人民幣 6.2298 元，較上一交易日的 6.1162 貶值 1,136 個點子；8 月 12 日為 1 美元兌人民幣 6.3306 元，較上一個交易日貶值 1,008 個點子；8 月 13 日為 1 美元兌人民幣 6.4010 元，較上一個交易日貶值 704 個點子。受中間價波動拖累，三個交易日在岸匯率（CNY）貶值超過 3%；離岸匯率（CNH）一度接近 6.60，跌幅超過在岸匯率。

一／「8‧11」匯改後人民幣兌美元中間價運行機制變化的特點

「8‧11」匯改之前，人民幣兌美元中間價的運行機制是：2006 年 1 月 4 日，人民銀行引入做市商制度和詢價交易方式，外匯交易中心向所有銀行間外匯市場做市商詢價，去掉最高和最低報價後平均計算，得出當日

人民幣兌美元匯率中間價。這一機制形成的中間價，缺乏透明度，亦不夠市場化，容易產生市場扭曲。

為了回應國際貨幣基金組織（IMF）對人民幣加入特別提款權（SDR）貨幣籃子的主要關切，滿足 SDR 的操作性要求，「8·11」匯改有兩個要點：一是參考在岸市場人民幣兌美元收盤匯率，決定第二天的人民幣兌美元中間價；二是保持人民幣對一籃子貨幣匯率基本穩定所要求的人民幣兌美元匯率調整幅度。即「8·11」匯改之後，人民幣兌美元中間價的運行機制更新為：做市商在每日銀行間外匯市場開盤前，參考上日銀行間外匯市場人民幣兌美元收盤匯率，綜合考慮外匯供求情況以及國際主要貨幣匯率變化，向中國外匯交易中心提供人民幣兌美元中間價報價。新機制增加了透明度，提高了市場化程度，減少了市場扭曲。

在新機制下，人民幣兌美元中間價受市場匯率影響顯著增強，而開盤後市場匯率向新公佈的中間價靠近，從而令人民幣匯率向均衡匯率靠近。

二 / 人民幣兌美元匯率大幅貶值的原因分析

「8·11」匯改後，市場的影響力在人民幣兌美元中間價的形成機制中顯著增強，此前人民幣兌美元累積的貶值壓力得到釋放。綜合看，人民幣兌美元大幅貶值主要有五點原因：

1 / 新機制修正匯率偏差

從 2015 年 1 至 8 月的人民幣匯率市場表現看，人民幣兌美元存在較大貶值壓力。CNY 一直處於中間價的 0 至 -2% 區間，並接近 -2% 的邊界；CNH 低於 CNY。無本金交割遠期（NDF）預示人民幣兌美元有超過 5% 的貶值壓力。在離岸外匯期貨、期權市場上，空頭做空與中國經濟關聯度較大的國家的貨幣，如澳元、新西蘭元。市場如此反映，符合中國內地貨

幣政策與美聯儲貨幣政策走向背離的現狀，也符合 2014 年 11 月、2015 年 3 月、5 月和 6 月人行連續減息並交替降準（降低存款準備金），市場利率整體下行的現實。但是，2015 年 3 月中旬以來人民幣兌美元中間價保持穩定，偏離市場匯率幅度較大，且持續時間較長。中間價報價調整後，減少扭曲，推動人民幣兌美元匯率中間價向市場均衡匯率趨近。

2 / 經濟難以支持人民幣與美元同步升值

中國內地公佈的經濟數據顯示，2015 年第二季度第二產業增長 6.1%，較第一季度回落了 0.3%。7 月中國製造業採購經理人指數（Purchasing Managers Index, PMI）為 50.0%，比上月回落 0.2%；財新製造業 PMI 由 6 月的 49.4 大幅降至 7 月的 47.8。這些數據反映內地實體經濟下滑壓力加大，不支持人民幣與美元升值。穩增長需要更積極的財政政策和穩中偏鬆的貨幣政策支持，而高估並穩定的人民幣匯率，與減息、降準等貨幣政策及積極的財政政策不協調，人民幣「對內貶值、對外升值」加劇了資金外流，部分抵消了減息、降準、減稅「三率齊下」的作用。穩增長需要「四率」協同齊動。

3 / 促進出口穩定增長

2015 年 8 月 8 日，中國內地官方發佈 7 月對外貿易數據，按人民幣計價，7 月份出口 1.19 萬億元，下降 8.9%。綜觀前七個月，一般貿易出口 4.22 萬億元，增長 3.9%；加工貿易出口 2.68 萬億元，下降 8.6%。可見，加工貿易出口下跌是拖累內地出口疲弱的主要原因。而加工貿易出口下跌，原因又在加工貿易的向外轉移。在內地新的貿易增長點沒有形成之前，仍需留住加工貿易企業。降低人民幣匯率，不僅可助出口尤其是對歐元區和日本的出口增長，也有利於留住加工貿易產業及市場。

4 / 主動釋放美聯儲加息帶來的風險

美國經濟持續溫和復蘇，勞工市場表現及通脹預期接近美聯儲加息門檻。當 2015 年 12 月美聯儲加息已無懸念時，美聯儲加息預期導致美元走強，歐元和日圓趨弱，一些新興經濟體和大宗商品生產國貨幣貶值，國際資本流動波動加大，這一複雜局面形成了新的挑戰。人民幣實施貶值並與強美元脫鈎，可減輕美聯儲加息帶來的衝擊。

5 / 人民幣國際化面臨新挑戰

此前多數機構認為，適度高估並穩定的人民幣匯率有利於人民幣國際化。但市場的反映並非如此。2015 年上半年，跨境貿易人民幣結算業務 3.37 萬億元，比 2014 年上半年的 3.27 萬億元只多 1,000 億元；跨境人民幣收付金額合計 5.67 萬億元，實收 3.02 萬億元，實付 2.65 萬億元，收付比為 1：0.88，淨流入內地金額達到 3,700 億元。推進人民幣國際化的進程，需要綜合考慮人民幣「走出去」遇到的階段性問題，以綜合指標評估人民幣國際化的進程及下一步措施，而非靠堅挺的匯率。

三 / 人民幣貶值的主要宏觀影響

然而，下列因素並不支持人民幣兌美元持續下跌：一是中國內地 7% 的 GDP 增速仍然高於絕大多數國家，巨額的貨物貿易順差和外匯儲備，以及通脹率較低，財政赤字和政府債務都在安全區間，這些基本面因素都將為人民幣匯率提供重要支撐。二是美國的出口形勢並不樂觀，美國可能施壓阻止人民幣繼續貶值。三是市場預期美聯儲加息已在消化之中。美聯儲加息這一時點性震動過後，市場會更加理性。

但是，人民幣兌美元累積的貶值壓力較大，相信短期內人民幣將繼續在波動中下滑。市場關注人民幣匯率貶值及對全球金融市場的溢出效應，

聚焦中國這個世界第二大經濟體的經濟下滑、需求萎縮，以及人民幣國際化發展前景。

1 / 全球匯、股、債市波動將會加大

新興國家為了促進出口增長，傾向貨幣貶值。「8 · 11」匯改後，新興市場國家貨幣跟隨人民幣貶值而繼續調整，股匯聯動也會加大。

2 / 加大大宗商品價格調整壓力

一段時間以來受需求萎縮影響，大宗商品市場前景看淡。人民幣貶值，強化美元匯率反彈，令原油、鐵礦石、銅等商品價格易跌難漲。國際油價二次探底，難見 V 型反彈，將在低位運行更長時間。

3、人民幣資產吸引力將下降

短期看，人民幣貶值導致人民幣資產吸引力下降，加大人民幣資金跨境流出的挑戰，人民幣國際化步伐亦可能放緩。離岸人民幣資金池的規模將受影響，可能出現階段性萎縮，進而會對流動性、人民幣拆息及存款利率產生影響。

4 / 加重內地企業外債負擔

2015 年前七個月，中國內地企業和銀行發行的美元計價債券規模達到 570 億美元，創下歷史記錄。有機構統計，中國企業的未償還歐元和美元債券及貸款合計 5,290 億美元，大多數內地企業沒有對沖外匯風險，人民幣貶值會加大相關企業償還債務的壓力，特別是嚴重依賴離岸發債的房地產企業。在「8 · 11」匯改後，內地企業的外債償還成本將增加 200 億美元左右。一旦有企業出現違約風險，或拉高內地企業在離岸市場發債融資的成本。

四 / 香港銀行業如何應對人民幣貶值

　　人民幣業務是香港銀行業近年的重要增長動力之一，人民幣匯率貶值將影響香港銀行業的財務收益及部分業務發展。事實上，香港上市銀行的股票價格在「8・11」匯改後有較大跌幅，反映市場認為銀行業績將受人民幣貶值拖累。因此，面對人民幣匯率貶值對銀行業人民幣業務的影響，香港銀行業應有針對性地調整策略，化解人民幣業務變化的負面影響。

1 / 積極應對人民幣資金池收縮引致人民幣資金成本上升的問題

　　人民幣匯率貶值會降低市場持有人民幣的意願，導致人民幣存款下跌。事實上，「8・11」後一段時間，確有客戶陸續沽出人民幣換回港元，提早取消人民幣定存。人民幣資金池進一步收縮，為了維持人民幣貸款及債券投資業務，部分銀行不得不提高人民幣定期存款利率，引發人民幣存款「利率戰」，帶動市場人民幣資金成本上升。因此，各家銀行除了應對市場競爭適時調整存款利率外，還通過貨幣兌換等相關產品的組合優惠，爭取中長期及大額的人民幣存款。

2 / 積極應對人民幣資金投放規模減少及人民幣投資收入面臨下降壓力的問題

　　人民幣存款下跌，制約銀行在人民幣債券和在境內代理行存款的投資規模，從而影響人民幣剩餘資金收入。部分銀行自營盤亦因持有人民幣的債券投資和期權、掉期等衍生品交易，面臨一定的損失。銀行代客業務方面，人民幣匯率短期波動性增強亦會影響到其他主要外幣的匯率變化，在匯率不確定性增大的市場環境下，客戶套期保值需求上升。因此，各家銀行對自營盤加強了風險管理，做好應對市場急劇變化的預案，同時要加大代客業務對沖產品的推廣營銷，增加中間業務收入。

3 / 積極應對人民幣投資產品銷售受到的衝擊及對手續費收入減少的影響

2015 年上半年受惠於資本市場上升提振，銀行的股票、基金及結構性產品的銷售額及收入均錄得顯著上升。然而，人民幣匯價下跌影響了客戶購買及持有人民幣資產，尤其是以人民幣計價的投資產品如人民幣合格境外機構投資者（RQFII）基金、滬港通，以及人民幣掛鈎產品等。雖然「基金互認」及「深港通」陸續實施，但是，客戶的反應受到一定影響，從而對銀行的基金及股票業務造成影響。為回應市況及滿足客戶的需要，各家銀行在銷售人民幣投資產品時加入鎖定匯價的結構設計，更靈活地設計產品。

4 / 積極應對人民幣保險產品銷售變化的影響

近年人民幣保險是香港壽險市場的主要增長動力，保單銷售額持續上升，2014 年底的相關銷售額已達 49 億港元（按標準保費計算），約佔壽險市場的 8.3%。人民幣保單的最大賣點是收益的穩定性，以及長遠人民幣匯價上升的收益。然而，市場逆轉下，雖然客戶不會撤銷已生效的保單，但是會減低客戶購買人民幣保單的意欲，對銀行保險業務造成不利影響。為減低業務影響，各家銀行除了繼續銷售人民幣保單業務外，還拓寬產品種類如推出醫療保險，大力開拓內地客戶，利用美元保單吸引內地投保者。

另一方面，銀行業也看到人民幣貶值對人民幣業務的正面效應，以敏銳的觸角捕捉新的業務機會，增加人民幣業務收入，化危為機：

1 / 人民幣貶值在一定程度上有利內地和香港出口商貿易融資業務

人民幣貶值達到一定程度將有利內地商品出口，內地和香港對其他國家、地區出口的貿易融資業務量有機會相應上升。香港中華廠商聯合會認

為，人民幣下跌可減低原材料採購成本，港商報價時會受惠人民幣下跌而有更大競爭力。各家銀行加強了與商會、行業協會的聯動，及時掌握市場情況和客戶需求，針對性的完善貿易融資的產品和服務，積極爭取受惠行業的出口客戶及其貿易融資業務。

2 ／ 人民幣貶值有可能刺激香港居民回內地消費，從而帶動信用卡簽帳業務

受聯繫匯率的影響，港元跟隨美元匯價走高，內地客戶來港消費意願減弱，本地零售收單業務收入受到拖累。但是，港幣相對人民幣購買力提升，有利於香港人回內地消費，或透過內地的購物網站及網上商城購買內地商品，從而可刺激銀聯人民幣信用卡的簽帳業務。各家銀行均考慮加強銀聯卡的推廣，並與內地購物網站合作，提高網購便利度以帶動簽帳金額。

3 ／ 跨境理財業務面臨機遇

人民幣匯率貶值會刺激部分內地資本外流，在海外尋求資產配置。內地 A 股股災之後，除了一線和部分熱點二線、三線城市的樓市之外，「資產荒」是普遍現象。相當一部分高淨值人群加速將境內人民幣投資產品置換為境外美元計價的投資產品，以實現資產的保值增值，跨境理財市場迎來加快發展的機遇。各家銀行進一步加強內地與香港兩地聯動、營銷和針對性產品的開發，加大力度爭取內地目標客戶，投入資源推動跨境理財客戶和業務規模的快速發展。⊕

離岸人民幣市場
的匯率預期管理

,,,,,,,,|||||

應　堅（中銀香港發展規劃部高級經濟研究員）

2016 年新年過後，離岸人民幣市場的變化多少出乎人們意料。春節前離岸市場匯率（CNH）還承受較強的貶值壓力，當市場預期國際炒家可能趁內地長假發起新一輪攻勢時，CNH 突然由弱轉強，並出現一輪較強反彈，2 月 15 日以 6.4995 報收，比節前低位（2 月 2 日）升值 1271 基點（或 1.9%）。

一／如何看待 2016 年春節期間 CNH 反彈

此輪反彈的持續時間並不算很長，前後約兩個星期。值得關注的地方，一是它發生在春節交易比較清淡的期間，內地因長假令交易日更少；二是急轉直變的調整方式，甚至未有明顯徵兆。2 月初 CNH 還在衝擊 6.75 低位，短短幾天，在市場氣氛甚為不利時，形成了反彈。究其原因，以下幾點要注意：

1 ╱ 美元匯率指數由高點回落，CNH 反彈順勢而為

2016 年 1 月底日本宣佈負利率政策，還令美元匯率指數處於兩個月以來高位。2 月初美國供應管理協會（Institute for Supply Management, ISM）非製造業指數及工廠訂單數據等非重要指標欠理想，美聯儲官員便連續發表鴿派言論，市場預期美國加息步伐放慢。美元兌歐元、日圓大幅貶值，離岸人民幣市場沽壓減輕，並借勢反彈。CNH 在內地及香港春節假期前的三個交易日便反彈 566 基點，升幅為 0.85%，以 6.57 報收，為 2016 年以來一個比較高的價位，亦沖淡了國際炒家做空人民幣的投機氣氛。之後，美元繼續走弱，儘管內地及香港外匯市場在春節假期沒有發生交易，CNH 交易主要是在歐美市場參與者之間進行，但幾乎不見較大規模的拋盤。歐元及日圓繼續走強，也帶動著 CNH 持續反彈，到 2 月 15 日盤中，CNH 一度升至 6.48 水平，為兩個月以來的最高位。

2 ╱ 內部因素亦給了 CNH 反彈帶來一定的支撐

內地在春節前後公佈的重要經濟數據較少，不少指標將前兩個月數據合併，於 3 月份披露。期間，市場比較關注兩個指標，一個是節前公佈的 2016 年 1 月份外匯儲備，環比減少 995 億元。由於 2015 年 12 月份外匯儲備環比減少 1,079 億元，市場預期 1 月份可能亦會有過千億元的降幅。公佈數據好於市場預期，有利於春節大假期間 CNH 跟上其他國際貨幣的反彈步伐。2 月 15 日內地公佈貿易數據，進出口分別負增長 14.4% 及 6.6%，本不利於 CNH 走強，但市場更關注貿易順差（4,062 億元）進一步擴大的信息，穩定了 CNH 的走勢。

3 ╱ 媒體渲染國際炒家做空人民幣的力量，未必能夠左右市場局面

離岸人民幣外匯交易的主要參與者原本以貿易商及對人民幣有真實需求的機構為主，「8‧11」後國際炒家多了起來。2016 年初一些主流媒體

頻繁報導對沖基金做空人民幣，但國際炒家實際上只佔市場一小部分，做空人民幣還是要借助其他市場力量。新年（元旦）過後，CNH 幾次急貶，一度跌至 6.75，離岸市場貶值預期進一步增強。遠期市場上，交易較活躍的兩周及一個月的 CNH 離岸遠期（DF）折價最多可達 383 及 930 基點，遠高於 2015 年底的 130 及 320 基點的水平。對沖基金一邊加大做空倉位，一邊唱衰中國經濟及人民幣匯率，充分利用較負面的市場情緒，鼓勵更多市場力量跟進，形成更大的拋售壓力。但是，春節假期，大部分市場參與者撤離，市場氣氛又不利於做空人民幣，加上內地監管機構嚴控跨境資金流動，國際炒家缺乏足夠「彈藥」，未形成翻盤機會。

回顧此輪 CNH 反彈，應該存在技術性反彈的要求。美元強勢實際上已透支了美國加息預期，一旦預期難成事實，美元匯率指數迅速回落，歐元、日圓所受壓力獲得釋放。CNH 經過一輪貶值，回調動力也有所增強。筆者對幾種主要國際貨幣匯率在這段時期的表現進行比較。2016 年 1 月 29 日至 2 月 11 日，美元匯率指數下跌 4.1%，歐元和日圓分別反彈 5.1% 和 7.2%，而 CNH 累計升值則接近 2%，相比之下，反彈力度比較溫和。

二 ／ 人民幣匯率預期管理更顯重要

人民幣國際化時間不長，從 2009 年內地推出跨境貿易人民幣結算試點至 2016 年不過七年多，CNH 市場形成才六年時間。2015 年底國際貨幣基金組織（IMF）接納人民幣為特別提款權（SDR）籃子貨幣，人民幣被公認為新的國際貨幣，並在 SDR 籃子中所佔比重僅次於美元、歐元，但離岸人民幣市場只是一個新建立起來的市場，發育成熟程度難與已建立數十年的美元及其他國際貨幣離岸市場相比。不僅市場規模、產品結構、市場參與者存在差距，而且市場預期及情緒也不一樣，主要表現為一邊倒的市場預期。

在 CNH 市場形成之前，在岸市場人民幣匯率呈現單邊升值態勢。經濟增長較快、外貿形勢較好時，升值幅度較大；經濟增長率下降，尤其是出口增長放慢，升值幅度小一些；全球金融危機時，則可能持平。這種單邊升值與在岸市場封閉及內地實施有管理的浮動匯率有一定關係。美國一再指責人民幣被低估並不斷施壓，進一步增強了市場預期。CNH 形成後大致跟隨在岸市場匯率（CNY）變化方向。2014 年以後，隨著內地對匯率形成機制不斷進行改革，調整波動區間、中間價報價方式，減少直接市場干預，人民幣匯率逐漸進入雙向波動，年內 CNH 及 CNY 多次轉向，市場參與者尚未完全適應過來。2015 年，新的一邊倒再次出現。隨著內地經濟減速，單邊貶值預期佔據上風。不僅是那些有真實貿易背景的進出口商不願持有人民幣，或在衍生品市場對沖人民幣貶值風險，而且越來越多國際炒家進入市場，大肆做空人民幣。各種市場參與者步調一致，形成強大的市場力量。

反觀歐元及日圓兌美元匯率，即使美國加息之前曾急貶兩成以上，期權市場波幅要大於 CNH，市場情緒仍是穩定的，未見一邊倒市場預期及操作。不管匯率是升是貶，多空雙方始終都在角力，看漲及看貶的對沖行為同時存在。定價的基礎是利率平價，更深一層是各國貨幣政策之間的博弈。宏觀基本面的重要數據都會引起市場參與者的不同解讀，影響匯率變化方向。央行毋須頻繁介入市場，只有當匯率變化與政策調控方向不一致，或對宏觀經濟造成不利影響時才會出手。

離岸人民幣市場仍存在不理性的市場預期，由利率平價決定均衡匯率不容易實現。事實上，人民幣成為國際貨幣，具有雙重特徵，既有美元、歐元等主要國際貨幣的趨穩性，又有新興市場貨幣的波動性。而且，中國作為最大的新興市場國家，市場視人民幣為新興市場貨幣的代表，認為 CNH 的變動方向及方式，應與其他新興市場貨幣保持一致。我們看到 2015 年以來幾個主要金磚國家（如俄羅斯、巴西、南非）貨幣的表現，貶

值幅度達到四至六成，若以此為參照，國際炒家做空人民幣的空間確實很大。在一邊倒貶值預期下，任由市場因素主導離岸定價，不排除 CNH 也出現跳水式調整。因此，離岸人民幣市場調控及預期管理都十分重要。當然，跨市場管理難度是不容低估的。

三 ／ 內地加強匯率預期管理及其效果

「8·11」後針對離岸市場上國際炒家惡意做空人民幣，內地監管機構予以堅決回擊。從一開始採取措施嚴格限制跨境套利、規範跨境資金流動，到抽緊離岸市場人民幣資金供應，再到直面國際炒家、打擊做空人民幣的囂張氣焰，步步為營，態度十分堅決。

內地亦加大了預期管理的力度，不斷向市場釋放穩定市場情緒的信號。2016 年 1 月 15 日，李克強總理在會見歐洲復興開發銀行行長時表示，中國無意通過貨幣競爭性貶值來刺激出口，人民幣匯率不存在持續貶值的基礎。1 月 28 日，他與 IMF 總裁拉加德（Christine Lagarde）通話時強調，中國有能力保持人民幣兌一籃子貨幣基本穩定，將保持人民幣匯率在合理均衡水平上的基本穩定。2 月 3 日，美國財政部發表聲明稱，其財長與汪洋副總理通電話，強調人民幣匯率有序、透明過渡到市場調節機制的重要性。汪洋強調，中國有能力繼續保持人民幣匯率在合理均衡水平上的基本穩定。這些公開信息不僅清晰地傳遞了內地態度，亦反映了國際社會對近期人民幣匯率波動的擔憂。

2016 年 2 月 13 日，周小川行長在接受財新網採訪時，大篇幅詳盡地闡述了央行對近期人民幣匯率波動的基本看法及態度，對於改變過去一段時間形成的單邊市場預期、穩定市場情緒產生了引導作用。採訪中有幾點信息是值得關注的。首先是對國際炒家的態度。他坦言投機力量正瞄準中國，利用中國經濟放緩和金融市場波動，聚焦唱空中國。對此，人行「不

會讓投機力量主導市場情緒」。其次是對企業行為的看法，一些企業因市場預期而對結售匯方式及對不同幣種負債管理作出調整，有一定合理性，但從實需角度判斷，當企業需要人民幣資金時，以上調整也就見了底，反過來可成為維穩因素。最重要的是，與匯率最相關的經濟基本面，包括經常項目平衡和實際有效匯率是穩定的，人民幣匯率兌一籃子貨幣不存在持續貶值的基礎。

由此判斷，國際炒家做空人民幣，主要是在離岸市場製造恐慌心理，根本不具備與中國經濟相抗衡的能力。由於國際炒家無法通過跨境資金流動渠道進入在岸市場，對人民幣匯率形成機制的影響有限，令國際炒家設計更多連環套做空人民幣受到限制。這種在離岸市場做空人民幣，與其在亞洲金融風暴時衝擊東南亞貨幣，當然不可同日而語。

當然，在宏觀基本經濟面未發生實質性變化的條件下，市場情緒對匯率的影響還是很大的。隨著人民幣國際化不斷深入及離岸人民幣市場進一步成熟，市場參與者會適應這種新的國際貨幣的基本運行規律。不難發現，2016 年後，市場預期開始發生變化，對 CNH 後市出現了分歧，有看升的也有看貶的。儘管這種分化並不穩固，但經歷市場的反反覆覆，必能形成相互對抗的兩股力量，令 CNH 的形成更加成熟。⊕

加強匯率政策國際協調
對人民幣匯率的影響

在各國加強宏觀政策協調，共同促進全球經濟穩定增長的背景下，二十國集團（Group of Twenty, G20）財長和央行行長會議 2016 年 2 月 26 至 27 日在上海舉行，並發表了聯合公報。根據中國建議，提出建立外匯市場「密切討論溝通」機制，共同承諾避免競爭性貶值，向金融市場發出穩定匯率的信號。

國際社會對會議結果比較一致的看法是，各國財長和央行行長對匯率問題的關注程度達到前所未有的高度，不僅將其列為重點討論題目，而且在聯合公報中有了一些新提法。例如，除重申「將避免競爭性貶值和不以競爭性目的來盯住匯率」，還特別強調「將就外匯市場密切討論溝通」。下一步要觀察的是這些新的政策動向對全球外匯市場波動及未來人民幣匯率走勢的影響。

中國人民銀行行長周小川 2016 年 2 月回答記者提問時強調：「人民幣
匯率不存在持續貶值基礎，市場短期波動將向經濟基本面回歸。」（中
新社照片）

一 ／「密切討論溝通」人民幣匯率的實踐

在此輪人民幣匯率大幅波動前，中美雙邊溝通機制一直在討論人民幣匯率，並開始拉近雙方的不同看法。

人民幣匯率是中美之間一個比較敏感的話題，雙方就人民幣匯率是否存在低估有明顯分歧。美方更是在各種場合向中方施壓，包括揚言在匯率報告中將中國列為「匯率操控國」。美財政部 2015 年 10 月份公佈的匯率報告表示，主要貿易夥伴國沒有匯率操縱者，也就是說，中國沒有被列為「匯率操控國」，匯率報告亦不再使用「大幅低估」來描述人民幣。中美戰略及財經對話是雙方消除分歧的重要平台，儘管一直有交鋒，但對話沒有停下。美方也在密切觀察近期人民幣匯率表現，這也是令其立場軟化的一個因素。同樣，在人民幣被納入特別提款權（SDR）籃子貨幣的過程中，國際貨幣基金組織（IMF）與中國政府頻繁溝通，在 2015 年的評估報告中改變原有看法，明確提出人民幣不再被低估。

「8·11」後，人民幣承受貶值壓力，國際社會和金融市場對人民幣匯率走勢存在不同的看法：

1 ／ 美國提出人民幣還有升值空間

儘管匯率報告不再強調人民幣被「大幅低估」，但美方也未必認同人民幣進入均衡水平。例如，奧巴馬在匯率報告公佈後（2015 年 10 月）宣稱，人民幣仍被低估。而美財長在離岸人民幣急跌之際卻表示，希望中國允許市場推動人民幣匯率上升。站在美國政府角度，金融海嘯後經濟復蘇相當艱難，應不希望美元升值過快，以免影響到反彈進程。

2 ／ 市場極度看貶人民幣

2015 年上半年，市場已出現貶值預期，表現為在岸市場匯率（CNY）

及離岸市場匯率（CNH）持續弱於中間價 700 至 1,000 基點。人行於 8 月 11 日大幅調低中間價 1,000 基點，希望一次性校正點差，結果引發離岸市場大規模拋售人民幣。主要原因是，在強烈的貶值預期下，匯率政策的調整有可能被曲解及誇大。國際炒家利用市場缺乏信心，在境外主流媒體大肆唱衰中國經濟，索羅斯（George Soros）、巴斯（Kyle Bass）及泰珀（David Tepper）等著名對沖基金管理人公開做空人民幣及亞洲貨幣，令貶值預期達到頂點。內地加強對離岸市場的調控，2015 年底及 2016 年初 CNH 的急貶在 6.75 止步，避免演變成俄羅斯盧布、巴西雷亞爾式的暴跌。

3 ／ 中國堅持人民幣沒有持續貶值的基礎

早從 2014 年，人民幣匯率開始呈現雙向波動，年內多次轉向，波幅有所擴大。人行認為，人民幣匯率已進入均衡區間，提出了保持人民幣匯率在合理均衡水平上基本穩定的目標。「8·11」後，面對市場不理性情緒，人行堅持原有立場，並向市場傳遞「維穩」信號。人行在回應中間價調整後人民幣急貶時首次提出，不存在人民幣匯率持續貶值的基礎。之後幾個月，從人行到最高層，不斷強調中國經濟基本面並未發生實質性改變，人民幣並不存在長期貶值基礎，中國政府將繼續並有能力保持匯率在合理均衡水平上的基本穩定。

各種觀點同時並存，市場究竟應該聽誰的？有好幾個月，市場不理性佔據了上風，大部分市場參與者聽從了國際炒家的引導，出現從未有過的單邊貶值預期，加劇了市場波動行情，令國際炒家事先設計好的連環套幾乎得逞。人行加大預期管理，周小川 2016 年 2 月在接受《財新週刊》採訪時提出「不會讓投機力量主導市場情緒」，對穩定市場氣氛產生了引導作用。

中美之間及中國與國際機構進一步加強溝通，2016 年 1 月初人民幣

再度急貶，美國財政部網站披露美國財長專門就匯率問題與汪洋副總理隔洋通話，並引述中國政府有能力保持人民幣匯率在合理均衡水平上基本穩定的表態。1月底，李克強總理應 IMF 總裁拉加德（Christine Lagarde）之邀通了電話，就人民幣匯率等問題深入交換意見。李克強再度強調了人民幣不存在貶值基礎，無意通過貨幣貶值推動出口。拉加德力挺人民幣，呼籲中國央行學會和市場溝通。之後，《華爾街日報》（*Wall Street Journal*）刊文〈美國財長：中國須承諾人民幣不會大貶值〉引述，他（美國財長）也沒有看到人民幣有大幅貶值的基礎，年初出現的針對中國經濟的一些看法與實際的經濟指標並不相符。他表示：「他們（人行）一定要明確地指出，人民幣不會出現那種大規模的貶值。」

在此次 G20 財長和央行行長會議上，中方把「密切討論溝通」機制推廣到主要經濟體的財經官員，並通過他們進一步向市場釋放明確信號，效果有所顯現。會議結束後，《華爾街日報》刊文〈人民幣不會貶值——G20 聽到了，市場呢？〉引述 IMF 總裁拉加德表示：「中國『清楚而且明確』地表示，中國『完全沒有讓人民幣貶值的意圖、打算或決定』。」文章引述美國財長評論，「的確有必要進行這樣的溝通，因為私下的對話無法滲透到許多觀察人士的意識中，這些觀察人士希望了解中國政策舉措的目的。」他表示：「這種坦誠不應是曇花一現，北京應該就其行動與市場進行清晰的溝通。」

二 ／ G20「密切討論溝通」匯率的政策空間

宏觀政策的協調問題在金融海嘯後越來越受到各國的認同。李克強在此次會議上提出：「G20 成員國在制定本國宏觀經濟政策時，既要考慮促進自身增長，也要考慮外溢性影響，加強相互的溝通和協調，共同維護和促進國際金融市場穩定。」公報提出「將就外匯市場密切討論溝通」，便

是各國在協調外匯政策上邁出重要的一步，建立了一個適用範圍更廣的溝通平台及交流機制，達到更高層次協調政策的目的。公報提出「我們重申此前的匯率承諾，包括將避免競爭性貶值和不以競爭性目的來盯住匯率」，通過公開承諾，形成相互約束，最大限度避免貨幣戰。

經歷了金融海嘯、歐債危機兩次全球性金融危機，全球經濟復蘇步伐遲緩，並有轉入下行的可能性，而各國財政政策、貨幣政策已用到了極致，政策工具箱裏還可動用的工具不多。財政政策方面，過度動用赤字預算刺激經濟，是歐美債務危機的主因。危機後歐美政府負債水平雖有所下降，但要達到可持續水平仍有差距，目前還難言擴張性財政政策，貨幣政策可施展的空間也不大。歐元區和日本推出一輪接一輪量化寬鬆，效用不斷減弱。美國聯邦儲備局（美聯儲）啟動加息，歐美幾大央行的貨幣政策背道而馳，不排除會形成牽制。在這種情況下，匯率成為少數可隨時動用的調控手段之一，不少國家有通過主動貶值來提振出口的想法。此次 G20 財長和央行行長會議表達了對日本實施負利率及日圓貶值的擔憂，擔心成為貨幣戰的導火線，各國希望加強溝通，化解這種潛在的風險。

近年來，外匯市場波動也已明顯大於過去，給全球經濟增長帶來很大不確定性。2014 年下半年美聯儲討論退出量寬的可能性，美元匯率指數在不到一年內急升兩成，而歐元及日圓則反向貶值大致相同幅度。新興市場國家的貨幣波動更大，巴西、南非、俄羅斯貨幣受多種因素影響貶值四至六成。國際貨幣匯率如此大起大落，不是出現在金融危機最嚴峻的時候，而是各國正努力爬出經濟衰退泥潭的時候，不僅未給經濟復蘇創造良好的市場環境，反而增加了調控難度。G20 財長和央行行長會議認為，這種波動與實體經濟表現是不相符的，「匯率的過度波動和無序調整會影響經濟和金融穩定」，應該加以有效抑制。正因為如此，人民幣匯率在不利的市場情緒下仍能保持穩定，成為了全球金融市場的中流砥柱，獲得與會各國的認可及支持。

不過，維持人民幣匯率在合理水平上的基本穩定，僅有中國單方面承諾是不夠的，更有效的方法是主要經濟體通過共同努力來維持金融市場秩序。會議前，有市場人士建議 G20 達成新「廣場協議」，保持主要國際貨幣的相對穩定。但在現有國際貨幣體系下，缺乏靈活性的匯率協議根本無法實施，況且這種咄咄逼人的城下之盟已有日本的前車之鑒。會議公報接受了中國的建議，通過更加靈活的協調方式，來消除外匯市場的過度波動和無序調整，為各國協調宏觀政策探索出一條新路。

三 / 決定人民幣匯率變化的基本因素

G20 財長和央行行長會議聯合公報承諾，將避免競爭性貶值和不以競爭性目的來盯住匯率，以對未來全球外匯市場產生正面影響，如美國財長認為，未來貨幣貶值風險會大大降低。若 G20 的承諾得以遵守，對未來人民幣匯率走勢是會有影響的。經歷了 2016 年新年後一輪急貶及春節期間匯率反彈，人民幣匯率正在趨於穩定。在 G20 財長和央行行長會議期間，人行召開記者會表示，人民幣匯率的市場短期波動將向經濟基本面回歸，顯示監管層面已經注意到市場正回歸理性。儘管匯率的相對穩定是否能夠持續有待觀察，但離岸市場國際炒家做空人民幣的聲音確實比春節前減弱了，單邊貶值預期似乎也有所改變。

那麼，如何判斷下一步人民幣匯率的變化趨勢？

人行在「8．11」後一直強調人民幣匯率沒有持續貶值基礎，最近作出了比較詳盡的詮釋，有助於市場參與者更好地把握未來匯率走勢。周小川在《財新週刊》表示，和匯率最相關的經濟基本面因素首先是經常項目平衡，其次是實際有效匯率變化，即通貨膨脹的相對變化。比照過去幾十年的幾次貨幣危機，包括 1992 年索羅斯成功做空英鎊、1994 年墨西哥金融危機、1997 年亞洲金融風暴期間泰銖被狙擊，大體上就是在這些環節上

被國際炒家鑽了空子。例如，資本項目開放過於倉促，國際資金可自由進出在岸市場；出口持續逆差、資金大量外逃，國際收支嚴重失衡，外匯儲備大幅下降，國際支付及償債能力惡化，亦失去與國際資金抗衡的本錢；與購物力平價相關的通脹惡化，匯率承受貶值壓力。反觀中國經濟，幾項因素表現較為正常，資金跨境流動仍在可控制範圍內，國際炒家做空人民幣的空間很小，僅限於離岸市場。

宏觀經濟基本面，轉換經濟增長方式，以增長質量換取速度，中國GDP 增長率自然會下降，市場已有越來越強的預期。IMF 總裁拉加德在G20 財長和央行行長會議期間表示，IMF 強烈建議中國把增長目標設在 6%至 6.5% 的區間。若 2016 年中國實現 6.5% 以上的增長目標，那豈非成了穩定人民幣匯率的有利因素？迄今，中國的內部消費是穩健的，高儲備率蘊藏著龐大的消費潛力，各項改革開放措施仍會釋放紅利，支撐人民幣匯率的有利因素確實很多。

人行越來越清晰地表達了匯率政策調節的目標。人民幣匯率形成機制是 2005 年匯改時提出的，即以市場供求為基礎、參考一籃子貨幣進行調節、有管理的浮動匯率。人行提出的保持人民幣在合理均衡水平上的基本穩定，實際上就是指保持兌一籃子貨幣的基本穩定。2015 年 12 月，內地正式公佈 CFETS 人民幣匯率指數，提高了可操作性，並強調要加大參考一籃子貨幣的力度，更好地保持人民幣兌一籃子貨幣的基本穩定。相比盯住一種貨幣，人民幣兌一籃子貨幣保持穩定，也就增加了對個別貨幣匯率變化的彈性，人民幣兌個別貨幣的匯率可在更大幅度內波動。2014 年以後人民幣兌美元波動明顯加大，便體現了這種政策框架的設計本意。

但是，進出口商品計價及支付均是以美元等個別貨幣為基本單位的，企業更關注美元等主要貨幣的匯率。如何理解及把握人民幣匯率指數穩定？實際上，提出這個調節目標，主要還是為突出人民幣相對其他貨幣匯率的穩定性。當指數內主要權重貨幣的波動加大時，如果人民幣對這些貨

幣出現相同甚至更大的波幅,指數是很難保持穩定的。只有波幅更小時,保持匯率指數穩定才容易實現。具體而言,人民幣匯率指數權重最大的三種貨幣(美元、歐元及日圓)已佔 62.5%,大致上可左右指數變化。因此,市場可留意人民幣對這三種貨幣匯率的波動幅度。以美元為例,美元兌歐元、日圓於 2015 年年內波幅分別是 15% 及 9%,在岸市場及離岸市場人民幣兌美元的年內波幅分別是 5.6% 及 4.6%。2015 年底,CFETS 人民幣匯率指數為 100.94,比年內最高點下降 4.4%,比前一年升值 0.94%。這顯示,人民幣兌一籃子貨幣是基本穩定的。

以歷史數據評估,人民幣與主要國際貨幣相比,的確屬於一種幣值較穩定的貨幣。從 2000 至 2014 年,歐元兌美元匯率平均年度波幅為 8.6%,日圓為 10.7%,英鎊為 7.9%,美聯儲發佈的以 26 種主要貿易夥伴貨幣匯率為參照的美元匯率指數,平均年度波幅也達到 6.9%。2005 年匯改後,在岸市場人民幣兌美元平均年度波幅只有 3.2%,不僅小於主要國際貨幣,而且也小於管理水平較高的新加坡元(平均年度波幅為 4.3%)。隨著 CFETS 匯率指數正式公佈,保持人民幣在合理均衡水平上的基本穩定有了公開的參照系。人民幣兌美元波動可能會加大,但估計波幅仍會小於美元兌歐元及日圓。

綜上所言,「8‧11」匯改後中國在不利的市場氣氛下加強對人民幣匯率的管理,並通過 G20 財長和央行行長會議的平台,促進全球外匯市場的穩定、防範貨幣戰的發生,主要目的是實現人民幣在合理均衡水平的基本穩定,為促進經濟穩定快速增長創造良好的市場環境。反過來,要保持人民幣匯率穩定,更取決於國內調結構、穩增長的措施是否到位,在全球範圍則有賴於各國在更廣泛宏觀領域加強政策協調,並深入進行結構性改革,促使各國經濟走上加快復蘇的軌道。🅖

國際炒家能在離岸
人民幣市場掀起
多大風浪？

......ıllll

戴道華（中銀香港發展規劃部高級經濟研究員）

2016 年以來，人民幣和港元蒙受貶值壓力，令兩地監管者對是否出現投機衝擊格外關注。國際知名的投資人和對沖基金經理索羅斯（George Soros）和比爾·艾克曼（Bill Ackman）高調發表看淡中國經濟和人民幣的觀點，令市場參與者和監管者更加關注其有沒有沽空人民幣乃至港元。從內地與香港防範風險的角度出發，了解這兩大投資者，會有助於人民幣和港元的防衛。

一 ／ 索羅斯

索羅斯是傳奇式的對沖基金經理，他於 1969 年創立索羅斯基金管理公司（Soros Fund Management），在其橫跨 40 年的投資生涯中，年均投資回報超過 20%，是對沖基金界最能賺錢的基金經理之一。他於 1973 年成立並管理量子基金（Quantum Group of Funds），該旗艦基金的著名投資案例包括 1992 年狙擊英鎊，最終迫使英倫央行棄守英鎊匯率，索羅斯

個人進帳據報逾 10 億英鎊計。在 1997 至 1998 年期間，量子基金和老虎基金（Tiger Fund）（資產規模當時以後者為大）作為對沖基金的領軍者成功衝擊了亞洲許多貨幣，之後對區內碩果僅存的港元發起最後衝擊，在特區政府動用千億港元進入股市和匯市干預、俄羅斯債務違約引發長期資本管理公司（Long-term Capital Management, LTCM）危機下才無功而返。

其實自 1989 年起，索羅斯已逐漸淡出基金的日常管理，另聘投資高手。量子基金的最大挫折發生在科網股泡沫中。在 1999 年上半年，量子基金其實是看淡科網股的，但形勢不饒人，量子基金被迫「轉軚」，加入科網股狂潮，在約半年時間裏也錄得不俗回報。但在 2000 年 3 月中科網股泡沫爆破後，量子基金沒能迅速退出，從而錄得巨額虧損。加上客戶贖回，量子基金的資產從逾 200 億美元降至約 70 億美元，量子基金經理請辭，索羅斯重掌基金運作，並改名為量子捐贈基金（Quantum Endowment Fund），基金運作轉為低風險／低回報模式，以便獲得穩定的收入以支持索羅斯的慈善事業。

至 2011 年，由於後金融危機改革當中美國證監會要求符合條件的對沖基金限時在證監會註冊，而索羅斯不願意這樣做，因此決定把資金退回給外來投資者，索羅斯基金管理公司成為完完全全的家族資產管理公司（Family Office），只管理其家族資金。至 2015 年 1 月，索羅斯宣佈全面退休。

據此，儘管索羅斯看淡中國經濟和人民幣，但相信難以複製衝擊英鎊和亞洲貨幣一樣的成功，原因包括：索羅斯基金的規模自 2011 年後便不再披露，但相信目前介乎 250 億至 300 億美元，而在 1998 年衝擊港元聯繫匯率時，其總資產約為 220 億美元。同樣的資產規模在中國乃至全球金融市場規模比 1998 年大得多的今天，要達到同樣的衝擊效果是不可能的。另外，量子基金當年動用十倍至數十倍槓桿比率的行為，在經歷金融海嘯後去槓桿的今天，這種以小博大的衝擊方式也難以重演。還有，索羅斯基

金目前的投資取態保守，有約一半的資產是投資於其他對沖基金，相信不能在衝擊人民幣上孤注一擲。最後，當年的衝擊有很多其他投資者跟風操作，但相信目前索羅斯難有相同的動員能量，先不說其基金規模在 1998 年位居全球對沖基金界前列，2000 年初曾一度登頂，但今天就只能排在 30 位開外，更不用說全球對沖基金界近年的表現和回報不佳，也難以作出單一的高槓桿協同攻擊。

二 / 比爾・艾克曼

如果說索羅斯是過去式，比爾・艾克曼則是現在式，他仍是活躍的對沖基金經理，管理著潘興廣場資產管理公司（Pershing Square Capital Management），該基金公司的投資有高度集中的特點，即單一基金、單一組合。艾克曼在匯率方面同樣高調，如 2011 年其基金高調地押注港元聯繫匯率脫鈎、港元兌美元升值，通過直接買入港元、通過利差交易買入港元和買入港元認購期權，來賭港元聯繫匯率最遲於 2015 年脫鈎。當然，這一注並無結果，唯其成本也不大。

嚴格來說，潘興廣場主要是一隻股票基金，港元相信是其少有的涉足匯率的宏觀對沖交易。艾克曼看淡中國經濟和人民幣，在其向投資者發出的 2015 年度投資函裏有較為詳細的披露。儘管高調，但相信他對人民幣匯率穩定構成的威脅反而相對有限。

首先，2015 年是潘興廣場歷史上表現最差的一年，回報是 -20.5%。其管理資產跌至約 150 億美元，在全球對沖基金界排在 60 位開外。這已決定其能量和動員跟風的能力是有局限的。其次，其業務主要是股票基金，投資失利也主要是在股票之上，那麼在未必擅長的宏觀對沖交易方面，它能起到的影響相信也會有局限。

根據其年度投資函的披露，艾克曼沽空人民幣和沙特里亞爾（Saudi Riyal）兩隻貨幣，來作為中國經濟、中國股市和國際油價發生「黑天鵝事件」的對沖交易。這與其於 2011 年買入港元是一致的，即賭固定匯率不可維持以圖獲取天量回報，因為港元是聯繫匯率，沙特里亞爾與美元掛鈎，人民幣則是有管理的浮動匯率。這一交易雖然艾克曼認為是對沖交易，但其實與他主要是美國和加拿大股票的投資組合並沒有直接的關係，唯一有對沖影子的是其股票長倉，貨幣則淡倉，更像是其再涉足匯率宏觀對沖交易。

在 2015 年「8·11」匯改前兩天，艾克曼開始建立較大規模的人民幣淡倉，工具是直接購買人民幣認沽期權，以及認沽期權價差（Put Spreads，即沽售更遠期限的期權，用所得期權金買入目標期權，以降低成本）。其建倉未完，「8·11」人民幣就一次性貶值2%，之後貶值壓力持續，艾克曼在「8·11」之前建立的人民幣短倉當然有不俗回報，但他也被迫在高價位建立餘下的倉位。不過，人民銀行和沙特金管局的持續干預限制了其淡倉的利潤。在其股票組合損失巨大的同時，這一匯率宏觀對沖的利潤不足以彌補，故整個基金的回報仍跌兩成。到 2016 年，相信艾克曼仍然持有人民幣和里亞爾的淡倉。以此看來，儘管高調，但由於他使用的是期權，並沒有直接沽空人民幣，那麼相信他對人民幣匯率穩定的影響也相對有限。

三／港元和人民幣的自衛

綜上所述，索羅斯和艾克曼雖然高調看淡中國經濟和人民幣，但相信能夠造成的壓力應該可控，而且對手在明處，也較容易防守，倒是其他低調的投資者更為值得留意。

港元實施的聯繫匯率制度是一種貨幣發行局制度，簡單透明，其根基

是貨幣基礎的流量和存量都必須得到外匯儲備的十足支持。目前，香港外匯儲備為 3,627 億美元，為亞洲第五大、全球第七大，而港元貨幣基礎則為 1.6 萬億港元，外匯儲備是其 1.7 倍，足夠覆蓋有餘。香港是國際金融中心，股市總市值約有 26 萬億港元，銀行業總資產有 19.6 萬億港元，廣義貨幣供應量（M2）有 12.1 萬億港元，相比之下，3,627 億美元外匯儲備只是一個小數目。

但在貨幣發行局制度下，如果外來投資者從股市撤出、港人也拋售港元換取美元等，金管局是不會主動用外匯儲備進行匯市干預的，只有在港元兌美元匯率觸及 7.85 港元兌 1 美元的弱方兌換保證時，金管局才會被動地進行無限量的干預，買入港元，釋出美元。這時，每一筆干預都會令港元貨幣基礎有等值的收縮，當港元流動性趨緊後，港元利率便告上升，如果資金具規模流走，港元貨幣基礎具規模收縮，港元利率便會顯著升至高於美元的水平，這時，儘管市場上不乏看淡者，但也會有看好者，只要他們認為港元聯繫匯率不會變，那麼買入港元就可以賺取可觀的無風險息差，最終資金會重新流入，匯率得以穩定。在這樣一個自動調節機制下，當港元利率高企時，香港經濟和資產價格無疑要承受較大壓力，但只要政策取向堅定不變，港元的自衛能力是毋庸懷疑的。

人民幣的匯率機制則是有管理的浮動匯率。中國仍持有 3 萬億美元左右的外匯儲備，為全球最大，但同時中國的基礎貨幣有 28.9 萬億元人民幣（2016 年第二季末），外匯儲備不足以全部覆蓋，另外滬深股市市值加總仍有 45 萬億元人民幣，債市規模有 60 萬億元人民幣，M2 有 152 萬億元人民幣。2015 年中國官方外匯儲備全年減少了 5,127 億美元，而基礎貨幣的降幅在年末時達到 -6.0%，之後才告回升，這就是說匯市干預以穩定人民幣匯率在基礎貨幣被回收之前就已經開始。

2016 年，中國在幾條戰線上同時迎戰：中國經濟有下行壓力，人民幣有貶值壓力，股市有下行壓力，債市除了主權類級別外也有下行壓力，

只有樓市是相對穩定並上行的主要資產類別。人民幣匯率貶值雖然可以有助於經濟增長，但對其他資產類別就會有影響，另外也會影響貨幣政策調控經濟的能力。外部如索羅斯和艾克曼看淡人民幣固然會帶來一定壓力，但由於中國金融體系的規模龐大，更要留意的是內部資金外流的壓力和影響。因此，穩定內部對人民幣匯率的預期或者才是關鍵。另外，必要時可能要在資本帳管理上著手。🪙

第三章 ————————————————————

離岸人民幣市場
運行機制探索

離岸人民幣匯率
形成機制的新變化

張朝陽（中銀香港發展規劃部總經理）、
應　堅（中銀香港發展規劃部高級經濟研究員）

自香港離岸人民幣市場於 2010 年下半年形成，離岸市場匯率（CNH）、在岸市場匯率（CNY）及中間價並存，三種人民幣匯率的關係一直都是市場感興趣的話題。儘管內地不斷完善中間價形成機制，令 CNY 進一步市場化，但 CNH 是在完全市場化條件下形成的。「8‧11」匯改後 CNH 波動明顯大於 CNY，有人認為，CNH 急劇波動增加了 CNY 的不確定性。隨著跨境人民幣流動的規模迅速擴大，未來兩個市場的互動性必會進一步增強，CNH 和 CNY 究竟如何相互影響，值得關注。倘若 CNH 左右 CNY 的變化方向，內地宏觀調控將會受到牽制，這不是人民幣國際化希望得到的結果。究竟有多大機會出現這種結果，本文擬做進一步探討。

一／經常項下 CNH 的形成

離岸市場是否有獨立的匯率形成機制？ CNH 真的脫離在岸市場約束

而特立獨行了嗎？無論理論還是實踐，這可能只是一種錯覺。

從概念上講，匯率是指兩國（地區）之間貨幣單位購買力的比價，比較的是本幣所在國與其他貨幣的主權國的總體物價水平。離岸市場上，本幣是當地貨幣（如香港是港元）而非是離岸貨幣（如 CNH），是否有離岸貨幣與其他貨幣單位購買力的比較，一直存在爭議。例如，離岸美元及日圓主要在倫敦交易，但美元及日圓匯率是在其本土市場形成的，並不存在離岸美元及日圓匯率。同樣，香港與其他國家和地區單位購買力的比較，也只可能產生港元兌其他貨幣匯率。對匯率有重要影響的進出口和資本流動也主要是發生在貨幣主權國與其他國家之間，而不是發生在離岸市場上。

不過，對於開放度不高的國家，由於資本項目管制因素，本外幣資金跨境流出受到限制，當本幣國際化後，會人為地割裂開兩個外匯市場，從而形成兩個不同的匯率。人民幣國際化啟動後，人民幣大量流到境外，形成了規模越來越大的離岸人民幣市場，外匯交易量甚至超過了境內市場。從香港發端的 CNH 不受境內匯率形成機制的約束，由離岸市場的交易行為形成，故 CNH 與 CNY 確實存在一定差異。但是，這種差異本質上來自於資本項目開放度不足，離岸市場本身並不存在形成一個人民幣匯率的基礎。

實踐上，CNH 的變化是有規律可循的。2010 至 2016 年中，CNH 大致上圍繞著中間價上下波動，波動區間與人行對 CNY 規定的波動區間大致吻合，有時可能輕微超出，但很快便會被拉回正常水平（見圖一）。期間，人行曾兩次調整波動區間，分別是 2012 年 4 月從 0.5% 擴大至 1%，及 2014 年 3 月從 1% 擴大至 2%。神奇的是，CNH 的波動區間亦出現相同的變化，分別擴大至 1% 及 2%。由此可見，儘管兩個市場之間因資本項目管制而有一道隔離牆，但在岸匯率形成機制決定著離岸匯率，離岸匯率也沒有脫離在岸匯率自由浮動。

CNH 與人民幣中間價的偏離程度

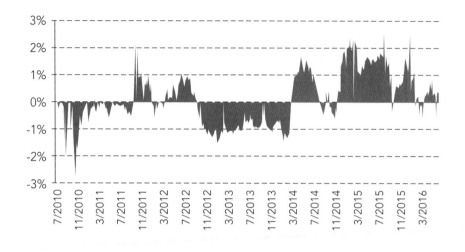

資料來源：中銀香港、路透

　　歷史上，CNH 只有兩次因特殊原因短暫偏離中間價，一次是 2010 年 10 月香港各家銀行爭相持有人民幣頭寸，將 CNH 與中間價點差推高至 1,800 點（最多時偏離 2.8%），另一次是 2011 年 9 月因新興市場貨幣危機觸發全球避險情緒，CNH 與中間價點差被拉開至 1,300 點（偏離 2.1%）。兩次短暫偏離都發生於離岸人民幣市場形成的早期，當時市場運行並不成熟。

　　「8‧11」匯改後 CNH 的表現則可進一步證實以上推斷。儘管市場持續出現強勁的單邊拋售，但絕大部分時間 CNH 並未偏離 2% 波動區間，只有 2015 年 8 月 11 日及 2016 年 1 月 6 日兩天的收盤價偏離 2% 以上，分別是 2.54%（點差為 1,580 點）及 2.47%（點差為 1,613 點）。進一步觀察日間變化，CNH 與中間價偏離最大時分別是 2015 年 8 月 11 和 12 日的 2.8%

及 4.2%，以及 2016 年 1 月 6 至 7 日 2.8% 及 3.1%。2016 年 2 月以後，中間價與 CNH、CNY 基本上實現了並軌，2 月中旬至 7 月 CNH 與中間價的點差為 150 點（平均偏離 0.2%），比 2015 年年初至「8·11」的 948 點（平均偏離 1.5%）、「8·11」至 2016 年 2 月中旬的 512 點（平均偏離 0.8%）小得多。CNH 與 CNY 的點差則更小。此外，「8·11」前基本上是 CNH 單邊強於或弱於中間價，而「8·11」後分佈兩邊的機會更多。

為什麼「自由浮動的」CNH 會「自覺地」服從於中間價的引導？

這有必要考察離岸人民幣市場的結構。毋庸置疑，內地推動人民幣跨境使用是從經常項目開始的。離岸人民幣市場的主要參與者是從事跨境貿易的商家，主要資金來源是境內匯出的貿易匯款，主要需求是引入人民幣結算後的貿易支付，與境內結售匯市場的結構類似。從某種意義上講，離岸人民幣市場是境內外匯市場的延伸，其中，香港人民幣清算行及境內人民幣代理行是兩個市場的橋樑。不僅如此，兩個市場的參與者也是類似的，部分甚至是同一批參與者，如境內企業在香港設立平台公司，從事轉口貿易，或香港企業在內地投資設廠並保留了香港的貿易公司，故兩地參與者對人民幣的預期是一樣的，操作手法也是類似的。

從跨境人民幣實際支付數據看，2014 年以前經常項目結算量與人民幣實際支付基本匹配，當年分別是 6.53 萬億元及 6.55 萬億元，多年來跨境貿易結算是跨境支付的主體，資本項目跨境支付不多。所以，分析早期離岸人民幣匯率的形成，可集中於經常項目因素。

經常項下，離岸匯率之所以圍繞中間價波動，主要是由於跨境貿易套戰機制的作用。當 CNH 與 CNY 出現偏差時，通過境內外貿易商選擇性結算方式，將 CNH 與 CNY 拉近。在人民幣升值期間，CNH 往往比 CNY 升值更快，香港貿易商向內地轉口時，更願意採用人民幣結算，收到人民幣貿易匯款後可在香港兌換更多的美元，支付從歐美進口的貨款；而當人民幣轉弱時，CNH 又相對於 CNY 更弱，香港貿易商向歐美轉口收取美元貨

款，在香港兌換更多人民幣，再與內地之間安排人民幣貿易結算，支付從內地進口的貨款。這樣的操作客觀上在兩個市場之間形成套戥，逐步拉近了 CNH 與 CNY 的差距（見圖二）。

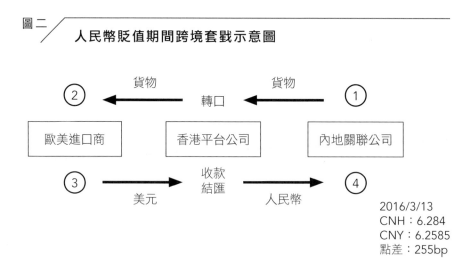

圖二　人民幣貶值期間跨境套戥示意圖

2016/3/13
CNH：6.284
CNY：6.2585
點差：255bp

資料來源：中銀香港、彭博

此外，清算行及代理行模式下的平盤安排，也有助於推動 CNH 與 CNY 趨同發展。例如，人民幣匯率由強轉弱，採取人民幣結算的香港貿易商收到人民幣貿易匯款時，可通過參加行向清算行或代理行要求以境內 CNY 平盤，避免匯兌損失。清算行及代理行基於真實貿易背景（要求參加行履行 KYC，即按人行要求對貿易單據進行審查），可為參加行的兌換頭寸提供跨境平盤，即直接在境內以 CNY 兌換外幣。由於這種特殊安排，當 CNH 與 CNY 出現偏差時，會引起相反的人民幣流動，將兩地價格拉近。

二 / 資本項下 CNH 的形成

儘管目前 CNH 形成主要是由經常項目因素決定，但有必要進一步考察資本項目因素的影響。離岸人民幣市場迅速成長，資本項目正在成為人民幣跨境流動的新動力，包括跨境投資人民幣結算、跨境人民幣資金池業務、滬港通及深港通、銀行內部及同業之間人民幣資金跨境調撥及借貸等，資金規模越來越大。2015 年，跨境人民幣實際支付總額為 12.1 萬億元，其中，經常項目結算量為 7.2 萬億元，資本項目結算量迅速增至 4.9 萬億元，佔全部實際支付的四成。另一方面，離岸人民幣市場參與者也在發生變化，除貿易商之外，各種投資及投機力量也逐漸加入進來，各種資本項目需求不斷增加，令 CNH 形成更加複雜。可以觀察到，「8‧11」後離岸人民幣市場發生了很大的變化，匯率形成出現了與經常項下不同的新特徵。

首先要說明，資本項目因素對離岸匯率的影響，取決於資本項目的開放程度。在資本項目完全開放的情況下，跨境資金流動沒有障礙，離岸匯率一旦與在岸匯率有所偏差，本外幣反向流動會迅速燙平價差。所以，主要國際貨幣，包括美元、歐元、英鎊、日圓等，不會出現兩個匯率。另一個極端情況是，資本項目完全不開放，資本項下跨境流動對離岸匯率的影響很小甚至不發揮作用。我們要考察的是兩種極端情況的中間地帶，即資本項目一定程度開放下的套戥機制。

此外，我們假設跨境業務主體，包括企業、個人及金融機構，在滿足真實業務需求的條件下（如跨境投資、資產配置及流動性管理）獲准跨境調撥資金。事實也是如此，「8‧11」後合理的跨境人民幣資金流動並未停止。在這種情況下，套戥機制也會發揮作用。

除了一定程度的資本項目跨境資金流動有助於消除點差外，離岸人民幣市場的互換業務（Swap）已成熟起來，有助於推動 CNH 向 CNY 靠攏。早在 2013 年，國際清算銀行（BIS）調查顯示，離岸市場人民幣互換交易

佔全部外匯交易的三分之一，近幾年互換交易進一步增加，2016 年佔比更升至超過四成，成為境外銀行獲取人民幣資金的重要來源及主要流動性工具。

在人民幣升值期間，CNH 比 CNY 更強，離岸市場對人民幣需求急升，推動離岸人民幣利率水平高出境內市場。境外銀行向客戶推出互換存款，利用資金市場比存款市場更敏感、Swap 收益率變化較快的特點，將人民幣存款轉為美元存款，並在遠期市場買回人民幣鎖定風險，令客戶獲得高於同期人民幣存款利率的綜合回報率，吸引人民幣資金從境內流向離岸市場，增加人民幣資金供應量，壓低 CNH。另一方面，客戶負債結構也會及時作出調整，轉以弱貨幣籌集資金，如申請美元貸款或發行美元債券，從而減少了人民幣資金的需求量。CNH 向 CNY 回落，從而令離岸人民幣供求恢復平衡；相反，在人民幣貶值期間，CNH 比 CNY 更弱，離岸利率水平相對較低，互換存款方案反向操作，將美元轉為人民幣，並在遠期市場賣出人民幣，提供高於同期美元存款利率的綜合回報率；人民幣回流至存款利率更高的境內市場，美元則從境內流向離岸市場。而企業負債則轉為弱貨幣人民幣的貸款或債券，將 CNH 推向 CNY（見圖三）。

圖三

人民幣互換存款示意圖

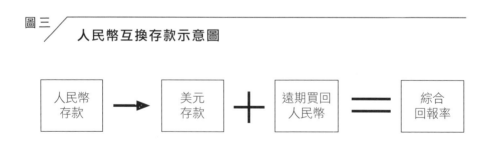

通過互換獲得的綜合回報率，有可能高於直接將人民幣存入銀行獲得的存款利息。

以上解釋似乎與「8・11」後的情況不相符合。確實，「8・11」後離岸市場匯率及利率背向而馳，離岸市場出現大規模拋售，令 CNH 呈現單邊貶值趨勢。另一方面，離岸拆息一度飆升，創下隔夜拆息定盤價達到 66厘的超高水平。需要指出的是，「8・11」後離岸市場變化並不是典型的市場運行，而是很大程度上被國際投機力量操控的因素，或者說，是一個扭曲的市場。炒家大量拆入人民幣，在即期市場拋售，並在遠期市場買回，持續扯高利率水平。內地又採取「控流出」措施，增加了炒家做空人民幣的成本，令即遠期套利無利可圖，成功地逐出了操控市場的投機力量。一旦離岸人民幣市場恢復正常秩序，市場對貶值貨幣需求下降，離岸拆息趨於回落，並低於在岸市場，與匯率走勢基本匹配。

當然，以上有關資本項下 CNH 的套戲機制僅僅是一種假設，在 2015年資本項目跨境流動迅速擴大的背景下，套戲機制尚未得到檢驗，便受到「8・11」後市場大幅波動的干擾。下一步，資本項目開放步伐還會加快，包括個人資本項目開放措施也會陸續推出，周小川亦強調：「等市場逐漸回到相對穩定狀態，人民幣國際化還會繼續前進。」兩地市場是否形成新的套戲機制，有待作出進一步的觀察。

三 ╱ 經濟基本面決定人民幣匯率走勢

2005 年匯改後，內地實行以市場供求為基礎、參考一籃子貨幣進行調節、有管理的浮動匯率制度。在岸匯率形成機制的基礎是外匯市場的供求關係，實際資金流進流出及市場主要參與者的結售匯都會直接引起供求變化，令人民幣升值或貶值。令資金流動發生方向性變化的更深層次原因是經濟基本面，如宏觀經濟表現及由此而引發的貨幣政策調整，與此對應的外部因素包括主要歐美經濟體的經濟表現及貨幣政策。此外，由於結售匯從強制轉為自願，市場參與者依據基本面對匯率走勢的判斷及預期越來

重要。這些變化首先反映在中間價，對市場行為產生引導性。

　　受各種因素干擾，市場參與者的誤判及不理性預期不時發生，而金融市場「黑天鵝事件」亦直接觸發匯率急變。「8·11」後內地加強了預期管理，強調中國經濟基本面並未發生實質性改變，人民幣並不存在長期貶值基礎。2016 年 2 月周小川清晰地表述，和匯率最相關的經濟基本面首先是經常項目平衡，而當前中國國際收支狀況良好，跨境資本流動也處於正常區間。中國政府向國際社會作出承諾，有能力保持人民幣對一籃子貨幣基本穩定。一系列舉措有助於改變不理性的市場預期。

　　離岸市場上，決定 CNH 變化的同樣是經濟基本面。除了兩個市場的大部分參與者類似，令市場判斷及預期相同外，中間價不斷完善，尤其是「8·11」匯改後，市場化程度提高。事實上，中間價報價行報價時亦會考慮到境內收盤後全球市場人民幣供求關係的最新變化，即歐美時段的 CNH 表現。中間價彈性進一步上升，對離岸市場引導性增強，離岸市場根據最新的報價相機而動，交易時則密切關注主要經濟指標及貨幣政策信號。

　　不同的是，由於參與者更加複雜，離岸市場對個別數據及事件更加敏感，短期波動要大於在岸市場。「8·11」前後國際投機力量介入離岸人民幣市場又是一個新特徵，儘管所佔比重不大，但操縱市場力量強大，加劇了市場波動。從全球範圍看，對抗國際投機力量，唯有貨幣當局出面，爭取盡快恢復市場秩序，而歐美國家及部分新興市場國家直接干預時透明度很高，給予市場明確指示及導向，其經驗值得參考及借鑒。◐

人民幣計價結算
職能決定因素的
實證分析

鄂志寰（中銀香港首席經濟學家）、

巴　晴（原中銀香港發展規劃部經濟研究員）

計價結算是國際貨幣承擔的基礎職能，亦是人民幣國際化的初始點。自 2009 年 7 月跨境貿易人民幣結算試點以來，人民幣跨境結算迅速增長，2015 年以人民幣計價的貨物貿易佔整體中國對外貿易額比重已超 26%。但是，隨著全球貿易需求不振，中國進出口增長乏力，利用經常項目結算推動人民幣全球使用的速度放緩。2016 年上半年經常項目下跨境人民幣收付金額合計 2.66 萬億元，同比下降 21%。

　　學術界有一種觀點認為，此前人民幣跨境結算的增長主要受人民幣長期升值預期推動的影響，是境外進出口商利用離岸和在岸市場進行套利的結果。筆者從實體經濟需求角度，剖析了人民幣作為國際結算貨幣的主要影響因素，著重考察中國貿易結構對人民幣全球使用的影響，認為：人民幣作為國際貨幣，應繼續提升在實體貿易結算方面的持續性和穩固性，使人民幣國際化進程始終服務實體經濟需求。

一 / 影響貨幣結算職能的主要因素

國際計價貨幣的研究始於斯沃博達（Swoboda）1968 年的開創性工作，此後逐步引起眾多學者關注。研究認為，影響國際貨幣使用的因素主要分為基本經濟、貿易及金融三個層面。其中，貿易結構差異化、貿易市場份額、一國經濟規模、幣值穩定性、金融市場深化程度等因素，都會影響貨幣在國際貿易活動中的使用和比重。

1 / 經濟層面

經濟規模是決定一國法定貨幣能否在國際貿易中充當計價貨幣的重要條件。從絕對規模角度來看，在國際貿易中經濟規模大的國家的貨幣通常被選作計價貨幣。這是因為經濟規模是國家經濟實力的一個重要標誌，也是該國法定貨幣的信用基礎。從交易夥伴國的實力對比來看，經濟實力相對較強的國家，預示著該國政府可為本幣提供的隱性信用擔保能力就越強，使用該貨幣時面臨的主權貨幣信用風險就越小，這種貨幣就越有吸引力。

2 / 貿易結構層面

貿易量與比重

在國際貿易中佔有的市場份額是一國貿易實力的體現。出口商品在其他國家中所佔份額越大，越能在國際貿易結算貨幣選擇中居於有利地位，因此如果貨幣發行國所佔的市場份額越大，也越可能選擇以該種貨幣計價。2015 年，中國的對外貿易總額達 39,560 億美元，全球排名第一，在世界貿易中的比重已超過 10%，是推動人民幣的國際使用的首要前提。

貿易產品特性

產品差異化程度是影響國際貿易計價貨幣選擇的重要因素。研究證

明，差異化程度大的產品的需求價格彈性和替代彈性就越小，在出口市場上這類產品的競爭力就越強，出口商選擇以本幣計價既可以規避匯率風險又不會導致需求的波動，一些基於德國、日本數據的實證研究也支持這一觀點。相反，同質化產品高的貿易多使用交易貨幣或進口方貨幣計價，這是美元等交易貨幣在初級產品、同質產品交易中被廣泛使用的主要原因。

3 ／ 金融層面

匯率、貨幣政策

幣值穩定的貨幣更有可能被選作貿易計價貨幣。貨幣政策的透明度高且貨幣供給波動小的國家，貿易商對該國的通脹水準往往易於做出與實際更相符的預期，該貨幣也更適於充當貿易計價貨幣。以德國馬克為例，長期穩定的貨幣政策和低通脹是德國馬克成為當時主要的國際貿易計價貨幣的重要因素。

金融市場發展

如果貨幣的發行國有發達的貨幣市場、資本市場和外匯市場，並且這種貨幣在外匯市場上交易額也足夠大，那麼貨幣的兌換、交易成本就可以維持在較低水準，從而鼓勵投資者的使用，同時外匯衍生品市場的工具運用充分，便利進出口商對沖風險，會鼓勵國際使用者選擇該種貨幣。

二 ／ 中國經濟及貿易結構特點

從中國的情況來看，在上述因素中，經濟規模龐大，人民幣在全球貿易中具有重要比重，是推動人民幣全球使用的主要條件，人民幣匯率波動及內地金融市場放開，則取決於資本項目放開的步伐。但如果回到貿易結算基本面，從中國的對外貿易基礎來看，似乎現有的對外貿易結構對人民

幣國際使用的推動作用尚顯不足，具體表現在：

第一，從參與對外貿易的企業類型來看，外資企業在中國對外貿易中佔比較大，對人民幣的國際使用具有主導性決定作用。2015 年外資企業出口 1 萬億美元，佔出口總額的比重 44.2%。進口方面，外資企業實現 8,298 億美元，佔進口總額比重的 49.3%。由於外資企業的財務安排主要取決於國外公司總部，出於貨幣配比考慮，如果國外公司對中國有較多支付和投資，可能會相應使用人民幣用於進出口支付。但另一方面，使用非本國貨幣的國外公司需要承擔更多的匯率風險。雖然在人民幣匯率升值預期的背景下，有些外企有動力採用人民幣結算，但公司財務運作一般以規避風險為主，金融套利為次，故而在推動人民幣計價結算方面有一定難度。

第二，從市場依賴度來看，歐盟、美國等發達經濟體依然是中國最主要的出口市場，2015 年歐盟、美國與中國的雙邊貿易額分別為 5,647.5 億美元及 5,582.8 億美元，分別佔貿易比重達 14.3% 及 14.1%。這兩個地區對人民幣的認受度，在很大程度上決定了人民幣的國際使用規模。儘管近年來，中國對部分新興經濟體出口增長較快，比如東盟已成為中國第三大交易夥伴，2015 年中國與東盟貿易額達到 4,721 億美元，在一定程度上對東盟地區推動人民幣使用有很大幫助。但需要注意的是，由於中國與東盟的進出口模式，相當一部分是一些產品出口東盟，經加工、組裝後再銷往其他區域市場尤其是發達國家。如果最終出口地依然以發達經濟體為主，那在推動人民幣結算使用方面也同樣取決於發達國家對人民幣的接受度，以及亞洲產出品在全球供應鏈上的地位。

第三，從對外貿易的生產類型來看，中國的貿易結構以加工貿易為主。2015 年加工貿易出口為 7,977.9 億美元，佔出口總額的 35.1%。以加工貿易為主的方式雖然可使中國較大程度地參與全球價值鏈，但往往參與的是勞動力密集的環節，或最後的裝配階段，缺乏從最初到最終生產階段的整條生產鏈的生產能力，在國際產品定價分工上處於弱勢地位。比如在電子

及光學儀器出口中，中國存在大量加工貿易，雖然佔出口總值35%，但只佔附加值出口的12%。在分工體系中的低附加值地位，令加工企業難以主動採用人民幣結算。

歸根結底，對外貿易中以何種貨幣進行結算，關係到貿易雙方的產業結構、匯率制度、企業盈利能力。如果出口產品的差異化程度高，則在產品成本加成上擁有很大的控制力，可以掌控較大的市場定價權（pricing power）。而如果中國的加工貿易企業大部分處於產業鏈條低端，在價值鏈中沒有佔據戰略性主動地位，產品定價權較弱，則不利於推動人民幣的國際使用。

三 / 實證分析

為了驗證中國產品定價權、貿易結構差異化對人民幣全球使用有多大影響，我們以 Goldberg 和 Tille（2008）[1] 為基礎，利用 SWIFT Insight [2]、世界銀行貿易數據庫及中國宏觀數據，進行初步的實證分析。

第一，SWIFT Insight 包括了全球 14 個主要國家金融機構的人民幣使用量。為與貿易使用相配比，我們在計量模型中控制了外匯交易量，折算成貿易對手國使用人民幣的規模佔雙邊貿易量的比重，構建所需的人民幣國際使用指標。

第二，中國與其他國家的貿易差異化程度，是我們關注的主要解釋

---

[1] Goldberg, Linda S., and Cédric Tille. "Vehicle currency use in international trade." *Journal of international Economics* 76, no. 2 (2008): 177-192.

[2] SWIFT Insight 是由 SWIFT Research Ltd. 提供的線上數據服務。

變量。我們根據 Rauch（1999）[3]的分類方式，基於國際貿易標準分類（Standard International Trade Classification, SITC）四位碼將貿易產品分為異質化商品和同質化商品兩類，計算中國對各國差異化產品的比重。如果在中國對某國出口的產品結構中，差異化產品比重越高，則越有可能使用人民幣計價。

第三，經濟規模變量。我們根據 Goldberg 和 Tille（2008），控制了中國與他國的經濟相對規模。如果其他國家的經濟體量相對中國較小，則會傾向使用人民幣。

第四，貨幣相對穩定性。我們也考慮到人民幣幣值穩定性對人民幣境外使用的影響，用貿易國的消費者物價指數（Consumer Price Index, CPI）前四期移動平均標準差表示。如果貿易對手國的通脹較小，幣值相對穩定，則越可能使用，減少對人民幣的使用量。

表一

被解釋變量：貿易對手國使用人民幣規模佔雙邊貿易量比重

解釋變量	預計效果	結果
貿易結構差異化指數	中國出口產品的差異化越大，人民幣使用度越高。	190.4***
貿易國相對中國的經濟規模	貿易對手國規模相對中國越小，則人民幣容易被使用。	-8.020**
貿易國 CPI	貿易對手國 CPI 越高，幣值相對不穩，人民幣作為支付貨幣的可能性越大。	7.726*
SWIFT 外匯交易量佔中國出口貿易比重	用於控制外匯交易對跨境結算的影響	303,708***

常數項	-726.2*
Observations	393
R-squared	0.090

Standard errors in parentheses
*** p<0.01, ** p<0.05, * p<0.1

　　根據表一，所有的假設因素均十分顯著，符合預測結果。如果中國出口貿易對手國的產品差異化越大，則人民幣使用度越高，與預期相符。從經濟規模來看，規模相對比中國越小的國家越容易使用人民幣。貨幣層面，如果貿易對手國 CPI 越高，幣值相對不穩，人民幣作為支付貨幣的可能性越大。

四 / 初步結論和政策建議

　　第一，計價結算職能是人民幣國際化進程中的基礎要素，其持續性和穩定性決定了人民幣能否成為國際儲備貨幣，也決定了人民幣國際化可以走多遠。

　　第二，目前人民幣的國際使用規模主要受到總量因素的推動，如中國整體對外貿易規模、對外投資等。

　　第三，實證研究表明，貿易結構是影響人民幣計價結算職能的重要因素。推動人民幣的國際結算，必然以提高中國產品的定價能力為根本，貿

3　Rauch, James E. "Networks versus markets in international trade." *Journal of international Economics* 48, no. 1 (1999): 7-35.

跨境貿易人民幣結算順利展開，為人民幣國際化奠定基礎。圖為香港記
者見證中銀香港完成境外首筆跨境貿易人民幣結算業務。

易結構差異化及其背後代表的國際競爭力，是促進人民幣國際使用持續增長的基礎。

第四，建議從改善貿易結構入手，逐步改變以成本競爭為主的貿易方式，推進中國產品向國際產業鏈的高端攀升，為人民幣的國際使用走得穩、走得更遠提供真實的動力。 ⊕

三元悖論在香港及新加坡的實踐及對內地的啟示

張朝陽（中銀香港發展規劃部總經理）、
蔡永雄（中銀香港發展規劃部高級經濟研究員）

2 0 世紀 60 年代，蒙代爾（Robert A. Mundell）和弗萊明（J. Marcus Fleming）在一個總體經濟模型中指出，在沒有資本流動的情況下，貨幣政策無論在固定匯率或浮動匯率下均能有效調控經濟表現；但在資本可完全流動的情況下，貨幣政策則在固定匯率下對於調控經濟表現完全無能為力，而只有在浮動匯率下才是有效的。這便得出了著名的蒙代爾三角理論，即貨幣政策的獨立性、匯率的穩定性，以及資本的完全流動性三個政策目標不可能同時達到，只可在三個選項中，選擇其二。

一 ╱ 為何不可能？

三元悖論的核心運作機制是指在固定匯率的情況下，如果一個經濟體同時容許資本自由進出，並實行自主的貨幣政策，並把利率設定在高於（或低於）世界平均水平，海外資本便會流入（或流出）該經濟體，追逐因息差而帶來的回報，並因為實行固定匯率，息差更會為市場提供套利的

機會，吸引外來資本大量流入（或流出）。面對資本大量流入（或流出），匯率在正常情況下會面對升值（或貶值）壓力，但在固定匯率下，將迫使央行進行干預，買入（或賣出）外幣，並沽出（或買入）本幣，這便會令貨幣基礎增加（或減少），繼而對本幣的利率造成下行（或上行）壓力，並影響該經濟體實行自主貨幣政策的能力。因此，只有在浮動匯率的情況下，匯率升值（或貶值）才能讓該經濟體維持高於（或低於）世界平均的利率水平，並保持貨幣政策的獨立性。

三元悖論的關鍵在於無套補利率平價（uncovered interest rate parity）的有效運作，這是指在資本具有充分流動的條件下，假若不同經濟體之間的利率和預期匯率存在套利的空間，投資者的套利行為會使全球金融市場上以不同貨幣計價的相似資產的收益率趨於一致，也就是說，套利資本的流動保證了一價定律適用於全球金融市場。因此，政策當局只可選擇以下其中一個的政策選項。

1 ／ 容許資本自由進出，並實行固定匯率（放棄貨幣政策）

在資本自由進出及固定匯率下，政府無法固定貨幣供給，也不能固定利率，資本流動將促使利率趨向於世界平均的水平，令該經濟體失去貨幣政策自主性。這一選項與香港的情況一致，即資本自由進出，港元匯率採取貨幣發行局制度，並訂於 1 美元兌 7.8 港元，而港元利率則完全由美國主導。

2 ／ 容許資本自由進出，並實行自主的貨幣政策（放棄固定匯率）

在資本自由進出和自主的貨幣政策下，利率變化造成的資本流動，會反向影響匯率的水平，並有所抵銷，使資本的自由進出不影響貨幣基礎，因此該經濟體可以擁有自主的貨幣政策，但卻不能固定匯率，一般先進經濟體或較大型的經濟體多採用這種制度安排。

3 / 實行自主的貨幣政策及固定匯率（限制資本自由進出）

上述的兩個情況均顯示在資本自由流動下，貨幣政策當局對利率和匯率的管控只能二擇其一，只有在實施資本管制下，才可以同時控制利率和匯率，情況像亞洲金融危機後的馬來西亞，實施資本管制來控制利率和匯率。

二 / 香港的政策選擇是完全放棄貨幣政策

香港作為小型開放的經濟體，一直以自由港自居，並連續 22 年被評為全球最自由的經濟體，故在三元悖論的要求中，香港保持了資本可以自由進出，而在餘下的兩個選項，香港則選擇了穩定的匯率，並放棄了貨幣政策。因為穩定的匯率能有助於企業控制風險，促進跨境貿易和金融活動，令香港成為高度開放的國際貿易和金融中心，在龐大的跨境資本流動下，有助於維持香港經濟和社會穩定。

香港自 1983 年起實施聯繫匯率制度，並相當徹底地實行了三元悖論提出三選二的政策選項。在聯繫匯率制度下，港元以 7.80 港元兌 1 美元的匯率與美元掛鈎，金管局並承諾在 7.75 港元兌 1 美元的水平買入美元（強方兌換保證），在 7.85 港元兌 1 美元出售美元（弱方兌換保證），故港元匯率可在 7.75 港元至 7.85 港元兌 1 美元之間有限浮動。在貨幣發行局制度下，貨幣基礎的流量與存量得到外匯儲備的十足支持。然而，香港卻完全放棄了獨立的貨幣政策，港元利率必須跟隨美元利率走，亦沒有控制貨幣基礎的能力，而港元匯率則是透過自動的利率調節機制維持穩定。當港元資產需求減少時，港元匯率減弱至兌換保證匯率，金管局便會向銀行買入港元，貨幣基礎隨之收縮，利率因而上升，吸引資本流入，以維持匯率穩定。相反，若港元資產的需求增加，使匯率轉強，銀行可向金管局買入港元，貨幣基礎因而擴大，對利率造成下調壓力，遏止資本繼續流入。

由於在聯匯制度下，貨幣管理當局不能運用匯率和自主的貨幣政策來作為調節機制，故香港經濟週期若與美國出現較大程度的差距時，香港的內部成本或價格結構〔如資產價格（股價和樓價）、工資和物價等〕均有需要作出較大幅度的調整，而有關內部調節的過程則較匯率急速調整來得緩慢，並難免會對香港短期的經濟表現構成負面影響，特別是高企的樓價若出現顯著調整將會打擊內需表現，而若出現減薪等情況，亦會造成通縮和經濟衰退的風險。有關情況就如 1998 年亞洲金融風暴過後，香港住宅樓價曾經大跌三分之二，並連續 68 個月出現通縮；而在 2008 年全球金融海嘯過後，香港經濟較美國為佳，吸引資金大量流入，造成 2011 至 2014 年間較高的通脹，住宅樓價更自 2003 年起大幅上升四倍左右。長遠來說，這些內部調節有助於實體經濟作出更為持久和必要的結構性調整。

三／新加坡政策選擇是以管理匯率為重點

新加坡方面，從 20 世紀 80 年代起，其貨幣政策是以管理新加坡元（新元）匯率為重點，讓中長期通脹率保持穩定，從而為經濟持續發展打下基礎。由於新加坡經濟規模小、非常開放，新元兌其他貨幣的匯率波動會影響該經濟體的物價水平，令管理新元匯率的貨幣政策相對可控，且新加坡金管局可直接在外匯市場買賣新元。同時，所有流通的新元亦受到外匯儲備的十足支持。

與許多國家的中央銀行不同，新加坡金管局沒有通過控制利率來調控通脹。在資本自由流動的市場，新加坡的利率主要由外國利率和投資者對新元未來走勢的期望來決定，而新元利率往往低於美元利率，反映市場預期新元在長期範圍內升值的因素。

事實上，新加坡金管局管理的是新元兌一籃子主要貿易國家貨幣的幣值，每種貨幣所佔的比重主要根據新加坡的外貿情況而定。相比與單一貨

幣掛鈎，新元與一籃子貨幣的加權匯率確保其匯率更為穩定。新加坡金管局從不對外公佈籃子內的貨幣組合，以及個別貨幣所佔的比重。此外，新加坡金管局亦為匯率的波動範圍設定了上下限，讓它在指定範圍內波動，而不是設定一個固定價值，這讓新元匯率能夠承受短期的市場波動。根據貨幣政策立場，新元匯率可呈現上升、下跌，或與水平線持平的走勢，並在有需要時調高或調低其波動範圍的中心點。

一般來説，通脹趨高時，新加坡金管局會讓新元加快升值。反之，通脹走低的話，新加坡金管局就讓新元放慢升值。新元升值使得進口產品和服務的價格降低，導致進口通脹下跌。另外，新元升值亦使得新加坡出口的產品和服務價格相對上漲，海外市場對其出口的需求減小，從而降低新加坡對原材料等的需求，減輕成本壓力，抑制通脹。

四 / 對內地的一些啟示

1 / 內地難以完全放棄三元悖論中的一個選項

現時，中國作為全球第二大的經濟體，經濟規模龐大，確實難以像香港完全放棄貨幣政策，且內地與細小開放經濟體不同，對進出口的依賴相對較低，故亦不能像新加坡單純透過管理匯率來達成調控經濟或通脹的目標，其貨幣政策有需要保持一定的獨立性。至於資本流動方面，以目前內地對全球經濟的重要性，並作為全球最大的貿易國，內地與全球經濟的關係已密不可分，亦難返回經常帳及部分資本帳開放前，對不同環節的資本流動作出嚴格的限制。事實上，只要個別資本流動的缺口一開，亦會帶來跨境套利的機會，在人民幣國際化和內地與世界經濟聯繫日增的情況下，資本管制難再全面實施。

與此同時，雖然人民銀行採取了更加市場化的人民幣匯率中間價決定機制，並加強管理市場對人民幣匯率上下波動的預期，但現階段內地亦

不能像世界其他主要國家完全放棄對匯率的干預，如英鎊、歐元和日圓等（歐央行和日本銀行的量化寬鬆和負利率亦可被視為間接對匯率的干預），因為匯率的波動可以相當大，一年間的上下波幅可高達四至五成。而在金融市場、企業或個人均尚未對人民幣匯率大幅波動作好充分的準備（或對沖）前，匯率的大幅波動將會加深市場對內地經濟的憂慮，擴大資產市場的調整，並對資金流向等帶來負面影響，故內地在短期內亦難較大程度上放開對匯率的干預。因此，雖然內地亦面對三元悖論必須在貨幣政策的獨立性、匯率的穩定性，以及資本的完全流動性三個政策選項中，選擇其二的限制，但現階段內地難以像香港和新加坡在三元悖論中完全放棄其中一個選項，必須在三者之間作出微妙的平衡，以及適度的妥協。

2 / 流動性管理措施在應對資本流入及流出的成效並不對稱

過去數年內地經濟發展的速度和前景遠比其他經濟體優勝，投資回報和利潤較世界水平為高，令內地的利率水平較世界平均為高，以反映其更佳的前景及盈利機會，但這便會吸引資本較長期地流入。為了不對貨幣政策和經濟構成影響，內地透過不同的流動性管理措施（如存款準備金率）來沖銷資本流入對貨幣基礎的影響，並實行控制信貸增長等措施。然而，也要看到有關措施的成效在應對資本流入及流出時並不對稱，沖銷資本流入遠較釋放資本流出容易，因後者會進一步加大資金外流和匯率貶值的壓力，並對經濟和金融市場等帶來風險。

再者，在資本自由進出的情況下，若要同時控制匯率與利率，外匯儲備的波動理應可作一定的緩衝，但累積外匯儲備與其流失對金融穩定的影響也是不對稱的，過快的外匯儲備流失也會引起市場恐慌。

3 / 穩定匯率預期是首要工作

如上述，流動性管理措施在應對資本流入及流出的成效並不對稱，故

在「8‧11」匯改前，內地在保持匯率穩定的同時，貨幣政策也有很大的獨立性，且資本帳戶亦逐步開放。這很大程度上是因為人民銀行有能力微調市場對人民幣匯率的預期，並透過流動性管理措施（如存款準備金率），以緩解利率調整對於匯率和資本流動的壓力。然而，在匯改後，市場對內地經濟和人民幣前景感到疑慮，導致資本外流壓力加劇，而若再次減息降準則進一步降低人民幣的吸引力，勢將加劇資本外流，人民幣匯率則更難以穩定。此外，雖然內地擁有巨額的外匯儲備，其波動理應可作為資本進出的緩衝，但市場的關注點卻放在每月數百以至千億美元的外匯儲備流失，進一步加深對內地經濟和人民幣匯率穩定的憂慮。因此，現時內地可以說也受到三元悖論的困擾，必須在貨幣政策、匯率和資本流動三者的利弊中作平衡及妥協。從目前的情況看，穩定匯率預期可能還是首要工作，只有在這一前提下，才能為貨幣政策和下一步資本開放提供更大的空間。⊕

離岸人民幣市場套利、做空行為及後續發展探討

應　堅（中銀香港發展規劃部高級經濟研究員）

2016 年 1 月 14 日，《華爾街日報》刊登了一篇報導〈做空人民幣——危險的賭注〉。文中披露，「2015 年年末，從香港到紐約的投資者在人民幣離岸市場加大了做空人民幣的力度」。2 月 1 日，《華爾街日報》再次刊文〈貨幣戰：美國對沖基金再度「空襲」人民幣〉，點名道姓地列舉了數家做空人民幣並已「獲利」的對沖基金。回顧「8·11」後離岸人民幣市場發生的事情，匯率及利率變化與跨境套利及做空人民幣如影隨形，人行不斷推出各種措施，圍繞著如何更好地抑制跨境套利及做空人民幣的行為展開。本文試圖還原各種套利、做空的動機及機制，幫助大家更好地認清離岸市場的複雜情況，為大家探討如何促進離岸人民幣業務健康發展提供一些參考。

一／貶值預期下的跨境套利行為

在國際貿易領域，貿易商總是選擇對自己有利的結算貨幣，以規避匯

率風險。2009 年內地推動跨境貿易人民幣結算，人民幣首次成為結算貨幣，境內外貿易商除外幣之外有了新的選擇，可根據匯率變化採用美元或人民幣來進行結算及支付。一般情況下，出口商樂意選擇強勢貨幣，而進口商樂意採用弱勢貨幣。2015 年之前，人民幣主要呈現單邊升值，出口商尤其是香港出口商最早接受人民幣結算，推動人民幣結算量迅速增加，並令香港人民幣資金池膨脹。2015 年人民幣在雙向波動中呈現貶值趨勢，進口商接受人民幣結算程度上升，繼續推高貨物貿易的人民幣結算比。

不過，人民幣跨境使用是在資本項目尚未實現可自由兌換的背景下展開的，與其他歐美貨幣及新興市場貨幣相比，有著不同的國際化實現路徑及推動方式。有鑑於東南亞貨幣在亞洲金融風暴的遭遇，中國一直對資本跨境流動保持高度警覺，在推動跨境人民幣結算時，採取較為審慎的態度及嚴厲的措施，管理或引導著資金流向。這好比是在境內外之間先築起一道高牆，打通少數幾根管道，再根據水流變化拓寬管道口徑並不斷修築新管道。然而，無論管道怎麼修築，水的流進流出總是受到限制，牆內外水面很難持平。因此，人民幣從跨境使用到國際使用，並被國際貨幣基金組織（IMF）認可為國際貨幣，但因資本項目不完全開放而被分隔為在岸與離岸市場，兩個市場匯率及利率總會有差別，從而產生了跨境套利的原始動力。

離岸匯率（CNH）是在完全市場化的環境下形成的，而在岸匯率（CNY）一直受到中間價波幅限制，故市場對人民幣升值或貶值預期趨強，當 CNY 達到波幅限制而 CNH 繼續升值或貶值，兩者必會有差價。從 2015 年初至「8‧11」，CNH 明顯弱於 CNY，四分之三交易日形成正點差，平均點差 78 點，28 個交易日點差超過百點。這是跨境套利的空間。

另一方面，香港是內地轉口港，一些境內出口商及香港投資內地企業可利用香港的特殊功能（建立香港轉口平台），進行無風險套利，令原本對出口結算不利的貶值變得有利可圖。簡言之，將貨物流及資金流以香港

平台公司為中點一分兩段——平台公司從內地進口並採取人民幣結算；轉口歐美則採取美元結算，從歐美收到美元貨款後立即結算為人民幣，再支付給境內的關聯企業。由於離岸匯率比在岸匯率較為便宜，通過分段結算方式獲得的人民幣收入，肯定比直接在境內收到美元貨款結匯的更多一些（見圖一）。雖然該行為屬於套利，但貿易商確有選擇的自由。

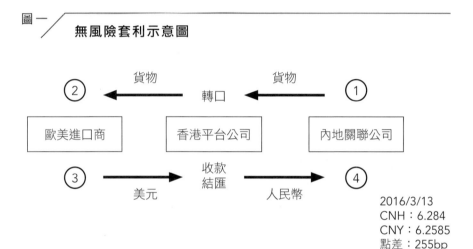

圖一　無風險套利示意圖

2016/3/13
CNH：6.284
CNY：6.2585
點差：255bp

一些套利借助了銀行產品。轉收款結匯比較典型。貿易活動並不發生於內地與香港的轉口貿易，而是內地直接出口歐美市場時，歐美進口商向內地支付美元貨款後，原本會通過結算行將美元匯至內地出口商帳戶。當CNH比CNY更弱時，境內出口商會要求結算行將收到的美元轉匯至境外銀行（不限於香港）兌換人民幣，再匯進自己帳戶，這會比在境內結匯獲得更多人民幣（見圖二），而銀行則收取一定手續費。這種套利在人民幣單邊升值時亦曾出現，不同的是，當時內地進口商先在境外購匯，再支付美元貨款，後來此舉被人行 2011 年的 145 號文所禁。2015 年「8‧11」後

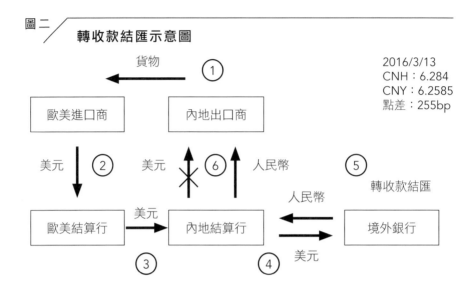

圖二　轉收款結匯示意圖

2016/3/13
CNH：6.284
CNY：6.2585
點差：255bp

貨物 ①

歐美進口商　　　內地出口商

美元 ②　美元 ⑥　人民幣　⑤　轉收款結匯

歐美結算行　美元　內地結算行　人民幣　境外銀行

③　　　　　　④　美元

點差急劇拉大，轉收款結匯更加活躍，人行於 9 月 11 日加強對人民幣境外機構境內外匯帳戶（NRA）的管理，嚴格控制貿易商利用境外轉結匯操作匯入人民幣，終結了此類套利行為。

更嚴重的套利是一些境外貿易商利用人民幣結算境內平盤機制套匯，部分境外參加行未能把好關，出現操作漏洞。根據 2009 年內地試點跨境貿易人民幣結算的相關規定，境內代理行可依境外參加行的要求在限額內購售人民幣，前提是參加行為境外貿易商兌換，形成境內平盤需求，是建立在真實貿易基礎上，並嚴格審查單證的真實性。「8·11」後 CNH 與 CNY 點差擴大到上千點，套利回報誘人。一些境外貿易商向幾家外資參加行聲稱向內地出口獲得人民幣貨款，要求以 CNY 兌換美元。它們獲得美元後，在境外兌換人民幣（見圖三）。不斷重複這一過程，令外資代理行平盤淨額大幅增加，引起監管機構注意。10 月 17 日，人行要求嚴查境外參加行購售業務的真實性，並對數家把關不嚴的外資銀行徵收 0.3% 的平盤手續費予以懲戒。另有消息稱，人行於年底暫停部分外資銀行的現貨

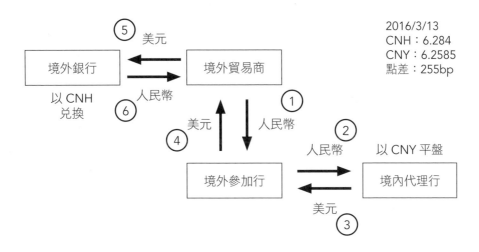

以上幾類套利較為典型，事實上，由於離岸人民幣產品日趨豐富，貿易商可利用更多產品組合進行套利，要準確把握全部套利機制並不容易。只要離、在岸市場的匯差及息差短期內不會消除，跨境套利會繼續存在下去並出現新變種。當然，如同風險對沖，套利亦屬企業財務管理行為，但關鍵是要控制在一個可接受範圍內。若貿易商過於熱衷於套利，影響到離岸人民幣業務健康發展，甚至影響到境內宏觀調控，則監管機構採取抑制措施，是必然的選擇。

二／「8‧11」後國際炒家部署做空人民幣

直到「8‧11」中間價改革之前，市場對人民幣有貶值預期，但匯率波動並不明顯。有五個多月，中間價維持在 6.1 左右，CNH 及 CNY 大致在 6.2 上下窄幅波動。當 CNH 對 CNY 的點差超過 100 點，貿易商便有了

套利空間。「8‧11」後情況完全不同，一方面 CNH 對 CNY 的點差急劇擴大（8 月 11 日至 9 月 9 日平均 719 點，日間點差經常達到 1,000 點以上），貿易商將心思轉到如何利用「內購外結」盈利，另一方面國際炒家迅速行動，大規模做空人民幣。兩股力量合在一起，離岸人民幣市場更加動盪，迫使內地採取一輪又一輪調控措施，並直接面對國際炒家。

國際炒家（以歐美對沖基金為代表）並沒有對人民幣的真實需求，不可能用跨境貿易來搭橋，只能利用各種金融工具，在不同的金融市場上構建連環套利機制。離岸人民幣市場經過幾年發展，外匯交易量膨脹，即遠期及衍生產品都有較大發展，資金市場拆借及互換日趨活躍，為國際炒家提供了一定的便利。另一方面，在人民幣被納入特別提款權（SDR）籃子貨幣的同時，內地加快了匯率形成機制的市場化改革，無論是離岸市場還是在岸市場，人民幣匯率變化開始呈現一種國際貨幣雙向波動的基本態勢。其他境內外條件悄然發生變化——美聯儲加息，歐、日進一步「量寬」，新興市場貨幣大幅貶值；中國經濟增長放緩，人民幣匯率雖開始轉弱，但市場認為貶值壓力尚未完全釋放出來。「8‧11」內地主動調整中間價，引發市場過度反應，國際炒家認為時機成熟，大手展開連環套利行動。

最典型的連環套利是，在即期市場上借貨拋空，再在遠期市場趁低吸納，不斷重複同一操作，將離岸人民幣市場當作「提款機」。在境外市場，當一家金融機構需要某一種貨幣的短期頭寸時，通常做法有兩種，一種是從同業市場拆入，另一種是用其他貨幣互換。對沖基金主要向外資銀行借入人民幣，外資銀行又從市場拆入人民幣，從而令對沖基金獲得做空人民幣的彈藥。「8‧11」後，對沖基金在即期市場大量拋售人民幣，並買入遠期人民幣，鎖定收益（見圖四）。由於遠期人民幣貶值更快，遠期合約點差遠大於即期點差，對沖基金即期拋售、遠期買入，成為穩賺不賠的生意。

一些市場數據亦可佐證這種連環套利。2015 年 8 月份香港市場人民幣

即遠期市場套利示意圖

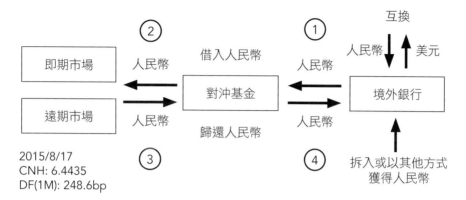

2015/8/17
CNH: 6.4435
DF(1M): 248.6bp

拆借量暴增，而人民幣遠期買入增長明顯快於賣出，遠期未平倉淨額（淨買入）環比亦大幅增加[1]。觀察更遠一段時間的合約變化，2015 年第二季月均遠期買入量比 2014 年第三季增加 2.2 萬億港元，遠大於同期月均賣出量 1.9 萬億港元的增幅，月均淨買入 3,000 多億港元，顯示對沖基金可能於 2014 年底就有所部署。

另一個連環套利是，在即期市場做空人民幣的同時，部署「價外期權」套利。《華爾街日報》披露，2015 年 8 月之前，就有對沖基金開始購買看跌期權，建立了大量名義上看跌人民幣的空頭頭寸。路透社亦報導，2015 年 9 月，一些對沖基金不斷增加「低 delta」的期權，在 CNH 達到 8.0 的水平「有大量布倉」，「在 7.2 至 7.6 有多個期權執行價」。按報導，鮮有對沖基金預期 CNH 年內貶值一成，為什麼還要對賭貶值一至兩成的期權？

1　採用香港金管局外匯頭寸「其他外幣」遠期合約數據。因美元、歐元、日圓、英鎊、加拿大元及瑞士法郎有單獨統計，估計「其他外幣」以人民幣佔大部分，可作為參考數據。統計單位是港元。

這與「價外期權」的操作有關。根據基本原理，期權價格（期權金）＝內在價值＋時間價值。買入看跌期權，當 CNH 低於約定的執行價格時，履約時能夠獲利，即有「內在價值」，或是「價內期權」。如果執行價格明顯偏低，CNH 不太可能跌破執行價格時，就成了「價外期權」，但還有時間價值。推高期權價格的方法，一是盡量延長合約時間，獲得更多時間價值，二是在即期市場做空人民幣，令市場相信 CNH 到期日會低過執行價格。此外，利用「價外期權」的低 delta 以小博大。Delta（對沖率）＝期權金變動／CNH 變動，執行價格定得越低，「價外期權」的 delta 越接近零，而期權金越低，未來上升空間就越大。當 CNH 加快貶值，期權價格上升，甚至「價外」變成「價內」，便可獲利（見圖五）。因此，所謂「價外期權」套利，也是通過操控即期市場實現的。

從以上兩個典型案例不難發現，國際炒家連環套利的核心環節是操控即期市場，而它們能夠不斷做空人民幣，是由於能夠連續獲得足夠的人民

圖五

價外期權操作示意圖

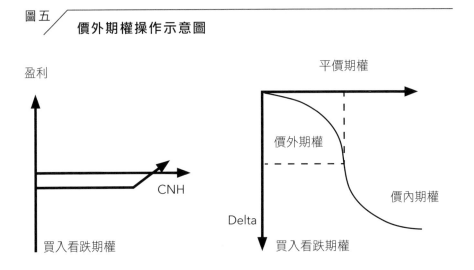

幣資金。根據媒體報導，人行應對國際炒家做空人民幣主要在兩個方向展開。第一個方向是，切斷國際炒家的資金來源，甚至不惜推高離岸人民幣資金價格，令其知難而退。例如，暫停境外機構在境內銀行間債券市場回購業務及代理行對參加行的帳戶融資、嚴控跨境人民幣資金池淨流出、對境外參加行在境內代理行及清算行的存款執行正常存款準備金率等，一度令 CNH 隔夜拆息飆升至 80 厘的水準。第二個方向是，在即期市場不斷買入人民幣，令 CNH 保持階段性穩定，拆除國際炒家的連環套。至 2016 年春節前，CNH 未出現崩盤式貶值，只比「8．11」前一日貶值 6.5%，並在幾次急跌中能夠迅速反彈，未讓國際炒家輕易得逞。

抑制做空人民幣有較大難度，原因是多方面的。外部，美元指數居高不下，新興市場貨幣急跌，歐日央行實施負利率，令人民幣保持穩定不容易，而國際炒家仍可借助各種突發性事件發起「偷襲」。內部調控本身亦面臨一些難點。境外市場對人民幣實際需求有限，境外銀行將大部分人民幣擺佈到境內市場，如購買債券或存入代理行同業帳戶，一旦境外流動性抽緊，則會立即將資金調回。此外，假設離岸拆息上升，但若國際炒家在遠期及期權市場預期回報更高，還是會敢冒險承擔較高成本與內地抗衡。況且，在一些著名炒家煽動下，有更多境內外炒家入市接盤來分擔風險。因此，只有維持 CNH 穩定，並令大多數市場人士相信內地確有能力保持人民幣穩定，真正令國際炒家在遠期及期權市場嚴重蝕本，才能最終達到調控目標。

三 ／ 離岸市場後續發展的探討

如何在離岸市場調控中佔據有利位置，對內地來說是一個有意義的課題。IMF 接納人民幣為 SDR 籃子貨幣，確認了人民幣國際貨幣的地位後，人民幣將與歐美貨幣一樣不斷接受市場洗禮。「8．11」後 CNH 的變化只

是今後進一步融入全球金融市場的序幕。

首先要探討的是市場調控的基本目標。匯率是各國宏觀調控的手段之一，不少國家央行都在外匯市場上操作（甚至公開交易額），令匯率變化符合宏觀調控的要求。筆者認為，無論是從國內經濟長遠發展，還是從推動人民幣國際化看，保持人民幣是一種較強勢的貨幣，至少維持相對穩定是最理想的。即使人民幣有貶值壓力，但還是應以弱中趨穩為優先考慮。歷史經驗證明，市場是不理性的。新興市場貨幣調控不力，只會引發更大幅度貶值。俄羅斯、巴西及南非貨幣貶值幅度就曾經高達四至六成。

其次是調控的複雜性及艱巨性。對沖基金過去做空幾種貨幣的方式都不盡相同，CNH 置身於境外市場，不斷演變出新的產品組合，可供國際炒家做空的手段會層出不窮。有的還具有一定隱蔽性，防範起來較難。調控的困難還在於，一方面要糾正國際炒家扭曲市場，另一方面還要繼續促進人民幣國際使用。如何協調兩個目標，同樣具有挑戰性。

最後是調控手段有待進一步完善及提升。觀察市場動向，歐美主流報章、對沖基金頭面人物及其他市場人士不斷唱衰人民幣，內地聲音及人行調控反而顯得單薄。特別值得注意的是，隨著人民幣外匯交易量膨脹，中資做市商的整體市場佔比未能相應提升，對內地調控相當不利。若內地能更清晰地表明調控目標，讓更多境內機構參與境外市場交易，形成正面套利，相信會促使 CNH 回穩。而當遇到春節等特殊交易時段，當歐美做市商主導市場時，要防範國際炒家偷襲，也需要更多境內機構的積極參與。

香港人民幣拆息
為何大幅波動？

花　鋒（中銀香港發展規劃部高級策略員）

2016 年 1 月 12 日，人民幣香港銀行同業拆息定價（CNH HIBOR Fixing）飆升至歷史最高的 66.815%，其後迅速回落至 2% 以下的水平並持續了一個月的時間；在 2 月 19 日前後經歷了五至六天的走升、最高至 9.265% 後，又回復平穩。為何香港人民幣拆息呈現如此大的波動性？本文將對此進行分析。

一／香港人民幣拆借業務發展由來

香港銀行間的人民幣拆借業務，始於 2009 年 7 月跨境貿易人民幣結算政策，清算行可為參加行辦理拆借。雖然當時香港的人民幣存款總額不足 600 億元，但由於參加行的人民幣資金除了投資尚處於起步階段的點心債市場之外，並沒有其他用途，主要存放於清算行帳戶，因此參加行並不缺人民幣流動性，只有零星的拆借交易發生。

2010 年 2 月份金管局公佈人民幣業務詮釋,參加行之間可以按照香港常用的銀行慣例與規定辦理本地人民幣業務。7 月份人民銀行與中銀香港修訂人民幣清算協議,允許帳戶之間人民幣轉帳。拆借由清算行和參加行之間擴展到參加行之間相互拆借。參加行也開始為企業客戶發放人民幣貸款,隨著點心債市場的成長和三類機構(境外中央銀行或貨幣當局、境外人民幣清算行和境外參加行)投資境內銀行間債券市場政策的開放,境外人民幣資金出路逐漸增加。同時,香港金管局也逐漸放開,直至 2013 年 4 月取消對參加行人民幣資金特別的流動性監管要求,參加行可按與其他貨幣相同的方式自由使用人民幣資金,可自行決定在清算行的留存結餘,香港銀行間人民幣拆借市場逐漸成長起來。香港財資市場公會(TMA)從 2013 年 6 月 24 日開始,每個工作日發佈隔夜至一年期的 CNH HIBOR Fixing。

香港銀行間拆借市場是場外交易(OTC 交易),沒有官方或權威機構統計和發佈交易量數據。目前僅有記錄可查的是 2013 年香港財資市場公會公佈的數據:2013 年 4 月人民幣拆借每月成交量約 230 億美元(日均約 12 億美元)。人民幣拆借量與港元拆借量比較,由 2011 年 9 月的 5% 顯著增至 2013 年的 45%。由於港幣的拆借量相對比較穩定,可以推算人民幣拆借量在 2011 年 9 月至 2013 年 4 月期間增長了八至九倍。隨著離岸人民幣市場規模的擴大和業務內涵日漸豐富,拆借業務量總體上呈快速增長態勢。估算 2015 年日均交易量已達到約 80 億美元的規模,其中約八成是隔夜交易。

與內地市場相似的是,拆借並非香港銀行間獲取人民幣流動性的最主要渠道。內地銀行同業主要通過回購獲取流動性,2015 年內地銀行間市場拆借交易額 5.7 萬億元,回購交易額(質押式+買斷式)47.6 萬億元,是拆借的八倍多。原因在於有抵押的回購交易比信用拆借更少佔用同業額度,而且內地有較成熟的銀行間債券市場。在香港市場,人民幣外匯交易

較債券交易活躍，銀行間主要以美元和人民幣掉期（swap）獲取人民幣流動性，交易量數倍於拆借。由於 swap 隱含利率與拆息基本相同，且拆息有 CNH HIBOR Fixing 的「官方」數據可供查詢，因此本文以拆息來分析香港銀行間的人民幣利率變動。

二 / 引起香港人民幣拆息波動的主要因素

對比離岸和在岸拆息，我們發現，在拆借業務開始後很長一段時期，香港市場的人民幣拆息波動性較小，且價格水平低於內地拆息。變化出現在 2014 年 5 月之後，香港市場的人民幣拆息不再跟隨內地市場，波動幅度明顯加大（見圖一）。

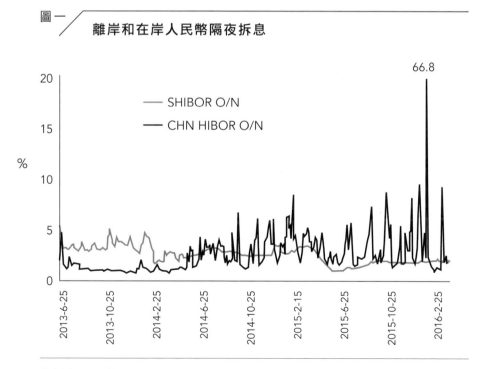

圖一 / 離岸和在岸人民幣隔夜拆息

66.8

—— SHIBOR O/N
—— CHN HIBOR O/N

%

資料來源：路透

香港人民幣拆息走勢發生變化，是以下幾個因素綜合作用的結果：

1 ／ 人民幣存款增速迎來拐點，資金池規模出現階段性萎縮

人民幣匯率在 2014 年 2 至 4 月間呈貶值走勢，受此影響，香港人民幣存款餘額由 2014 年 4 月底的 9,599 億元，下跌到 5 月底的 9,558、6 月底的 9,259 億元。其後人民幣匯率結束了單邊升值的走勢，或雙向波動、或階段性貶值。相應地，香港的人民幣存款也不再保持一貫的較快增長勢頭，增速減緩，亦出現階段性的負增長。一些跨境互聯互通項目的實施，也帶動了資金在兩地間的流動。以 2014 年開通的滬港通為例，在開通初期，北上投資滬股的熱情明顯高於南下投資港股，通過此渠道，最高峰時累計有近 830 億人民幣淨流入內地。人民幣資金面開始趨緊，香港的銀行業也開始以超過 3 厘的高息爭搶人民幣存款，銀行的資金成本因而節節攀升（見圖二）。

圖二／ **香港人民幣存款（億元／人民幣）**

資料來源：香港金管局

2 ／ 資金用途增加，銀行體系結餘資金減少

在資金面趨緊的同時，人民幣資金的投放渠道越來越多：人行不斷開放境外機構投資境內債券市場的政策限制；2014 年點心債的發行量達到歷史最高的 2,018 億元，是 2013 年發行量的 1.73 倍；人民幣貸款加快增長，餘額由 2013 年底的 1,156 億元增加到 2014 年底的 1,876 億元、2015 年 11 月底的 2,976 億元，而之前年度人民幣貸款餘額增長從未超過 500 億元。在資金使用渠道越多、越自由的情況下，銀行為達到收益最大化，保留的結餘資金也越少，出現短期資金缺口的機會也越大，對拆借資金的需求增加，引起拆息的波動性。

3 ／ 人民幣清算量快速增長，銀行流動性管理難度增加

伴隨著離岸人民幣各項業務的發展，人民幣即時支付結算系統（RTGS）清算量一直保持較快的增長速度，2013 年月均清算量 6.7 萬億元，2014 年月均 14.2 萬億元，上升了一個數量級，2015 年進一步增加到月均 18.2 萬億元。以金額計，人民幣 RTGS 清算量已超過港幣 RTGS 月均約 14 萬億元的水平。清算量快速增長而銀行體系結餘的人民幣流動資金沒有相應提升，增加了銀行流動性管理難度和複雜性。

4 ／ 市場心理變化和恐慌情緒傳染

香港人民幣拆借市場有兩個特點：一是資金分佈不均，人民幣資金主要集中在幾家大行，有能力拆出資金的銀行不多，眾多中小銀行主要扮演資金需求方的角色；二是 OTC 交易機制下任何一家銀行都不掌握市場整體情況，信息不對稱容易產生市場誤判。因此，我們常常能看到這樣的情形：一兩家銀行經過幾輪詢價未找到資金來源後，大幅提高報價，引起其他銀行的連鎖反應，造成市場情緒傳染和莫名恐慌；當有銀行拆出資金後，拆息顯著下降。所以市場上常出現拆息上午飆升、下午回落的情景。

三 / 細解 2016 年初拆息飆升

　　2016 年以來香港市場人民幣拆息的變化，既有上述幾方面的因素，也有一些特殊背景。首先是資金池進一步收縮。2016 年 1 月香港人民幣存款比 2015 年 8 月份匯改之前跌去 1,420 億元，金管局表示，部分銀行的人民幣存款在 2016 年 2 月更錄得「較顯著的跌幅」。同時，人行自 2015 年 12 月陸續採取措施嚴控境內資金流出，離岸市場失去了原有的流動性補充渠道。市場傳言，人民銀行在離岸買入人民幣，通過抽乾離岸流動性，增加沽空成本，打擊人民幣空頭。各種因素累積的結果在 2016 年 1 月 12 日集中爆發，隔夜拆息定盤價飆升至 66.8 厘、實際成交有超過 100 厘的情況。

　　為應對 1 月 12 日的市場變化，香港的銀行通過各種渠道調集流動資金，隨後三天的隔夜拆息快速回落（8.31%、3.6%、2.1%）。1 月 17 日人行公佈將對境外人民幣同業存款徵收存款準備金，境外銀行大量從境內抽調資金出境。因此，雖然 1 月 25 日徵收準備金凍結了一部分資金，但市場上的人民幣流動性卻較之前充裕，拆借交易開始趨向淡靜。春節過後，1 月 12 日拆息飆升和準備金政策的影響減弱，加之對資金收益的要求，之前調出的資金逐漸回歸正常用途，但拆借交易量仍較少，拆息大體保持平穩。

　　1 月 12 日和 2 月 20 日前後人民幣拆息的兩次波動，可能與 CNH 外匯交易量變化帶來的資金交割有關。標準的外匯即期交易（spot）是 T+2 交割，即 T 日成交，兩個工作日後交割資金。參照路透提供的美元兌離岸人民幣（USDCNH）即期交易數據[1]，我們觀察到，1 月 6 至 7 日 USDCNH 成交量較之前大幅增加，人民幣賣出方需要在 1 月 8 日和 11 日交割資金（1 月 9 日和 10 日非工作日），相應的隔夜 CNH 拆息在 1 月 8 日由前一日的

---

[1]　路透的 USDCNH 即期交易數據僅包含通過路透交易終端成交的業務量，並非市場全部成交量，但大致可以反映市場成交量走勢。

2.1% 上漲到 4.0%，11 日拉高到 13.396%，是 12 日市場行情的前奏。同樣的，春節假期前後至 2 月 15 日 USDCNH 交易量較大，多日資金交割累積的結果帶來 CNH 拆息自 2 月 17 日開始攀升，並在 19 日達到 9.265%。之後，USDCNH 即期交易轉淡，拆息回穩（見圖三）。

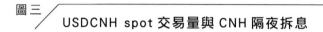
圖三　USDCNH spot 交易量與 CNH 隔夜拆息

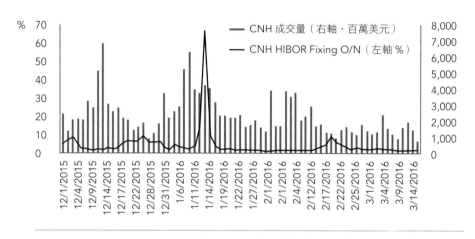

資料來源：路透

2014 年 5 月之後香港人民幣拆息波動，既緣於資金池總體規模不足，也是市場各項交易活躍度提升，對人民幣資金需求增加的反應。之後拆息保持平穩狀態的背後是市場各項交易趨向淡靜。從這個意義上說，拆息的「適當」波動是離岸市場發展狀態的正面信號。觀察離岸人民幣市場的發展走向，除了匯率之外，拆息（利率）的走勢變化也是一項重要指標。⊕

人民幣在岸和離岸匯率關係探討

葉允平（中銀香港資產管理公司資深產品經理）

2015 年 8 月 11 日人民幣中間價形成機制調整和人民幣顯著貶值之後，即期人民幣匯率離岸價格（CNH）和在岸價格（CNY）明顯拉開，當月盤中差價一度超過 2,000 點；其後的一段時間裏，在岸和離岸匯率的波動顯著加大，兩地即期匯率差價也數次超出 1,000 點。這種情況引起了市場人士的關注。作為金融業從業人員，筆者擬根據過去幾年的工作經歷和觀察，對 CNY 和 CNH 價格的關係做出分析供各位參考。

一 / CNH 市場形成的背景

2009 年 7 月人民銀行公佈跨境人民幣貿易結算試點辦法之後，香港的人民幣參加行可以為人民幣跨境貨物貿易產生的頭寸，到香港的人民幣清算行即中銀香港，以在岸價格（CNY 匯率）進行平盤。當時，監管上對參加行的要求是跨境貿易項下的頭寸基本上每日經人民幣清算行平盤，人民幣參加行日終幾乎沒有任何人民幣的頭寸。香港人民幣參加行之間也沒

有人民幣買賣交易。因此當時人民幣參加行除了和清算行平盤外，基本上不存在同業間的人民幣買賣交易。

2010 年 7 月，人民銀行和中銀香港簽訂了新的清算協議，在新的清算協議的框架之下，各家人民幣參加行由於跨境人民幣結算產生的人民幣頭寸，既可以像新的清算協議簽訂之前那樣，以在岸價格和清算行平盤；另外，若有需要，也可以保留有關頭寸。這些保留下來的頭寸，當時普遍被稱為「策略盤」。參加行不僅可以用策略盤和客戶進行人民幣買賣，還可以和同業進行人民幣的買賣交易，而且這些交易不需要提供任何貿易單據。而正是由於同業間的人民幣買賣行為不一定具有跨境貿易背景，這些同業間的策略盤交易不可以通過在岸價格和清算行平盤。2010 年 8 月，這些策略盤交易逐步在香港形成了新的市場（離岸人民幣交易市場，現在稱 CNH 市場，其中「H」原本代表「Hong Kong」，但是現在普遍為各離岸市場通用）以及新的價格（即 CNH 價格）。而這個市場的參與機構，也逐步擴大，商業銀行、投資銀行、企業、各類非銀行金融機構等都是這個市場的重要參與者。

和在岸 CNY 市場不同的是，CNH 市場的價格變化不受人民銀行的中間價格和每日浮動的上下限所限制。在 2010 年 8 月形成 CNH 市場以來，CNH 市場和 CNY 市場有著明顯的互動，也有明顯的特徵。以下筆者就人民幣離岸和在岸匯率的變化做一個簡單的回顧。

二 ／ 離岸在岸匯率變化情況和匯率差價變動的原因

從圖一我們可以看到，雖然大部分時間兩者的差別比較小（300 點子之下）。但是也曾出現過幾次 CNH 短暫大幅偏離 CNY 的時期：

第一次出現在 2010 年 10 月份。當時 CNH 市場剛剛開始形成，香港各家銀行在人民幣頭寸基本為零的情況下，大部分都加緊於離岸市場上以

CNY 和 CNH 匯價變化（2010 年 8 月 23 日至 2016 年 10 月 31 日）

資料來源：彭博、中銀香港

CNH 匯率買入人民幣，為將來的人民幣業務做準備。由於 2010 年 10 月整個香港的人民幣市場存款才 2,000 多億元，盤子很小，這些銀行的買入需求很快導致離岸人民幣市場上的人民幣價格上揚。2010 年 10 月 19 日，CNH 報 6.4745，而 CNY 報 6.6520，價差達 1,775 點子。

第二次 CNH 匯率大幅偏離 CNY 匯率的情況出現在 2011 年 9 月底至 10 月初，這次 CNH 則是從另一個方向大幅偏離。當時南歐國家債務問題引發了歐債危機，國際資本紛紛買入美元、購買美元資產來避險，導致美元對所有新興市場國家的貨幣都明顯升值，美元對人民幣也大幅升值。

相比在岸市場，人民幣在離岸市場上貶值幅度更大。2011 年 9 月 25 日，CNH 報 6.5120，CNY 報 6.3888，價差達 1,240 點子。那幾天盤中差價最高超過 1,600 點子。

第三次即 2015 年 8 月 11 日匯改後的一個多月的時間。由於人民幣中間匯率形成機制調整，以及市場對中國經濟增速放緩的憂慮，使人民幣在 CNH 市場短期內有較大的沽壓。市場對美元即將進入加息週期的預期也使美元走勢堅挺。2015 年 8 月份盤中差價一度超過 2,000 點，9 月份仍多次出現差價超過 1,000 點的情況（即人民幣在 CNH 市場貶值幅度更大）。

第四次是在 2015 年 12 月中旬到 2016 年 1 月初。美國聯儲局在 2015 年 12 月中旬宣佈自 2006 年以來首次加息後，其公開市場委員會曾進一步暗示可能在 2016 年加息四次。其預測的加息步伐大大超出當時市場預期，導致美元持續走強，人民幣貶值預期加大。相比起在岸市場，離岸市場上人民幣沽壓更加嚴重，貶值幅度更大，導致 CNH 和 CNY 差價進一步拉開。

綜上所述，可見 CNH 幾次較大程度偏離 CNY，其影響因素均不同：第一次主要是香港市場建設因素，即香港內部 CNH 市場建立初期，供求關係急劇變化而引起；第二次主要是外部因素，即由國際金融市場危機（歐債）導致對新興貨幣價值的憂慮而引起；第三次則是「8‧11」匯改後內外部各種因素疊加的結果；第四次則主要是美國加息預期變化的影響。

分析離岸人民幣匯率 CNH 誕生後頭六年的交易情況，可發現 CNH 和 CNY 的價格互動呈兩個明顯的特點：1、雖然 CNH 價格有時也會成為在岸市場人士的參考指標之一，CNH 基本上還是主要受 CNY 影響，即人民幣匯率主要還是由人民銀行的中間價以及在岸 CNY 匯率引導，而且大部分時間，CNH 和 CNY 的價格差別不大；2、當有較大的金融風險衝擊，或者市場供求關係出現劇烈變化時，CNH 有時會大幅偏離 CNY，而且 CNH 的波動明顯比 CNY 大。具體而言，當市場出現較強的人民幣貶值預期時，人民幣在 CNH 市場的貶值幅度往往比 CNY 更大；相反，市場上有較強的

人民幣升值預期時，人民幣在 CNH 市場升值的幅度也往往比 CNY 大。

　　是什麼原因導致以下情況呢？從根本來說，人民幣在資本項下沒有完全開放，在岸和離岸市場是有一定程度分割的兩個市場，因此兩個市場上的供求平衡會不一致，這是根本的原因。當然，我們從更具體的角度看，還有以下幾個主要的因素：

　　首先，市場規模不同。目前中國內地市場人民幣總存款約為 130 萬億元，而離岸市場（包括香港和其他境外市場）人民幣存款估計只有約 2 萬億元。如果把在岸市場比作大海，那麼離岸市場只能算是一個湖。在岸市場容量大、流動性高，當然經受衝擊、保持穩定的能力也就更強。

　　其次，交易主體不同。在岸市場有大量的企業因日常經營和貿易需要，有大量的結售匯的需求，而且這些需要有企業活動的實需作為基礎。由於國內市場機制未完全開放，國際大型對沖基金不可能將在岸市場作為人民幣相關外匯交易的主要渠道。相比起在岸市場，離岸市場上的參與主體，除了企業、銀行以外，還有更多的國際性對沖基金、共同基金、國際投行、私募股權基金和其他的大型機構。這些機構的不少交易都和實體經濟沒有直接關係，其目的主要是通過短期的交易來獲取利潤。這些不是以實需為基礎的交易，其買賣的基礎很大程度是對人民幣走勢的預期，這些機構可能隨時改變倉位。當市場情況變化，導致他們調整倉位時，對 CNH 價格的影響就立竿見影。

　　第三，交易機制不同。離岸市場上的交易較少管制，對人民幣升值或貶值的預期很快會反映到離岸匯價上來。在市場出現較大波動時，在香港和倫敦這樣的市場，資金流入流出比較容易，因投資者「避險」需求買入美元、或者撤走資金（即市場人士常講的「flight to quality」）等原因受到外界衝擊的可能性也就更大，這些行為對離岸市場的匯價有較大的衝擊。對於在岸市場，如前文所述，有人行的中間價格指導，也有交易區間的限制（雖然上下限其實很少觸及），價格波動則相對較溫和。

三 / 在岸和離岸匯率變化將何去何從？

筆者曾在 2015 年 9 月初，CNH 大幅偏離 CNY 的時候撰文分析離岸和在岸匯率的關係，並預測當時 CNH 和 CNY 大幅偏離的現象會在其後兩個月內隨著市場將有關的負面消息消化之後而逐步改善，差價將逐步收窄，但同時指出金融市場有較大衝擊時差價可能再度大幅偏離。其後人民幣離岸和在岸即期匯率差價確實在 2015 年 10 月份逐步收窄，到了 11 月初已經收窄至 200 點子以內。但在 12 月對美元加息預期的變化引起了金融市場的較大衝擊，差價再度拉大。

筆者認為，除非兩地市場實現高度互通，且人民幣資金進出中國內地基本沒有管制，否則在岸和離岸市場規模的不同、交易主體的不同，和交易機制的不同，會使在岸和離岸市場的人民幣資金仍然有不同的供求關係，並可能導致在未來幾年都延續「平時在岸離岸匯價差別不大，但金融市場動盪時期可能短暫大幅偏離」這樣的規律。換言之，將來如歐債再次出現反覆、美國貨幣政策大幅調整、新興市場出現動盪，或中國經濟發展出現較大波動時，均有可能使兩地匯價差短暫地大幅擴大。在人民幣資本帳戶開放之前，這種情況可能很難完全消除。

但是，從中長期看，隨著中國資本帳戶開放程度的擴大、在岸市場和離岸市場加強互通，兩地間的匯率差應該會逐步縮小。具體而言，以下幾項措施，估計有助於加速這個過程：

首先，通過設立機制或者逐步開放有關的限制，在可控的範圍內，逐步、有序地加強在岸和離岸市場的互通。實際上，人行於「8‧11」前後推出的一系列政策，已經很大程度加強了兩個市場的互通。這包括放開境外央行和主權基金等大型金融機構投資中國內地銀行間債券市場的額度限制，鼓勵更多的國際投資者參與境內債券市場；2015 年 8 月 18 日，人行還下發了《中國人民銀行關於拓寬人民幣購售業務範圍的通知》，允許境

內人民幣代理行、境外人民幣清算行以及境外人民幣參加行為貨物貿易、服務貿易，和直接投資項下的跨境人民幣結算需求辦理人民幣購售業務，交易品種包括即期、遠期和掉期交易。這些政策，都將逐步增強在岸和離岸市場的互動，長遠來看對有效縮小兩個市場的匯率差有積極作用。

還有進一步培育離岸人民幣市場，增強其流動性和承受金融衝擊的能力。離岸人民幣資金池估計不到 2 萬億元。2015 年以後，香港、新加坡、台灣等主要離岸市場人民幣資金池有所收縮，離岸人民幣同業拆借價格曾幾度大幅抽高，反映了離岸人民幣資金池仍然缺乏足夠的深度，離岸人民幣流動性偶爾會出現緊張。監管機構已經採取了不少培育市場的措施，例如香港金管局 2014 年底開始為參加行提供人民幣日間回購服務，為市場注入了新的流動性支持。但是由於離岸市場發展時間仍然較短，總體流動性仍然有待提升。另一方面，離岸人民幣交易（包括即期、遠期和掉期）發展則較為迅速。無論是參與機構、產品種類、交易量等方面，較幾年前都有了長足的發展。這些主要外匯交易產品的流動性改善後，對市場參與機構持有和交易人民幣頭寸的信心會有正面的幫助，也有利於擴大離岸市場的深度和抵抗市場衝擊的能力。

最後，進一步加強對市場的信息引導，幫助境內外市場對人民幣匯率走勢形成較合理的預期。外匯市場受全球各種各樣的因素影響，因此即使是發達國家的貨幣，也很難避免偶爾會出現大幅度的波動。而當衝擊來自貨幣發行國之外的地方時，其影響更加難以控制。所以即使在市場機制比較完善、經濟發展比較穩定的國家，要維持其貨幣匯率在一個比較穩定的水平也非易事，對像中國這樣的發展中國家來說當然更加困難。儘管如此，監管機構仍可通過加強對市場的引導，增強政策透明度，來幫助市場人士形成更加合理的預期，降低離岸和在岸價格出現大幅偏離的可能性。⊕

離岸市場人民幣匯率對利率的影響評析

...........ıllıll

花　鋒（中銀香港發展規劃部高級策略員）

2014 年 11 月之後，離岸市場人民幣對美元匯率（CNH）經歷了一段持續的貶值走勢，同時離岸人民幣拆息也大幅波動，資金成本顯著上升。離岸市場人民幣利率的波動及升高與匯率貶值之間是否存在因果關係，以及如何發生作用，本文將對此進行分析。

一／離岸市場不同資金獲取方式對人民幣利率的影響

利率為資金需求方在獲取資金時支付的成本，因此要回答前面的問題，首先有必要梳理離岸市場人民幣資金的獲取渠道及各種渠道對利率的影響。

不同於內地市場主體以回購（repo）和拆借為獲得流動性的主要渠道，目前離岸市場主體主要有三種方式來獲取人民幣流動性：貨幣掉期（CNH swap）、同業拆借和貨幣利率交叉互換（CNH Cross Currency Swap, CCS）。三種方式對離岸市場人民幣利率的影響各不相同：

貨幣掉期（CNH swap）是以外匯（主要是美元）與人民幣進行掉期，相當於是以美元為抵押來獲取人民幣的融資方式。目前人民幣貨幣掉期市場日均交易量可超過 200 億美元，遠超過拆借交易量（約 50 至 80 億美元/日），是離岸主體獲得人民幣流動性的主要渠道。貨幣掉期交易所隱含的人民幣資金價格（CNH Implied Yield）也成為離岸市場人民幣的「指標」利率。

　　同業拆借需要資金拆出方預先授予資金拆入方授信額度，由於是無抵押的信用借貸，對參與機構的資質有一定要求，也限制了能夠拆借的資金規模，總體交易不如貨幣掉期活躍。而離岸市場同業在拆借交易報價時，也主要是參考當時對應期限的隱含人民幣資金價格。因此離岸市場人民幣資金的價格變動，會率先反應在隱含人民幣資金價格上，再傳導到同業拆息。人民幣資金價格與人民幣香港銀行同業拆息定價（CNH HIBOR Fixing）的走勢高度一致，但後者僅為每天公佈一次的定盤價，並不能完全反應市場實際成交情況，波動性較小（見圖一）。

圖一　CNH SWAP 價格與離岸人民幣拆息定盤價

資料來源：彭博、中銀香港

貨幣利率交叉互換（CNH CCS）與貨幣掉期一樣，是以外匯為抵押來獲得人民幣，二者的區別在於：第一、交易結構不同，如 CCS 交易過程中有定期的利率互換，而貨幣掉期只在交易到期時做本金利息交換；第二、期限不同，CCS 期限主要在一年以上，對離岸人民幣利率曲線的影響主要體現在中長端，而貨幣掉期期限一般在一年之內，體現短期利率水平；第三、交易規模不同，CCS 日均交易量約為 8 億美元[1]，遠小於貨幣掉期的交易量。因此貨幣掉期是離岸人民幣利率尤其是短期利率的重要決定因素。

除了這三種方式外，香港金管局和香港清算行也通過回購向參加行提供一定額度內的人民幣資金。其中香港金管局回購利率為最近三日人民幣拆息定盤價的平均數加固定的點數（50 基點），香港清算行提供的日間回購為免息，亦即上述兩種回購交易並不產生新的資金價格，也不直接參與離岸市場人民幣利率的決定過程。當然，回購提供的資金可以通過緩解離岸市場人民幣流動性的緊張局面，平抑資金價格的快速上漲，從而對人民幣利率產生間接影響。

二／CNH 匯率對人民幣資金價格的影響

由於貨幣掉期是以美元抵押來獲取人民幣，人民幣資金價格除了受離岸市場人民幣自身流動性這個基本因素影響之外，還要受到美元因素的影響，包括：

---

[1] 離岸市場貨幣掉期、拆借、CNH CCS 均為場外交易（Over-the-counter, OTC 交易），並沒有權威機構對交易量進行正式統計，本文的交易量均為根據市場情況估算。

1 / 美元利率

美元利率升高，帶動離岸市場相關投資的收益率「水漲船高」，CNH借出方要求更高回報。2014年11月之後，倫敦銀行同業拆借利率（LIBOR）走高，也是人民幣資金價格攀升的因素之一。但二者走勢並非高度相關，說明還有其他更重要的因素在人民幣資金價格的決定過程中發揮作用（見圖二）。

圖二／

離岸人民幣利率與美元利率

資料來源：彭博、 中銀香港

2 / CNH 兌美元匯率是影響人民幣資金價格的主要因素

當人民幣兌美元貶值或有貶值預期時，貨幣掉期交易到期時歸還的人民幣相對於期初借入的人民幣「更不值錢」，因此 CNH 借入方需支付更多的代價（更高的利率）。從 2014 年 3 月以來，尤其是 2014 年 11 月之後 CNH 兌美元的匯率及人民幣資金價格走勢能看出，二者存在高度的一

致性：2014 年 11 月之後人民幣對兌美元貶值，是帶動人民幣資金價格趨高的主要因素；而 2015 年 3 月中旬後，人民幣對兌美元匯率由貶轉升，人民幣資金價格亦隨之走低（見圖三）。

圖三

CNH 匯率和 Implied Yield 1W 走勢

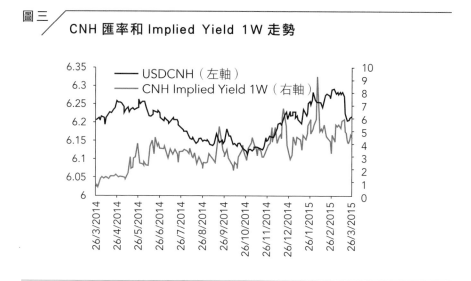

資料來源：彭博、 中銀香港

三 / CNH 匯率通過對離岸人民幣資金池的影響對利率發生作用

以上為 CNH 匯率在貨幣掉期交易層面對離岸人民幣利率產生影響的機制。在較為宏觀的層面，CNH 匯率變動還通過對離岸人民幣資金池的影響來對利率發生作用。

CNH 貶值走勢會引起離岸人民幣資金池減少。從 2009 年人民幣跨境

貿易結算啟動後，通過貿易渠道流出到海外的人民幣成為海外人民幣資金池增長的主要來源。當人民幣處於升值預期或走勢時，離岸主體在與內地進出口貿易時，傾向收人民幣而付外幣，從而促使海外人民幣資金池不斷擴大。但如果市場有人民幣貶值的預期，離岸主體則更傾向收外幣而付人民幣，這樣通過跨境貿易流出的人民幣會減少，甚至發生向內地的人民幣淨流入。與此同時，貶值預期下，離岸市場各方均傾向減少持有人民幣資產，增加人民幣負債。結果是離岸人民幣資金池減少而負債需求增加，從而改變了離岸人民幣資金供求的基本面，引起離岸人民幣流動性緊張，推高 CNH 利率。從歷史資料來看，從人民幣匯率開始持續貶值到香港人民幣存款出現負增長，大至有兩至三個月的時間差。

例如，2011 年 9 月，CNH 匯價急劇走貶，其後幾個月，雖然 CNH 匯率有所回升，但雙向波幅較大。香港的人民幣存款自 2011 年 12 月開始，出現了連續五個月負增長。這輪匯率波動，直至 2012 年 7 月方結束，人民幣匯價重拾升勢。相應的，香港的人民幣存款到 2012 年 10 月後，才開始恢復持續的正增長。

同樣，2014 年 2 月份人民幣開始呈貶值走勢，當年 5 月至 10 月，香港人民幣存款連續 6 個月負增長或慢增長；2014 年 11 月人民幣出現持續貶值，2015 年 1 月及 2 月份，香港人民幣存款分別比上月減少 221 億和 84 億元（見圖四）。在資金池減少的過程中，離岸市場資金價格波動性加大，拆息持續走高。

CNH 與 CNY 匯差也會導致資金流入內地，進而推高離岸市場人民幣利率。在 CNH 相對 CNY 貶值的情況下，會誘使跨境結算資金傾向於在香港購買人民幣，然後匯入內地購匯，以獲取無風險匯差。這種套利行為會引起部分人民幣資金回流內地，進一步加劇離岸市場人民幣流動性緊張局面，從而推高離岸利率。這種套利行為也會同時導致 CNH 匯率升值（買盤增多）和 CNY 匯率貶值（賣盤增多），縮窄兩地價差，套利空間減小。

CNH 匯率與香港人民幣存款餘額

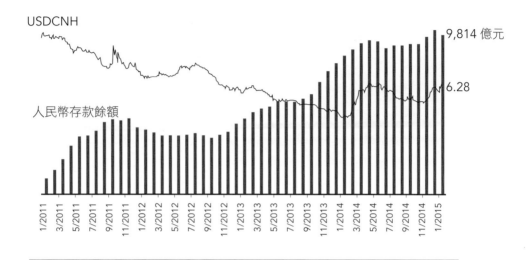

資料來源：彭博、 香港金管局

如果 CNY 已觸及內地外匯市場的「跌停板」，套利機制對兩地價差縮小的效果減弱，離岸人民幣會繼續流入內地，而離岸人民幣利率會出現較大幅上漲。

四 / 對離岸人民幣市場發展的幾點啟示

在離岸市場資金自由流動的環境下，隨著 CNH 市場各種利率、匯率衍生品的發展，利率平價機制在離岸人民幣價格決定機制中已發揮重要作用。因此人民幣匯率的相對穩定是維持離岸市場利率水平相對平穩，避免市場大起大落的前提之一，也是離岸市場整體健康發展的基礎之一。近期的一個典型例子是，受 CNH 利率高企的影響，2015 年開年後點心債發

行量明顯萎縮，前兩個月發行量不足 80 億元人民幣，僅為 2014 年同期的 20%。

在沒有外部流動性補充的情況下，離岸市場在人民幣貶值時利率會大幅走高且波動性加大。香港金管局和香港清算行已通過各自渠道為市場提供流動性補充。但隨著離岸市場規模的不斷壯大，還需要更多的渠道來滿足各種情況下市場對流動性的需求。因此可以考慮在現行機制的基礎上，拓寬對離岸市場的流動性補充手段，避免人民幣利率的劇烈波動，為離岸市場平穩健康發展提供保障；這樣也有利於兩地的利差和匯差保持在合理範圍，減少套利行為對內地市場的衝擊。

目前，由於離岸人民幣資金池規模有限，很容易因各種匯率利率套利行為造成波動，從而影響市場流動性和利率；同時，貨幣市場（拆借 ／ 回購）不如外匯交易市場（貨幣掉期）發達，同業拆借交易對利率決定的重要性弱於貨幣掉期。所以，從長遠來看，需要繼續開放人民幣的流出管道，豐富離岸市場的投資產品，完善人民幣在離岸市場的循環，從而穩定和擴大離岸人民幣資金池規模，使人民幣不再「稀缺」，市場主體更容易通過拆借或回購獲取人民幣資金，人民幣利率更多由資金供求情況決定。 ⊕

人民幣匯率指數和
兌美元匯率的互動

戴道華（中銀香港發展規劃部高級經濟研究員）

2015 年 12 月 11 日，中國外匯交易中心（CFETS）發佈了 CFETS 人民幣匯率指數，其主要考慮之一是推動市場觀察人民幣匯率的視角，從單一人民幣兌美元匯率轉變為參考一籃子貨幣，當時的背景是外匯市場對人民幣從之前數年兌美元的單邊升值預期，逆轉為單邊貶值。

一 ／ 走勢現分歧

CFETS 人民幣匯率指數貨幣籃子包括的是在中國外匯交易中心掛牌的直接與人民幣進行交易的 13 隻外幣。一般而言，匯率指數貨幣籃子中的貨幣越多，匯率指數的波幅就會越平緩，單一匯率的波幅往往大於一籃子貨幣。人民幣匯率指數不僅波幅相對較小，連方向也可以和人民幣兌美元匯率不同。

然而，外匯市場仍然聚焦於人民幣兌美元匯率之上，一來因為人民幣匯率指數當中給予美元的權重是該指數升還是跌的關鍵，而該權重的分配

並無公認的標準，每個匯率指數〔如國際清算銀行（BIS）和特別提款權（SDR）〕給予美元的權重都可以不一樣；二來從人民幣外匯交易的幣種來看，無論是在岸市場還是離岸市場，逾九成為兌美元交易；三來 CFETS 人民幣匯率指數並非可交易的。據此，就匯率穩定而言，穩定人民幣兌美元匯率的重要性不亞於 CFETS 匯率指數本身。

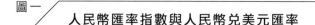

圖一　人民幣匯率指數與人民幣兌美元匯率

資料來源：彭博、中銀香港

從 2015 年 11 月 30 日有統計至 2016 年 10 月 28 日，CFETS 人民幣匯率指數持續走低，由升轉跌；人民幣兌美元匯率，期間整體溫和貶值，其走勢先跌後升再跌，雙向波動加大；當跌至新低後，市場信心有所動搖，顯示無論合理與否，市場仍以人民幣兌美元匯率為關注焦點之一。

CFETS 人民幣匯率指數每週公佈一次，其統計起點為 2015 年 11 月 30 日，當日也是該指數有統計以來的最高點，報 102.93，顯示人民幣兌一籃子貨幣升值 2.93%。之後該指數便拾級而下，儘管期間個別時間略有反彈，但幅度較小，之後恢復下跌。至 2016 年 10 月 28 日，指數報 94.15，顯示人民幣兌一籃子貨幣貶值 5.85%。如果從 2015 年 11 月 30 日的高位算起，高低之間的跌幅有 8.78%，以兌一籃子貨幣而言，變化幅度不算小，就算以人民幣兌美元雙邊匯率而言，這也是不小的幅度，因為從「8‧11」匯改算起至 2016 年 1 月 7 日，在岸市場匯率（CNY）累積貶值 5.8%，一度創下新低，市場當時充斥著不安情緒。

左右市場情緒的人民幣兌美元匯率，期間曾峰廻路轉，先是從 2015 年 11 月底到 2016 年 1 月 7 日承接之前的弱勢再貶值約 3.0%，後在積極的穩定措施之下見底回升，至 4 月 1 日反彈了 2.2%，把自 2015 年 11 月 30 日以來的累計貶幅收窄至 1.3%。如果與 2015 年年底水平相比，人民幣兌美元匯率還錄得小幅升值，打破了之前持續了約半年時間的單邊貶值預期。而且在 2 月底，人民銀行全面降準，之後人民幣兌美元匯率不僅沒有重新貶值，反而繼續走強，就顯示匯率穩定已經取得成效。另外，2015 年底、2016 年初有不少關於對沖基金看淡並做空人民幣的報導，到了 3 月份，隨著人民幣兌美元匯率的轉強，有關報導已轉為做空人民幣如何損手而回。不過，之後人民幣兌美元匯率重新走軟，至 6 月中跌穿了 1 月份的低位，至 10 月份跌至新低水平。

二 / 指數與兌美元匯率的互動

目前，CFETS 人民幣匯率指數貨幣籃子包括 13 隻外幣，其權重採用考慮轉口貿易因素的貿易加權法計算而得。由於中國是貿易大國，其貿易夥伴遠不止這 13 個經濟體，而且隨著中國外匯交易市場的發展和人民幣作為國際儲備貨幣地位的深化，可與人民幣進行直接交易的幣種會不斷增加。屆時，人民幣匯率指數貨幣籃子可以包含更多的貨幣。不過，由於目前的 13 隻外幣已包括全球最主要的儲備貨幣如美元、歐元、日圓、英鎊、瑞郎、加元、澳元等，加上相當於準美元的港元，其佔比加總超過八成，因此再加入新的小幣種相信對匯率指數走勢的影響應該不大。

全球編制和發佈本幣匯率指數的貨幣當局如美國聯儲局、歐洲央行、英倫銀行等的透明度極高，貨幣籃子構成、權重等均公諸於世，但它們沒有或沒有明確的匯率政策，不以本幣的匯率水平或匯率指數為目標，其匯率自由浮動，匯率指數僅具參考作用，BIS 和 SDR 匯率指數亦然。CFETS 人民幣匯率指數的透明度也同樣地高，其編制的初衷是讓市場焦點不再簡單聚焦於人民幣兌美元匯率之上，其實際應用程度顯著高於其他匯率指數，因為中間價的定價機制是收市價＋籃子匯率，而非僅供參考。

人民幣的匯率形成機制既非盯住美元，也非自由浮動，而是有管理的浮動匯率，在 CFETS 匯率指數推出後要加大參考該指數的力度，保持其基本穩定。這樣的參考機制在具體操作上會涉及引導市場測算，保持一籃子匯率穩定所要求的人民幣兌美元匯率水平，要求做市商在提供中間價報價時考慮穩定籃子（不僅僅是 CFETS 指數，還包括 BIS 和 SDR 指數）的需要，和央行在進行匯率調節時維護籃子穩定的策略。實施這種形成機制的結果，應是人民幣兌一籃子貨幣的匯率短期穩定性增加、兌美元的雙向波動加大。

接下來的問題便是從 2015 年 11 月底到 2016 年 10 月底，CFETS 人民

幣匯率指數累計從高位回落了 8.8%，從升值變為貶值，期間人民幣兌美元匯率亦整體貶值，但幅度為相對溫和的 6.0%，這又算不算是人民幣對一籃子貨幣維持穩定？（見表一）

表一 CFETS 人民幣匯率指數幣種構成及其變化

幣種	權重	人民幣雙邊匯率變化 （11/30/2015-10/28/2016）
USD/CNY	26.4%	-6.0%
EUR/CNY	21.4%	-10.2%
JPY/CNY	14.7%	-24.5%
HKD/CNY	6.6%	-5.9%
GBP/CNY	3.9%	14.3%
AUD/CNY	6.3%	-11.4%
NZD/CNY	0.7%	-15.3%
SGD/CNY	3.8%	-7.4%
CHF/CNY	1.5%	-10.3%
CAD/CNY	2.5%	-5.7%
CNY/MYR	4.7%	-7.6%
CNY/RUB	4.4%	-11.8%
CNY/THB	3.3%	-8.3%

資料來源：彭博、 中銀香港

從各具體貨幣而言，在這一段時間裏，人民幣雙邊匯率錄得升值的只有兌英鎊一隻貨幣，兌其他 12 隻貨幣皆錄得貶值。不過，貶值幅度小於指數本身的 8.8% 的計有美元、港元、新加坡元、加元、馬來西亞林吉特

和泰銖，六隻貨幣加起來的權重有 47.3%，接近一半，顯示期間人民幣兌貨幣籃子大多數貨幣錄得貶值，但兌貨幣籃子近半權重的貨幣其實是跑贏整個指數的，那麼 CFETS 指數本身的貶值源自人民幣兌貨幣籃子另外一半權重的貨幣貶幅更大之上。歸根結底，這部分與期間美元見頂回落、強勢減弱帶來的被動貶值有關。在這段期間，美元指數先是反覆回落，從略高於 100 的水平至 5 月初時一度降至 91.9，降幅超過 8 個百分點，之後在加息預期重新升溫下才重拾升軌，唯它兌歐元、日圓、瑞郎仍錄得不同程度貶值，人民幣兌美元則溫和貶值 6.0%，這一市場最關注的雙邊匯率可說是處於相對穩定的區間。

回到 CFETS 匯率指數本身，根據人民銀行的解畫，匯率穩定並非指該指數只能在圍繞 100 點的水平上下窄幅波動，而是指做市商在中間價報價時，要在前一天 CNY 收市價的基礎上，直接加上保持人民幣兌一籃子貨幣匯率 24 小時穩定所要求的人民幣兌美元雙邊匯率幅度調整來報價，而且做市商要參考的除了 CFETS 指數以外，還有 BIS 和 SDR 匯率指數。在實際操作當中，自 2016 年 1 月 7 日人民幣兌美元匯率見底以後，美元兌其他貨幣（美元指數）如果升值，要保持人民幣兌一籃子貨幣匯率相對穩定，人民幣兌美元匯率中間價就要在前一天收市價的基礎上貶值；反之，如果美元貶值，中間價就要升值。

這樣，人民幣兌美元中間價即使在市場當時仍有單邊貶值的預期下，仍避免了跟隨前一天收市價不斷下調、反過來增強了單邊貶值預期的被動局面，人民幣匯率無論是兌美元還是一籃子貨幣都逐漸回復穩定。另外，這一機制的重點是中間價報價要以一籃子匯率穩定為基礎，而並非一籃子匯率本身只能窄幅波動，因為如果 CFETS 本身只能窄幅波動的話，就意味著人民幣匯率要盯住或半盯住一籃子貨幣，那麼央行就可能要不時干預人民幣兌美元匯率來達到該目的，而這一做法有違增加人民幣匯率形成機制市場化程度的初衷。

三 / 可預測性減　市場化增

　　在這樣的機制之下，CFETS 匯率指數本身只需維持短期的穩定，累計可升可貶的幅度可以較為顯著；而人民幣兌美元匯率則同時取決於美元本身的走勢和維持 CFETS 指數短期穩定的需要，累計可升可貶的幅度也可以較為顯著。這樣一來，對於 CFETS 指數和人民幣兌美元匯率未來走勢的預測便增加了不確定性，以往單邊升值或貶值的預期要形成的難度增加，雖然各方都要適應這一發展，但這恰恰是人民幣匯率形成機制市場化程度增加的結果。

　　從匯市實際運作觀察所得，迄今市場對 CFETS 匯率指數變化的敏感度要比人民幣兌美元匯率為低，例如 CFETS 指數從 2015 年 11 月底下挫了 8.8%，但期間人民幣兌美元匯率貶值幅度為相對溫和的 6.0%，市場雖有憂慮，但沒有過度的反應；而從「8‧11」匯改至 2016 年 1 月 7 日，CNY 一度貶值達到 6.1%，市場就十分不安。這部分與市場參與者對人民幣匯率以往形成的習慣、對其波動的預期和準備皆不足有關。

　　根據彭博（Bloomberg）對一隻貨幣歷史波幅的簡單計算（量度該貨幣在過去一段時間從其平均值偏差的程度），人民幣兌美元匯率從過去 10 天到過去一年，其波幅都顯著小於其他主要貨幣如歐元、日圓、英鎊、瑞郎、加元、澳元等兌美元匯率的波幅，量度的時間越長，波幅的差別越大，其他主要貨幣的波幅可以數倍於人民幣，這便容易形成單邊預期，結果是 2015 年人民幣兌美元累計貶值 5、6 個百分點，市場便似承受不了。對此，市場參與者也需要作出調整，以適應人民幣匯率雙向波動以及波幅增加的未來發展形態。🌐

第四章 ——————————————

最新跨境人民幣
政策動向

香港企業如何把握
人民幣跨境使用的
新機遇

岳　毅（中銀香港副董事長兼總裁）

（2016 年 1 月 22 日中華總商會「中總論壇」演講稿）

非常高興受邀參加由中華總商會主辦的「2016 中總論壇」，與各位企業界朋友面對面交流。下面，我就人民幣國際化專題，分享一些心得體會。

2015 年是人民幣國際化非常有意義，也是很特別的一年，有很多令人振奮的發展，同時也感受到了挑戰。

人民幣國際化取得諸多重大進展——國際貨幣基金組織（IMF）於 11 月底正式決定將人民幣納入特別提款權（SDR）貨幣籃子，權重為 10.92%，在五種貨幣中排名第三；環球銀行金融電信協會（SWIFT）宣佈，2015 年 8 月份人民幣支付量首次超過日圓，成為全球第四大支付貨幣。此外，內地進出口貨物貿易採用人民幣結算的比重從 2014 年的 18.6% 升至 2015 年的 26.1%，顯示人民幣跨境使用達到了新的高度。

如果將 2009 年內地試點跨境貿易人民幣結算當作人民幣國際化元年的話，在短短五、六年時間，人民幣便從一種只在中國境內使用的本幣，變身為一種全球普遍接受及使用的國際貨幣。人民幣國際化在如此短時間內

2016 年 1 月，中銀香港副董事長兼總裁岳毅參加「中總論壇」，分享人民幣跨境使用的心得體會。

取得如此大進展，勝於某些歐美貨幣國際化，這可能是海外市場不曾料到的。由全球 188 個央行共同組成的 IMF 執董會接納了人民幣，就是對中國積極推動人民幣國際使用的充分肯定，為人民幣貼上了「國際貨幣」標籤。

在人民幣發展成為國際貨幣的過程中，香港國際金融中心發揮了不可替代的重要作用。香港企業界一直積極參與，並作出非常寶貴的貢獻。

在座的嘉賓一定會記得，香港早於 2004 年就建立了境外最早的人民幣清算行，在境外率先引入了個人人民幣業務。2009 年跨境貿易人民幣結算試點從香港起步，香港企業又是境外最早接觸人民幣業務的。直到今日（2016 年初），內地統計跨境人民幣收付數據，香港仍佔一半以上份額。人民幣貿易結算業務推動人民幣加快流向境外，令香港人民幣存款從 2009 年底的 627 億元猛增至 2014 年底的 10,035 億元。香港企業還充分利用各項跨境人民幣政策的便利，是最早一批發行人民幣點心債的境外機構；也很早就從香港銀行獲得人民幣貸款，通過外商直接投資人民幣結算業務，為其境內投資項目注入資金。我們相信，香港企業也從中獲得實惠——節省了匯兌成本、避免了匯兌風險、增加了財務收入。

隨著人民幣國際化邁入新的發展階段，這一兩年來，離岸人民幣市場正在發生一些新變化。一方面，離岸人民幣業務繼續向新區域、新行業、新領域、新市場快速延伸，交易活動日趨頻密，產品創新持續高漲，跨境資金流動也在加快；另一方面，人民幣匯率波動不斷擴大，從原先的單邊升值轉為有升有貶、來回轉向，甚至出現較大幅度貶值。境外人民幣資金成本上升，與境內形成倒掛。香港部分人民幣業務增長放緩，人民幣存款及點心債發行都有不同程度的調整。這為我們下一步更好地拓展業務帶來不小的挑戰。如何理解這種挑戰，我想談幾點個人的看法。

首先，市場波動反映了人民幣作為一種來自新興市場的國際貨幣登上全球市場的舞台。對於歐美主要貨幣，匯率波動十分正常，長期只升不跌或只跌不升都不是國際貨幣的常態。人民幣這兩年向境外流動規模越來越

大，在境外市場與歐美主要貨幣直接交易，影響其他貨幣的因素同樣會在人民幣匯率上體現出來，包括環球市場瞬息萬變及各國貨幣政策的對抗與博弈。另外，由於中國資本項目可兌換進程加快，境內外市場互動增強，境外因素反過來又影響境內市場。離岸、在岸人民幣定價的複雜程度要遠大於兩年之前。

其次，即使人民幣匯率波動加大，但相對一籃子貨幣而言，仍是一種幣值穩定的貨幣。2016 年初公佈的中國外匯交易中心（CFETS）人民幣匯率指數顯示，近期人民幣兌美元以外其他貨幣是升值的。支持人民幣匯率穩定的基本因素是中國經濟實力增強及對全球經濟影響力提升。我們有充分理由相信，未來內地經濟增長仍會快於全球平均水平，因此，即使人民幣兌美元出現階段性調整，但不至於發生近期一些新興市場貨幣急劇貶值的現象，也不會出現歐美主要貨幣在金融海嘯後的大起大落。即使人民幣兌美元一度急貶，但經過市場較量也會很快穩定下來。境外投資者對人民幣仍有信心，長遠看，人民幣相對大多數貨幣仍是較強勢貨幣。

第三，當人民幣匯率波動成為常態後，拓展人民幣業務有了更多元化的驅動力。在人民幣單邊升值的情況下，市場參與者基於人民幣未來升值空間而願意持有人民幣資產。這對推動人民幣國際使用曾起到一定作用。但全球沒有一種貨幣可以永遠升值，通過這種模式來推動人民幣國際化難以長久持續下去。最近，內地加快出台跨境人民幣政策，從經常項目推廣到資本項目，從貿易結算轉向跨境投融資、金融交易及個人項目，跨境人民幣資金流動更趨於多元化，都將成為匯率雙向波動下跨境人民幣業務新的增長引擎。

因此，我們覺得，離岸人民幣市場出現匯率、利率波動，有其內、外部的原因，也是正常的市場反應，沒有必要過於擔心。

把眼光投向未來，回到我們熟悉的香港離岸人民幣市場，我們還是可以感受到，在挑戰中各種有利因素正在凝聚，對人民幣業務的利好也將逐

漸釋放出來，包括人民幣成功加入 SDR 籃子貨幣、「一帶一路」項目逐步落地等。這些因素為人民幣國際使用輸入新的養份，進一步健全人民幣國際貨幣功能，同時也激發了香港人民幣業務創新，推動香港離岸人民幣中心轉型。我們覺得，以下一些重要變化是值得企業界朋友特別留意的：

一是香港離岸人民幣融資功能正在增強。香港是亞太區重要的融資中心，離岸、在岸貸款都很發達，近年來，人民幣貸款業務正在追趕上來。一方面，內地不斷出台跨境人民幣貸款政策，人民幣國際使用也在增多，從內外兩個層面催生人民幣融資需求；另一方面，匯率雙向波動令香港銀行突破之前偏重做負債業務的局限，有機會拓展資產業務。2015 年 8 月底香港人民幣貸款餘額已達 2,841 億元，比 2014 年底增長五成以上，未來仍有望溫和增長。

香港企業界可更好地利用香港人民幣融資業務。實際上，香港人民幣貸款除了一部分跨境直接貸款外，大部分是由本地機構申請的，包括一定比例的港資企業。人民幣雙向波動甚至出現階段性貶值，香港企業界可憑藉豐富的財務管理經驗及敏銳的市場觸覺，靈活選擇融資方式及幣種搭配，挖掘新的市場機會。

二是香港離岸人民幣財資管理中心正在形成。人民幣加入 SDR 貨幣籃子，因而晉升為國際儲備貨幣。歷史經驗顯示，各國央行投資外匯儲備，都會將 SDR 的貨幣結構作為重要參考，相信未來會不斷提高人民幣資產佔比。全球央行的行動又會影響到機構及企業的投資意願及資金管理，形成更大規模的人民幣資產配置需求。毫無疑問，這一進程十分有利於香港形成離岸人民幣資產管理中心。

對企業來說，在香港管理人民幣資產條件優越。香港原本就是全球重要的企業財資管理中心，雲集了 7,900 多家跨國公司地區總部及辦事處。香港離岸人民幣市場較為成熟，各類企業已在此進行人民幣資產管理，將人民幣納為重要的資產組合。最近，內地推動跨境人民幣資金池業務，打

開企業境內外調撥資金的通道，為企業在全球範圍開展現金管理提供了方便。香港又成為了跨境人民幣資金池在境外的主要接入點。

三是香港人民幣外匯交易業務也會逐漸轉型。香港是境外最重要的人民幣外匯交易中心，匯率波動加大也增加了交易量，2015年4月香港日均人民幣外匯交易量已增至930億美元，位居幾個主要離岸人民幣中心前列。我們發現，人民幣匯率從單邊升值轉為雙向波動，波幅擴大，企業風險對沖需求正持續上升，推動外匯衍生品創新活動。各種利率、匯率對沖及人民幣互換產品不斷推出，在全部交易量的佔比也在提升，不僅滿足不同市場預期及風險偏好的客戶需求，令其根據自己意願管控風險，而且還可推動企業進入更多業務領域。例如，「一帶一路」項目融資活動若能創新人民幣衍生工具，引入信用違約互換（CDS），將有助於香港企業在把控風險的前提下更積極地參與「一帶一路」建設。

特區政府《施政報告》強調，香港應用好「十三五規劃」、「一帶一路」等全新機遇，進一步發揮和提升香港作為全球離岸人民幣樞紐的功能及服務。特區政府將採取包括稅務優惠在內的具體措施，促進銀行及企業人民幣業務往來，包括我剛才提到的融資、資產及風險管理。相信這些措施對穩固香港作為離岸人民幣業務中心有積極正面的作用。

綜上所述，在人民幣國際化新形勢下，香港離岸人民幣業務仍具有持續活力，不僅香港金融業，而且香港企業界都會從離岸人民幣市場的發展之中受益。當然，市場風險是客觀存在的事實。必須提高風險意識，扣緊風險管理「安全帶」，才能穩穩地搭乘人民幣國際化的快車。

企業界朋友，中銀香港作為人民幣清算行及參加行，一直致力於成為離岸人民幣業務的專家，就是不僅要在人民幣升值的條件下為客戶創造價值，而且當人民幣出現波動時，也能夠為客戶提供更多增值服務，成為人民幣業務的「最當然的選擇」。謝謝大家！◎

跨境人民幣融資政策演變及市場前景展望

盧　莹（中銀香港環球企業金融部總經理）

2003 年底中銀香港獲委任成為香港人民幣清算行，2004 年香港正式開展人民幣業務，人民幣國際化踏出了關鍵的一步。根據環球同業銀行金融電信協會（SWIFT）2017 年 3 月《人民幣追蹤報告》，截至 2017 年 2 月人民幣在全球支付金額中，佔比已經達到 1.84%。人民幣繼續成為中國內地和香港用於全球跨境支付的第二大貨幣，2016 年前六個月佔比為 12.7%。2015 年 11 月 30 日，國際貨幣基金組織（IMF）宣佈將人民幣納入特別提款權（SDR）貨幣籃子，新貨幣籃子確定的人民幣權重 10.92%，已於 2016 年 10 月 1 日正式生效，這是中國經濟融入全球金融體系的一個重要里程碑。

作為金融從業者，過去的十多年，有幸見證了人民幣國際化的不斷演進，並直接參與敘做了眾多跨境人民幣融資業務。總體來看，人民幣國際化保持了良好的發展勢頭，跨境人民幣融資業務快速發展，產品不斷創新，客戶接受度不斷提升，規模不斷擴大（見圖一）。

人民幣和世界主要貨幣支付金額佔比

三年來人民幣作為支付貨幣的排名超越了多個貨幣，
但 2016 年中回落至第六位

（收付金額，但不含央行支付的金額）

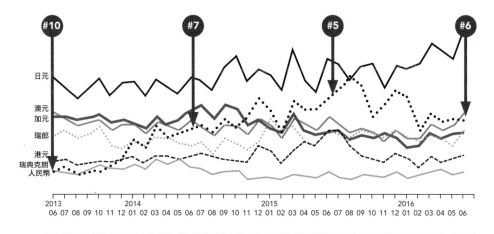

資料來源：SWIFT

一 ／ 跨境人民幣融資政策發展回顧

　　跨境人民幣融資業務風生水起的背後是政府層面不斷出台的支持政策的強大推動。2009 年中國政府正式推出跨境貿易人民幣結算試點，自此人民幣國際化的大幕拉開，人民幣開啟了邁向國際舞台的征程。之後，中國政府先後數次出台新的政策，不斷擴大跨境人民幣結算的試點範圍，逐步建立了人民幣跨境使用的政策框架，為進一步拓寬人民幣跨境流動渠道、推動實現人民幣跨境良性循環、促進境內外人民幣市場協調發展提供了政策保障，有效地促進了貿易和投資自由化和便利化（見圖二）。

開始試點：2009 年 7 月，中國人民銀行等六部委共同發佈《跨境貿易人民幣結算試點管理辦法》，率先在上海、深圳、廣州、東莞和珠海等五城市與香港、澳門及東盟等境外地區之間的跨境貿易試行以人民幣進行結算。

擴大試點：2010 年 6 月，中國人民銀行等六部委聯合發佈《關於擴大跨境貿易人民幣結算有關問題的通知》，進一步擴大跨境貿易人民幣結算試點工作，由原來五個境內試點城市擴展至二十個省、自治區或直轄市。境外試點地區擴展至全球所有的國家和地區。

全面鋪開：2011 年 8 月，中國人民銀行等六部委發佈《關於擴大跨境貿易人民幣結算地區的通知》，跨境貿易人民幣結算地區範圍擴大至全國，進一步促進人民幣貿易和投資便利化。

放權企業：2012 年 2 月，中國人民銀行等六部委發佈《關於出口貨物貿易人民幣結算企業管理有關問題的通知》，參與出口貨物貿易人民幣結算的主體不再限於列入試點名單的企業，所有具有進出口經營資格的企業均可開展出口貨物貿易人民幣結算業務。

1 ／ 經常項目下的跨境人民幣融資政策發展回顧

　　為了推動貿易和投資的便利化，幫助中國企業規避幣種錯配的匯率風險，積極應對國際金融危機，國務院決定開展跨境貿易人民幣結算試點。2009 年 7 月，人民銀行等六部委聯合發佈《跨境貿易人民幣結算試點管理辦法》，上海市和廣東省四城市率先開展跨境貿易人民幣結算試點。

　　為進一步發揮人民幣結算對貿易和投資便利化的促進作用，滿足企業對跨境貿易人民幣結算的實際需求，2010 年 6 月，人民銀行等六部委聯合

中國銀行董事長田國立、行長陳四清參加中國銀行業績發佈會。田國立
表示，中國銀行辦理跨境人民幣清算業務繼續保持全球同業第一。

將試點地區擴大到北京、天津等 20 個省（自治區、直轄市），不再限制境外地域範圍。2011 年 8 月，跨境人民幣結算試點擴大至全國。

2012 年 2 月，人民銀行等六部委明確參與出口貨物貿易人民幣結算的主體不再限於列入試點名單的企業，所有具有進出口經營資格的企業均可開展出口貨物貿易人民幣結算業務。

至此，企業在經常項目下跨境使用人民幣的政策已實現全覆蓋和充分便利化。

2 ╱ 資本項目下的跨境人民幣融資政策發展回顧

人民幣結算及跨境資金池政策的出台為人民幣資金跨境流動提供了通道，為資本項下投融資開放提供便利，奠定了基礎。為落實中央關於走出去的戰略部署，擴大人民幣在跨境投資中的作用，2011 年 1 月，境內機構可以使用人民幣進行對外直接投資。2011 年 10 月，境外投資者可以使用人民幣到境內開展直接投資。2013 年 9 月，境外投資者可以使用人民幣在境內設立、併購和參股金融機構。2014 年 6 月，直接投資跨境人民幣結算業務辦理流程進一步簡化。2014 年 11 月，符合一定條件的跨國企業集團可以開展跨境雙向人民幣資金池業務。2015 年 9 月，進一步放寬了跨國企業集團開展跨境雙向人民幣資金池業務的條件。2016 年 4 月，廣東、福建、天津自貿區內辦理跨境人民幣資金池的企業門檻再次放寬。

境內金融機構及企業對外提供人民幣融資——2011 年 10 月，境內銀行可以開展境外項目人民幣貸款業務。2013 年 7 月，境內銀行可以開展跨境人民幣貿易融資資產跨境轉讓業務，境內非金融機構可以開展人民幣境外放款業務和對外提供人民幣擔保，放寬境內代理行對境外參加行的人民幣帳戶融資期限和限額。2014 年 9 月，明確境外非金融企業在境內銀行間債券市場發行人民幣債務融資工具的跨境人民幣結算政策。2016 年 4 月，廣東等自貿區內銀行可發放境外人民幣貸款。

境外向境內金融機構及企業提供人民幣貸款——2013 年以前，境內外資企業可在投注差項下借用跨境人民幣貸款。2013 年 1 月，前海地區出台跨境人民幣政策，允許香港銀行向前海地區註冊企業提供人民幣直貸，突破了企業性質及投注差限制。其後 2014 年 2 月，上海自貿區探索出一套以風險因子控制的宏觀審慎跨境融資政策，受到市場普遍關注，並於 2016 年初擴展到天津、廣東、福建自貿區。此外，2015 年各新區及改革試驗區密集出台了一系列跨境人民幣政策，允許特定境外地區的銀行向當地企業提供跨境人民幣貸款，並主要限於區內使用。

2017 年 1 月 11 日，中國人民銀行出台了《關於全口徑跨境融資宏觀審慎管理有關事宜的通知》（下稱「全口徑新政」），全口徑跨境融資宏觀審慎管理政策擴展至全國，允許境內金融機構和企業在與其資本或淨資產掛鈎的跨境融資上限內自主開展本外幣跨境融資。

人民幣證券投資——2010 年 8 月，境外中央銀行或貨幣當局、境外人民幣清算行和境外參加行等境外三類機構可以進入銀行間債券市場投資。2011 年 12 月，內地出台人民幣合格境外機構投資者（RQFII）制度，符合一定條件的境內基金管理公司和證券公司的香港子公司，可以運用其在香港募集的人民幣資金，在經批准的投資額度內開展境內證券投資業務。2013 年 3 月，人民銀行、證監會、外匯局修訂 RQFII 試點辦法，擴大試點機構範圍，放寬投資比例限制。2014 年 11 月，內地出台人民幣合格境內機構投資者（RQDII）制度，合格的境內機構投資者可以運用來自境內的人民幣資金投資境外金融市場的人民幣計價產品。同月，滬港股票市場交易互聯互通機制正式啟動，兩地投資者可以買賣在對方交易所上市的股票。2015 年 5 月，已獲准進入銀行間債券市場的境外人民幣清算行和境外參加行可以開展債券回購交易。2015 年 7 月，內地取消了境外央行、國際金融組織、主權財富基金運用人民幣投資銀行間債券市場額度限制，並將其投資範圍從現券擴展至債券回購、債券借貸、債券遠期、利率互換、遠

期利率協定等交易。2016 年 2 月，引入更多符合條件的境外機構投資者參與銀行間債券市場，取消投資額度限制，簡化管理流程。2016 年 9 月，內地將 RQFII 的審核從原先的審批制改為備案制和審批制相結合，並放寬了 RQFII 的投資額度，將 RQFII 的投資額度與其資產規模掛鈎。

從政策發展來看，企業跨境直接投資使用人民幣已無政策障礙，跨境融資使用人民幣政策有序放寬。《中華人民共和國國民經濟和社會發展第十三個五年規劃綱要》提出：「有序實現人民幣資本項目可兌換，提高可兌換、可自由使用程度，穩步推進人民幣國際化，推進人民幣資本走出去。」

為進一步推動人民幣在不同國家地區的運用，中國人民銀行已與超過 30 個國家或地區的貨幣當局簽署總額逾 3 萬億元人民幣的貨幣互換協議。與此同時，離岸人民幣債券市場的深度及廣度不斷增加。由 2007 年國家開發銀行在香港發行第一筆點心債，離岸人民幣債券發展步伐日漸加快，債券品種亦日趨豐富，發行主體包括主權機構、金融機構和企業；發行市場也由香港拓展至台灣（寶島債）、新加坡（獅城債）、倫敦、悉尼等多地。隨著人民幣國際化的基礎設施逐步完善，人民幣資金跨境渠道進一步打通，在境外市場用途拓寬，人民幣在境外市場站住腳跟，投融資更加活躍，在國際上將扮演越來越重要的角色。

二 ／ 跨境人民幣融資的市場前景展望

中國經濟發展和一系列對外政策的推出為人民幣國際化奠定基礎。改革開放以來，中國經濟經歷了 30 多年高速發展，於 2010 年超越日本成為僅次於美國的世界第二大經濟體。2016 年，儘管中國經濟面臨較大的下行壓力，但仍是全球最穩健的經濟體之一，全年 GDP 增長為 6.7%，位居世界前列，為跨境人民幣融資的不斷前行奠定了堅實經濟基礎。

「走出去」戰略推動跨境人民幣融資需求。當前全球經濟外部環境不

容樂觀，復蘇乏力，增長動力不足，經濟全球化遇到波折，貿易和投資低迷，英國退歐，美國大選結果更是加劇了未來世界經濟政治的不確定性。面對外部環境持續動盪，中國推動的「一帶一路」戰略有序推進，中國企業「走出去」的步伐也不斷加大，對便利的人民幣融資和創新的人民幣產品需求增加，毫無疑問這都會成為人民幣國際化有力推手，促進跨境人民幣融資的規模不斷擴大和產品的持續創新。

經濟結構改革刺激實體經濟發展，並帶動人民幣跨境流動和融資。內地繼續深化供給側結構性改革，去產能，去庫存，去槓桿，過剩產能轉移持續推進，有望在未來兩年促進實體經濟築底回升。在金融領域，貨幣政策總體穩健，金融改革有序推進，經濟金融體系在防範風險中彰顯韌勁。經濟領域和金融業的深化改革釋放出的發展動能，將進一步促進人民幣國際化和跨境人民幣融資的持續發展，擴大跨境人民幣融資的規模，也拓寬融資渠道。

人民幣國際地位不斷上升。隨著 2016 年 10 月 1 日人民幣被正式納入國際貨幣基金組織 SDR 貨幣籃子，人民幣成為全球央行認可的國際儲備貨幣和「可自由使用貨幣」，在國際貨幣體系中的地位不斷上升，人民幣國際化駛入了快車道。根據環球同業銀行金融電信協會 2016 年 6 月《人民幣追蹤報告》，有 1,247 家銀行使用人民幣處理涉及中國內地和香港的支付，在所有與中國內地和香港有支付活動的金融機構中佔 40%，另外有 600 家銀行使用人民幣進行完全不涉及中國內地或香港的支付。人民幣在全球範圍內的使用不斷擴大，無疑是對中國推動人民幣國際化的有力促進，可以預期未來跨境人民幣融資業務的規模和廣度將進一步提升。

2015 年 10 月，作為戰略性金融基礎設施，人民幣跨境支付系統（CIPS）一期上線運行，為境內外金融機構的人民幣跨境和離岸業務提供資金清算和結算服務，令人民幣現代化支付體系建設取得重大進展。CIPS系統的建成和運行是人民幣國際化發展的重要里程碑，進一步整合了現有人民幣跨境支付結算渠道和資源，提高了交易的安全性和穩定性，在為人

民幣國際化提供堅實的基礎設施的同時，將進一步擴大跨境人民幣融資規模。

三 ╱ 中銀香港在人民幣國際化過程中扮演重要角色

中國銀行集團積極參與人民幣跨境使用。在中資企業「走出去」參與海外投資併購熱潮中，中國銀行發揮產品和政策專業優勢，針對企業不同階段的需求，在融資結構設計和產品創新方面做了積極探索，推動人民幣伴隨對外投資「走出去」。中銀香港人民幣貸款業務快速發展，由 2010 年開始至最高峰時，餘額年複合增速超過 200%，其中跨境直貸也成為全新增長點。2014 年中國銀行敘做澳大利亞漢科礦業（Hancock Prospecting）集團總金額約 78 億美元的羅伊山鐵礦石項目銀團貸款項目，成功安排了「人民幣＋美元」的融資結構，並擔任人民幣貸款獨家牽頭行和美元貸款委託牽頭行。這筆銀團貸款是澳洲近年最大一筆礦業開發項目銀團貸款，也是澳洲當地首次包含人民幣貸款的銀團貸款，獲得 19 家當地和國際商業銀行超額認購，市場反應熱烈。

中銀香港是香港的人民幣清算行和人民幣業務領導者。中銀香港的人民幣業務起步早、發展快，2004 年正式開展個人客戶人民幣業務，2009 年起開展跨境貿易人民幣結算，是現時香港最大的人民幣業務參加行。中銀香港是目前唯一一間以直接參與者身份加入 CIPS 的境外機構，並於 2016 年 7 月成功通過 CIPS 完成首筆境外銀行跨境人民幣匯款業務。中銀香港成功敘做了多個人民幣首筆業務，包括 2009 年首筆人民幣貿易結算、2010 年為合和辦理首筆企業人民幣點心債及 2012 年發行首隻雙幣雙股、2013 年首筆前海跨境人民幣貸款、2014 年為上海港辦理上海自貿區首筆人民幣跨境直貸等。中銀香港在跨國公司外匯、人民幣資金集中運營管理業務中市場份額均超過 50%，顯著領先同業。在人民幣跨境融資方面，中

銀香港始終關注境內最新政策出台，為客戶量身定制最合適的融資方案。

展望未來，人民幣國際化在調整中不斷推進。目前人民幣國際化的硬件設施已逐步完善，經常項下及資本項下政策的不斷開放為人民幣國際化奠定基礎，中國與其他國家雙邊貨幣互換協議提升了人民幣在國際上的應用。

當然，人民幣國際化仍會遇到一定挑戰。中國雖是世界貿易大國，人民幣在跨境貿易結算支付中的規模較大，但人民幣還不是完全自由兌換貨幣。海外人民幣離岸中心已經有很多，但是人民幣可投資的產品仍然有限，這些因素都制約了跨境人民幣融資的進一步發展。2015 年 8 月 11 日匯率改革以來，人民幣兌美元已貶值 10% 左右，現在人民幣匯率仍處於雙向波動和調整的階段，客戶需求及相關各方對具體政策的執行和考量都在不斷發生變化。短期來看，拓展跨境人民幣融資有一定難度。

但長期來看，隨著全球經濟不確定性因素逐漸緩和，人民幣匯率改革的不斷深化，人民幣國際化進程將度過短期的調整，繼續前行，跨境人民幣融資的規模將會不斷擴大，渠道將會更豐富，產品也會更多元，從而更好地為中國實體經濟走出去保駕護航。

大幕已開啟，未來猶可期！⊕

放寬境外主權類
機構投資銀行間
債券市場的影響

花　鋒（中銀香港發展規劃部高級策略員）

2015 年 7 月 14 日，人民銀行發出通知，大幅放寬境外央行或貨幣當局、國際金融組織、主權財富基金（以下統稱境外主權類機構）投資境內銀行間債券市場的相關規定，為境外主權類機構持有的人民幣資金增加很多投資機會，是人民幣資本帳戶開放的一項重要進展。

一／人行「通知」的主要內容

2010 年 8 月，人行已允許境外三類機構（境外中央銀行或貨幣當局、境外人民幣清算行和境外參加行）可以進入銀行間債券市場投資，後將投資主體擴展至包括主權財富基金、國際金融機構和境外保險公司等六類機構。2015 年 5 月，人行允許已獲准進入銀行間債券市場的境外人民幣清算行和境外參加行可以開展債券回購交易。本次通知，專門對境外央行或貨幣當局、國際金融組織、主權財富基金三類主權類機構放開了投資境內銀行間市場，規定如下：

1 / 市場准入由事前審批變為備案

根據 2010 年的規定，三類機構投資境內銀行間債券市場需先向人民銀行提交書面申請，經人民銀行同意後，方可從事債券投資業務。本次通知中，三類主權類機構投資者進入銀行間市場只需要向人民銀行提交投資備案表，備案完成即可辦理投資，不再需要人行審批同意，體現了雙方地位對等性原則。

2 / 投資規模自主決定

按照之前的規定，境外機構需要在市場准入時一併申請投資額度，額度使用完後，需要再向人民銀行申請增加。本次通知明確，境外主權類機構投資者可自主決定投資規模。

3 / 投資範圍更廣泛

之前境外主權類機構投資者投資範圍僅限於債券現券交易。本次通知將投資範圍擴展到債券回購、債券借貸、債券遠期，並允許參與利率互換、遠期利率協定等衍生品交易；通知中「其他經中國人民銀行許可的交易」的字眼，也為將來進一步擴大投資範圍留下空間。

4 / 明確商業銀行可代理交易結算

通知明確，相關境外機構投資者可委託中國人民銀行交易，也可以選擇具備國際結算業務能力的銀行間市場結算代理人進行交易和結算。而且結算代理人也可以為境外機構代辦投資備案、開戶及聯網，使境外機構投資內地銀行間市場的操作流程更為便利。

二 / 放寬境外主權類機構投資銀行間市場的主要影響

從政策層面分析，人行此次政策放寬是中國推動人民幣國際化的一項重要進展。人行發佈的《人民幣國際化報告》（2015 年）提出，推動人民幣加入特別提款權（SDR）貨幣籃子，積極支持境外央行類機構將人民幣資產納入其外匯儲備。主要措施包括：研究取消境外央行類機構投資境內銀行間債券市場的額度限制，允許境外央行類機構自主選擇人民銀行或銀行間市場結算代理人代理其投資銀行間債券市場。可見，人行通知的措施與《人民幣國際化報告》提出的思路一脈相承。儘管如此，政策放開的尺度，仍超出了市場的預期，這也表明了中國推動人民幣加入 SDR 的意願和改革力度。

從市場層面分析，會進一步促進境外主權類機構投資者運用人民幣投資銀行間市場的積極性，投資規模和頻率會因此出現較大幅度增長。

首先，境外主權類機構對應用人民幣投資內地市場有較強意願。人民銀行一般不發佈境外央行、主權財富基金和國際金融機構等公共實體的債券投資額度獲批情況。根據各方面的資料估算，到通知發出為止，獲得銀行間市場投資額度的境外央行／國際金融機構約為 40 家，債券託管餘額可能達到 3,000 億元左右。已知的額度持有央行包括澳大利亞、奧地利、香港、印尼、日本、韓國、馬來西亞、尼泊爾、巴基斯坦和南非等國或地區。國際金融機構中，最具代表性的為世界銀行，自 2012 年 4 月起開始通過國際復興開發銀行和國際開發協會投資於中國銀行間債券市場。國際金融公司（IFC）也獲得 120 億元配額投資於中國銀行間債券市場。

其次，這些機構已能較便利地獲取人民幣資金。包括三種主要渠道：

1 / 雙邊貨幣互換

據人行資料，2014 年境外央行發起本幣互換共計 1.1 萬億元人民幣，

動用人民幣共計 380 億元。截至 2014 年末，境外央行發起本幣互換約 2.3 萬億元人民幣，動用人民幣金額共計 807 億元。雙邊本幣互換協議的實質性動用明顯增加。截至 2015 年 5 月末，人行共與 32 個國家央行簽署了雙邊本幣互換協定，協定總規模約 3.1 萬億元人民幣。這方面還有很大的空間。

2 / 離岸市場發行人民幣債券

亞洲開發銀行和世界銀行等國際金融機構，以及加拿大 BC（英屬哥倫比亞）省、英國政府等主權機構已在離岸市場發行了人民幣債券。

3 / 離岸市場兌換

離岸市場人民幣外匯交易量日均超過 2,300 億美元，是在岸市場的四倍，離岸市場容量足夠支持境外機構對人民幣資金的需要。

第三，此前制約境外主權類機構投資銀行間市場的主要政策性限制幾乎完全放開。尤其開放債券回購交易切合了境外主權類機構的實際需要。主權類機構一般偏向長期投資，內地債券回購交易活躍，開放債券回購交易，可令其持有的債券獲得很好的流動性，可解除投資的後顧之憂。

三 / 香港銀行業的機會探討

境外機構對此項政策開放做出積極回應，相關投資活動持續增長。在此過程中，給香港銀行業帶來新的業務機會，可與境內外機構行合作，共同拓展境外主權類機構的業務合作：

與境內機構合作，營銷境外機構選擇與香港銀行有股權關係的境內機構作為投資內地銀行間市場的結算代理人。在交易規模和頻率增多、交易內容多樣化的情況下，人行作為結算代理人並不一定能夠滿足境外機構的

交易需要。這給境內的商業銀行帶來業務機會。主權類機構的平均投資規模遠高於一般金融機構，會給境內代理人帶來可觀的代理費收入，也為境內機構提供了與境外主權類機構建立業務聯繫的契機，國內主要銀行應會積極爭取。另一方面，滙豐、渣打、德意志、法巴等外資銀行在內地的法人銀行已具備甲類帳戶資質，也可代理境外機構投資，同時它們境外機構客戶的關係網絡優勢明顯，競爭力不容小覷。

爭取相關的貨幣兌換及發債業務機會。有意投資境內債券市場的境外機構不一定都已跟人行簽訂了貨幣互換協議；即使有貨幣互換安排，它們出於多種考慮，可能更願意通過市場化的方式獲得人民幣資金。這就為境外銀行提供了爭取這類機構人民幣兌換和發債的業務機會。

借此機會加深與現有主權類機構客戶的合作關係。近年來香港銀行業加大了對海外央行、主權基金和國際金融組織的拓展力度，客戶數量增長較快，但業務來往以存款為主，合作深度有待加強。人行放寬境內市場投資限制，會提升此類機構投資人民幣資產的興趣。香港銀行業可通過離岸和在岸市場的差異（如 2016 年以來多次出現離岸市場點心債收益率高於在岸市場的情況），說服境外機構在投資內地市場的同時，增加在離岸市場的投資。

提前做好人行放開境外銀行業投資範圍的準備。目前清算行和參加行只能在境內銀行間市場從事債券現券和回購交易，此次人行對境外主權類機構開放的衍生品交易尚未對境外清算行和參加行開放。在內地加快推動人民幣國際化和資本項目可兌換的背景下，預期也會加快開放境外清算行和參加行的投資範圍，以及放寬甚至取消投資額度限制。若人行放寬投資範圍，香港銀行業內部需要完成新產品審查流程，外部需要與中國銀行間市場交易商協會（NAFMII）簽署總協議需要一段時間完成準備工作。香港銀行業可以考慮先行啟動相關手續，爭取業務先機。 ⊕

進一步放開境外機構投資銀行間債券市場的政策意圖

應　堅（中銀香港發展規劃部高級經濟研究員）、
花　鋒（中銀香港發展規劃部高級策略員）

2016 年 2 月 24 日，人民銀行發佈 2016 第 3 號公告（3 號公告），對符合條件的境外機構投資者投資境內銀行間市場，取消額度限制，簡化管理流程。這是境內銀行間債券市場對外開放具有標誌意義的重大一步，亦是內地加快人民幣國際化步伐遭遇大幅市場波動後推出的一項新的重要舉措，對人民幣在全球市場更廣泛地使用將起到一定的推動作用。

一　／　政策沿革及 3 號公告主要內容解讀

　　境外機構投資境內債券市場的政策，始於 2010 年 8 月人行允許境外三類機構（境外中央銀行或貨幣當局、境外人民幣清算行和境外參加行）進入銀行間債券市場投資的政策試點，後將投資主體擴展至人民幣合格境外機構投資者（RQFII）、合格境外機構投資者（QFII）以及主權財富基金、國際金融機構和境外保險公司等機構。

2015 年 5 月，人行放開境外人民幣清算行和境外參加行交易種類，在現券交易之外可以開展債券回購交易。

2015 年 7 月，人行對境外央行或貨幣當局、國際金融組織、主權財富基金三類主權類機構放開了投資境內銀行間市場的規定：取消事前准入及額度審批，並將投資範圍擴展到債券回購、債券借貸、債券遠期，並允許參與利率互換、遠期利率協定等衍生品交易。

沿襲不斷放鬆境外機構投資境內市場債券投資限制的政策脈絡，3 號公告在以下兩個關鍵方面放開了限制：

1 / 放開境外機構投資者主體種類限制

3 號公告明確可進入境內銀行間市場的境外機構投資者包括境外（亦包括港澳台）成立的商業銀行、保險公司、證券公司、基金管理公司及其他資產管理機構等各類金融機構，上述金融機構面向客戶發行的投資產品，以及養老基金、慈善基金、捐贈基金等中國人民銀行認可的其他中長期機構投資者。這就將投資主體範圍由原來的主權類機構、境外清算行和參加行、QFII / RQFII，擴展到各類境外機構。

2 / 取消額度限制和事前准入審批

3 號公告的正文裏雖沒有明確提出相關規定，但與 3 號公告同時發佈的新聞稿中指出，中長期機構投資者投資銀行間債券市場沒有額度限制。符合條件的境外機構投資者通過銀行間市場結算代理人完成備案、開戶等手續後，即可成為銀行間債券市場的參與者。這使得全部境外機構在准入和額度方面取得與境外主權類機構相同的「待遇」。

同時，3 號公告在以下兩個方面維持現行規定或做法：

首先，可投資產品範圍不變。按 3 號公告，境外機構投資者可開展債券現券等經中國人民銀行許可的交易。按此理解，境外清算行和參加行可

開展現券和回購交易，除主權類機構外的其他境外機構目前只能開展現券交易。不能開展回購交易，可能會對這些機構自身的流動性管理帶來一定影響。

其次，境外機構仍需通過境內結算代理人開展債券交易。這點仍沿用現行做法，境外機構不能直接辦理自身的債券投資交易，只能作為丙類帳戶，通過結算代理人（即甲類帳戶）進行交易和結算。結算代理人要負責對境外機構進行資質審核、帳戶實時監測和交易信息報送、市場分析和監測。通過代理人交易，雖然存在境外機構自身交易信息保密的問題，但在境外機構投資規模不大、交易頻率不高，且對境內債券市場運作缺乏了解的情況下，通過代理人交易與自行處理交易（需成為乙類帳戶，滿足人行相應的監管及操作條件），境外機構可大幅降低操作成本，是一種比較現實、可行的做法。

二 ／ 3 號公告的政策意圖及意義

內地公佈開放境外金融機構投資銀行間債券市場選擇的時機較為特殊。

一方面，人民幣國際化從內地推出跨境貿易人民幣結算試點，僅用了五、六年就獲得關鍵性突破，2015 年 11 月底人民幣被國際貨幣基金組織（IMF）正式接納為特別提款權（SDR）籃子貨幣，為下一步真正成為全球最重要國際貨幣之一奠定了堅實基礎；另一方面，內地積極推動資本項目可自由兌換進程及金融市場對外開放，連續出台了各項政策措施，令境內外兩個市場的互動性明顯增強。但市場波動加大，尤其「8·11」後離岸市場匯率、利率持續大幅波動，出現單邊貶值預期，迫使內地加強市場調控。至今，離岸匯率及利率波動有所收窄，但市場情緒並未完全平復，內地將隨時應對各種可能出現的複雜形勢。

在這種複雜的市場背景下人行出台新政策，必然會引起市場關注，希

望能夠準確把握下一步政策變化的方向，為更好地利用人民幣國際化帶來的業務機會做好準備。我們感覺，以下幾點政策意圖是可以探討的：

1 ／ 滿足全球增持人民幣資產的長遠需求

2015 年 11 月 30 日 IMF 執行董事會 SDR 審議，同意人民幣加入 SDR 貨幣籃子，作為第五種貨幣，與美元、歐元、日圓和英鎊共同構成 SDR 貨幣籃子。新的貨幣籃子於 2016 年 10 月 1 日正式生效，留出時間為 IMF、IMF 成員國及其他 SDR 使用方進行調整和適應新的變化。IMF 的聲明特別提及，包括中國在內的籃子貨幣發行國，應維持能便利 IMF、IMF 成員國及其他使用方以其貨幣開展業務操作的政策框架。在 IMF 檢討 SDR 及正式將人民幣納入籃子貨幣後，中國一直都在積極完善金融業對外開放的政策架構，以滿足 IMF 對人民幣加入 SDR 的具體要求。其中一項要求是 IMF 成員國及其他使用方能夠不受阻礙地進入在岸和離岸市場。2015 年 7 月內地放開境外央行、國際金融機構及主權財富基金投資境內銀行間債券市場，此次又將開放範圍擴大到境外所有金融機構，並取消額度管理，實現了中國對 IMF 的承諾。

隨著人民幣加入 SDR 籃子貨幣，全球市場對人民幣資產的需求有望邁上一個新台階。根據 IMF 執董會採納的 SDR 籃子貨幣權重的新公式，人民幣的權重排在第三，確定份額為 10.92%。該項指標是其他央行計算持有各種貨幣外匯儲備的重要參照，人民幣作為來自新興市場的國際貨幣，尚有一定追趕空間。根據 IMF 數據，2014 年底只有 38 個境外央行宣稱持有人民幣外匯儲備，所佔比重只有 0.95%。若要達標，應將比重提升到與英鎊差不多的水準（3.51%），也就是說，近期及未來有新增 2,000 億美元的潛在需求量。另一方面，央行新增人民幣外匯儲備，亦將帶動全球投資者增持人民幣資產。如此龐大的人民幣資產需求，只有在岸債券市場有此容量，內地向境外央行及機構投資者開放銀行間債券市場，基本可滿足全球

對人民幣資產的投資需求。

2 / 釋放進一步推進人民幣國際化的信號

　　過去幾年，人民幣國際化的進程相對順利，在人民幣加入 SDR 後，突然受到國際炒家的「狙擊」，利用不利的市場氣氛大肆做空人民幣，出乎了不少人的意料。正如周小川行長在回答財新網採訪時所説的，「人民幣國際化進程本身會是波浪型前進的，如果觀察到投機成為外匯市場的主要矛盾，就重點應對投機，等市場回到相對穩定狀態，人民幣國際化還會繼續前進。」經過近幾個月的調控，2016 年春節過後市場氣氛漸趨平緩，離岸人民幣匯率窄幅波動，流動性也保持穩定，同時，環球金融市場也相對平靜，各種市場條件有向好的方向轉變的跡象。人行在這個時候宣佈進一步開放銀行間債券市場，其實是向市場釋放正面信號，即內地推動人民幣國際化的目標不會因市場存在投機因素而發生根本性逆轉，當前的「守」就是為了下一步更好地「攻」。可以相信，各項跨境人民幣政策將會有條不紊地推出及落地。當然，經歷了與國際炒家的正面較量，內地加強了對離岸市場的了解，積累了更多經驗。由於人民幣貶值預期仍然存在，隨時可能被國際炒家所利用，內地在推動人民幣國際化時會靈活把握節奏，隨時進行動態調整。

3 / 加快銀行間債券市場的開放與發展

　　另一個重要目標是促進內地債券市場對外開放穩步推進，以開放來倒逼境內金融市場的改革。銀行間債券市場是內地債券發行及交易的主市場，2015 年債券發行 22.9 萬億元，債券餘額達 48.8 萬億元，而全年交易金額亦達到 86.7 萬億元。僅從市場規模及交易活躍程度，內地銀行間債券市場正在接近或已達到歐美主要市場水準。然而，從市場完善程度及成熟程度，內地債券市場確實存在不小差距。內地一方面加強銀行間債券市

場建設及改革，另一方面通過開放引入境外投資主體及發行主體，借鑒歐美成熟市場經驗，提升市場服務功能。迄今，銀行間市場境外投資者超過300家，最多時持倉量佔全部託管量的近 2%。此外，內地允許境外人民幣清算行、參加行開展債券回購交易後，到 2015 年底已有 106 家機構參與業務，而向境外央行開放銀行間債券市場後，也有 50 家境外央行進入市場。2015 年下半年後，銀行間債券市場交易進一步活躍，人行選擇這個時機加快開放步伐，可吸引更多境外投資者參與市場，提升債券市場的國際化程度。

三 / 政策效果分析及可能的影響

1 / 現有市場環境下投資熱情需要時間激發出來

經歷了「8·11」後急劇的市場波動，離岸人民幣市場正處於一個調整階段，市場情緒還不十分穩定，不排除可能爆發新波動，並引發新一輪「攻防戰」。首先，貶值預期還沒有完全消失，全球市場尚在觀望人民幣匯率發展方向。只有當更多市場人士真正相信人民幣沒有持續貶值的基礎，增持人民幣資產的信心才可能恢復；其次，貶值預期下人民幣資金回流境內，加上內地嚴控流出，令離岸市場人民幣流動性趨緊，資金成本處於較高水準，對境內債券孳息維持較大息差。從香港銀行資金擺佈的情況看，主要方向是從境內抽回資金，補充境外人民幣頭寸。只有當市場氣氛進一步穩定、宏觀調控比較穩定，而境外市場獲得新的人民幣來源，投資銀行間債券市場才可能活躍起來。從銀行間債券市場託管量看，「8·11」前境外機構託管量快速增長，「8·11」後波動較大，2016 年 1 月為 5,530 億元，比 2015 年底下降 8.2%。政策的實際效果有待進一步觀察。

2 ／ 銀行間市場對離岸人民幣業務發展越顯重要

根據美元、歐元及日圓國際化經驗，債券市場是推動一種貨幣成為國際貨幣的關鍵環節之一。三種貨幣都有國內債券市場和國際債券市場，國債債券市場又分為離岸發行及在岸離岸發行（揚基債與歐洲美元債券、武士債與歐洲日圓債券等），各種市場交叉發展、交叉開放、相互促進，更有效地促進這種貨幣的國際使用、提升融資功能。2015 年以前，香港點心債發展很快，離岸人民幣債券發行也正向歐美市場延伸，但僅有離岸人民幣債券市場是不夠的。我們觀察到內地正積極採取措施，一方面推進熊貓債（如 2015 年連續發行戴姆勒、滙豐、中銀香港、招商局、加拿大 BC 省及韓國等債券），另一方面加快市場開放，讓更多市場參與者在不同市場交易，加強資金在不同市場流動，平抑價格差異，減少套利機會。其他貨幣不同債券市場均在融合，市場邊界趨於模糊，市場價格趨於統一，國內與國際市場發展相得益彰。這個經驗是值得人民幣國際化借鑒的。

3 ／ 境內金融機構獲得新的業務機會

根據人行對境外機構投資者的投資行為實施宏觀審慎管理的基本原則，此次開放銀行間債券市場具體操作還是比較審慎的，避免成為國際投機因素做空人民幣的新工具。與境外債券投資一個顯著差別是採取代理制，還不能直接交易。根據公告，符合條件的境外機構投資者要通過銀行間市場結算代理人完成備案、開戶等手續後，即可成為銀行間債券市場的參與者。這給內地金融機構，尤其是那些實力較強的商業銀行提供新的業務機會。首先，結算代理人的資格要求較高，要具有專門的代理境外機構投資的業務部門，各項業務制度健全，還要有開展代理業務所需的各項設施、人員等；其次，境外機構投資備案、帳戶開立及管理、利息支付及本金兌付等各項事宜均交由結算代理人，結算代理人根據境外指令進行債券交易和結算。預計此項業務將在國際化程度較高的幾大商業銀行及主要外

資銀行之間形成競爭。

　　當然，短期看，內地進一步開放銀行間債券市場，將對香港點心債市場發展產生一定影響。點心債市場的建立，是為了幫助離岸人民幣市場解決資金出路，也是為了讓境內機構更好地利用境內外兩種資源。隨著銀行間債券市場向外打開大門，離岸人民幣可直接流到在岸市場，與在點心債市場發債吸納資金相比更加便利。熊貓債市場加快開放，又會吸引部分境外機構到銀行間市場直接發債，產生一些分流作用。然而，兩個市場的運行機制是不同的，點心債的市場化發行與歐美債市比較接近，與在岸市場相比各具特點。而人民幣債券市場發展空間十分廣大，要滿足不同投資者、發債體的需求，有兩個市場並不為過。就像其他貨幣一樣，離岸與在岸債券市場都有存在的價值，儘管 2015 年後點心債遇冷，但點心債與銀行間債券市場可長期共存，並有很大合作空間。◉

香港人民幣流動性
管理的政策框架及
運作

陳　曦（中銀香港投資管理高級交易員）

香港金融管理局於 2014 年 10 月任命了七家銀行作為香港離岸人民幣業務（CNH 市場）的一級流動性提供行（Primary Liquidity Providers, PLPs）。2016 年 10 月，在首批 PLPs 兩年任期屆滿之際，金管局又公佈了新一批一級流動性提供行名單，九家銀行被任命為香港離岸人民幣市場的 PLPs。金管局還陸續推出其他一系列人民幣流動資金安排，包括日間、隔夜及一周人民幣拆借措施，從而形成了完整的人民幣流動性管理框架。

一 / 一級流動性提供行措施的主要內容

一級流動性提供行的任期為兩年，至今已任命了兩批。首批七家 PLPs 銀行是從 16 間參與香港銀行同業人民幣拆息定價（CNH HIBOR Fixing）的報價銀行之中篩選而出的，包括中銀香港、滙豐銀行、渣打銀行、花旗銀行、法巴銀行、建銀亞洲及工銀亞洲。第二批任命將 PLPs 從原先的

七家擴大至九家，新增農業銀行及交通銀行。中銀香港兩次均獲委任為 PLPs。

PLPs 的職責是透過與金管局辦理人民幣回購交易取得人民幣資金，再以不同渠道及交易方式將資金提供給市場同業，增加流動性，確保市場運作暢順。具體來講，PLPs 的職責包括：

1 / 為其他金融機構以及公司客戶提供融資，提升市場的流動性

2 / 提供人民幣外匯交易、利率交易及衍生產品交易等有競爭性雙邊報價

3 / 在其集團整體策略上，利用香港的平台推動人民幣國際使用及捕捉業務商機

獲指定為一級流動性提供行的銀行，均承諾在香港擴大離岸人民幣市場的莊家活動，以及利用香港平台來推廣全球離岸人民幣業務。金管局則為各間一級流動性提供行提供 20 億元人民幣回購協定設施，以支持他們在擴展離岸人民幣市場的莊家活動及其他業務時能更有效管理流動性。首批七家 PLPs 合計額度為 140 億元，第二批 PLPs 額度則相應增加至 180 億元，進一步增強香港離岸人民幣市場抵禦流動性風險的能力。

二 / 其他流動性管理措施的主要內容

從 2012 年 6 月起，金管局陸續推出人民幣流動資金安排，用以應對離岸人民幣市場可能出現的短期流動性資金緊張的情況。銀行可以透過人民幣流動資金安排，從金管局獲得：

1 / 翌日交收的一星期期限人民幣資金

參考市場利率定價，參加行於每個香港工作日中午 12 時前向金管局交易室提出申請，金管局於翌日下午 4 時前收到證券抵押品後將人民幣資金存入參加行於清算行的人民幣即時支付結算系統（RTGS）帳戶。

2 / 翌日交收的一天期限人民幣資金

參考當日市場利率，申請及交收情況同一周期限安排。

3 / 即日交收的隔夜人民幣資金

以人民幣香港銀行同業拆息（CNH HIBOR）隔夜拆息加 50 基點定價，每個香港工作日下午 3 時截止申請，金管局在一個小時內及收到抵押品後提供人民幣資金。隔夜資金安排的總額不超過 100 億元。

4 / 日間人民幣流動資金

香港金管局直接向身為人民幣參加行的香港認可機構提供總額不超過 100 億元的日間人民幣資金，協助這些參加行管理人民幣流動資金及提高在港進行支付的效率。參加行在與金管局及人民幣清算行簽署日間出售及回購協議業務三方協議之後，可通過「債券工具中央結算系統」（CMU），在 RTGS 系統運作日的上午 8 時至晚上 11 時 30 分與金管局進行出售及回購協議（回購協議）交易，以獲取日間人民幣資金。

金管局根據實際使用資金時間，並參考隔夜利率收取費用。按當日人民幣隔夜拆息定價（若當天無定價，則按上一日定價），以實際使用資金每分鐘計息。若流動資金於晚上 11 時 30 分前仍未償還，該協議將被轉為隔夜回購協議，除支付日間回購協議利息外，還須支付隔夜利息。日間回購協議措施於 2014 年 11 月 10 日生效（與首批 PLPs 同時生效）。

三 / 不斷優化流動性管理運行機制

　　金管局根據運作經驗以及離岸人民幣市場的發展情況，陸續就有關流動性安排推出多項優化措施。2012 到 2016 年這四年中，金管局一步步豐富產品種類，除延長回購協議運作時間，將回購協議從 T+2（交易日後的第 2 個交易日）交收縮短至 T+1 交收，繼而推出 T+0 交收的隔夜回購協議外，還因應市場需求而將抵押品名單擴大。

　　如今，金管局將合資格抵押品由原先三項增至四項，擴大至內地政策銀行在香港發行的人民幣債券。被列為合資格抵押品包括：外匯基金票據及債券、香港特區政府債券、中華人民共和國財政部在香港發行的人民幣債券、中華人民共和國政策銀行（包括中國農業發展銀行、國家開發銀行及中國進出口銀行）在香港發行的人民幣債券等。金管局歡迎銀行使用人民幣流動資金安排以應付短期資金需求。

　　金管局亦對 PLPs 及其他流動性管理機制作出適當調整，分別於每天上午 9 時、11 時、下午 2 時及 4 時等關鍵時段，公佈日間和隔夜人民幣流動資金安排以及一級流動性提供行安排的使用情況，增加運行透明度，令市場能夠準確地把握最新流動性變化並根據隔夜拆息，靈活調整人民幣頭寸，減少資金錯配，更好地平衡市場上人民幣供求關係。

四 / 人民幣流動性管理措施的作用及效果

　　在香港金管局推出 PLPs 機制前，中銀香港作為清算行一直是市場流動性的主要提供者。但是，隨著離岸人民幣市場發展，清算渠道不斷增加，市場參與者數目增多，一家商業機構很難全面滿足各方面的需求。另一方面，由於境外人民幣業務仍處在發展的初期，短期利率不時大起大落，在一定程度上影響了市場的有序發展。在這種情況下，金管局一系列流動性

管理措施，對於穩定市場及促進人民幣國際化可發揮重要作用：

首先，控制離岸人民幣流動性不至於嚴重惡化。香港人民幣市場建立不久，資金池規模不大，特別是近年來跨境資金流動頻繁，令拆息波動也在加大。一方面，規模稍大的資金需求及資金調撥會即時引起拆息波動；另一方面，市場範圍由香港一地擴展到全球範圍，資金供需情況及期限匹配更加複雜，而香港作為一個開放經濟體，更容易受到境內外市場波動的影響及衝擊，如隔夜拆息幾次飆升，最高達到 80 厘。有了 PLPs 及其他流動性管理措施，可更主動緩衝拆息飆升，即使拆息因某種原因急升，亦可在金管局資金注入後趨於正常，避免支付困難。

其次，提升香港離岸人民幣中心地位。近兩年倫敦、新加坡等地大力發展離岸人民幣業務，儘管香港作為境外首要的離岸人民幣中心的地位不會動搖，但站在香港自身角度考慮，不能固步自封。離岸人民幣市場基建有四大支柱：一是安全和高效的結算交收系統；二是穩健且有利市場發展的監管制度；三是設立金融市場基準；四是充裕的流動性。金管局推出一系列措施，完善人民幣流動性管理措施，用以保證充裕的流動性。

實踐中，2015 年「8‧11」後離岸人民幣市場波動加大，幾次出現流動性緊張，PLPs 機制在平抑隔夜拆息飆升過程中發揮了很重要作用。各家 PLPs 都充分利用了這個機制及其他流動性管理手段向市場注入資金，令流動性緊張沒有進一步惡化，保證離岸人民幣市場的正常運行。2016 年初市場憂慮美國加息，引致資金外逃，又遇到英國退歐公投等，這些特別事件都導致離岸人民幣市場出現波動，PLPs 額度被充分利用，加強了銀行管理人民幣頭寸的手段，應付突發需要，確保 RTGS 交收順暢。截至目前，回購操作基本滿足了各類人民幣參加行的多元化需求，而金管局在其網站上每日四次公佈各類回購的使用量，以作為給所有參加行的一個指標，使得整體操作公開透明。

五 / 香港人民幣流動性管理展望

隨著人民幣國際使用更加深入，境外人民幣流動性也在不斷發生變化。2015 年 8 月至 2016 年 12 月香港人民幣存款持續下跌，由 9,790 億元下降至 2016 年 12 月的 5,467 億元，2016 年 1 月、9 月及 12 月人民幣拆息均一度飆升，但其他時段流動性偏鬆，顯示新的市場環境下流動性管理的新特點。

大體上，「8·11」後客戶對人民幣產品需求下降，導致存款量下降，人民幣交收量有所萎縮，外匯交投亦轉淡。然而，2016 年春節後，境外人民幣匯價穩定下來，市場不再恐慌，境外人民幣利率下降，而同期境內利率亦在下降，兩者套戥機會減少。另一方面，由於年初隔夜利率飆升，各銀行流動性管理變得保守，資金都集中在短檔期內，在供過於求的情況下，形成一個月利率有半年徘徊在 2% 左右，這些因素可解釋為什麼境外資金池持續收縮，但利率並無向上。

展望將來，隨著預期改變，市場逐漸接受人民幣匯率及利率的雙向波動。「一帶一路」發展及深港通開通，鞏固香港作為離岸人民幣中心的地位，但同時亦對人民幣流動性需求進一步增加，香港 PLPs 必然會配合客戶需求。

PLPs 安排不但使香港的離岸人民幣市場更有效率，更進一步鞏固香港在全球離岸人民幣市場中的領導地位。中銀香港兩次獲委任為 PLPs，顯示監管機構對中銀香港及對中國銀行集團的重視及信任，中銀香港在集團領導下亦會在離岸人民幣市場發揮更積極的作用。 ⊕

金管局基建融資
促進辦公室再創
人民幣業務優勢

楊杰文（中銀香港發展規劃部人民幣業務規劃主管）

香港金管局於 2016 年 7 月正式啟動「基建融資促進辦公室」（Infrastructure Financing Faciliation Office, IFFO），以推動香港發展為基建融資樞紐。「一帶一路」基建項目有大量融資需求，IFFO 的建立將有助於匯聚資金提供者、項目發展者及有基建需求的國家，交換訊息和分享經驗，促進更多資金投入到「一帶一路」項目，亦有助於推動「一帶一路」人民幣使用。

一 / IFFO 源自香港在「一帶一路」的特殊角色

過去 30 多年，香港憑藉在內地改革開放中擔當轉口港，成功轉型為亞太區主要的國際金融中心，又抓住內地推動人民幣國際化，建立起境外首要的離岸人民幣中心。隨著「一帶一路」戰略構想的提出及付諸實施，香港經濟發展獲得了新的發展動力，可在「一帶一路」戰略中扮演特殊角色，發揮金融中介及專業服務的優勢，鞏固香港國際金融中心及離岸人民

幣業務樞紐地位。

　　首先要準確把握「一帶一路」經濟區對全球經濟的重要意義及香港在這個經濟區之中的角色和作用。

　　「一帶一路」，即「絲綢之路經濟帶」和「21世紀海上絲綢之路」，沿線多數為發展中國家及新興市場經濟體，過去十多年該經濟區GDP增長速度達到全球平均增長速度的2.5倍。未來，若這一區域仍能保持這一增長速度，20年後經濟總量將接近全球一半，形成「絲路半球」，成為全球新的經濟重心。假如能夠實實在在地推動沿線各國基建聯繫、貿易關係與產業合作，進而推動金融整合和市場融合，那麼，我們可以預期未來將出現一個新興的龐大市場，有可能重演80年代中國改革開放的故事，成為世界經濟新的引擎。

　　香港在推動「一帶一路」區域合作方面可大有作為：香港位處東亞中心，毗鄰中國內地，是這個經濟區的重要交通樞紐之一，區內不少國家和地區（包括東亞、東南亞及部分南亞地區）位於五至六小時飛行航程內；香港擁有全球最繁忙的貨運機場和全球第四繁忙的貨櫃港口；香港是亞太區重要的國際金融中心，可提供融資、交易、風險管理等多元化金融服務，並且是最大的離岸人民幣業務中心；香港擁有完備的法律體系、獨立的司法制度、簡單稅制及低稅率、開放的貿易投資環境、廣泛的國際網絡，以及在資訊、資金和人才自由流動等多項優勢。因此，香港具備充分條件，可在內地與「一帶一路」沿線國家和地區貿易、物流、投資和財資管理等領域的合作中發揮重要作用。

二 ／ 設立 IFFO 主要是為了聚集人脈、撮合業務

　　香港金管局總裁陳德霖表示：「作為亞洲首要的國際金融中心及全球離岸人民幣業務樞紐，香港具有獨特優勢，可在促進落實『一帶一路』戰

略中發揮重要作用。」近年來，香港政府、商界及學界一直熱烈討論如何更好地參與到亞投行（亞洲基礎設施投資銀行）事務及「一帶一路」建設，並有不少實際行動。例如，特區政府成立「一帶一路」督導委員會及「一帶一路」辦公室。

香港金管局成立 IFFO，目的是相當明確的，就是為了匯聚各方面人脈，提供一個資訊交流和經驗分享的平台；提升基建投融資方面的技能和知識；推廣市場及產品發展，以推動香港發展成為區內基建融資樞紐。

IFFO 在啟動時已經邀請了超過 50 間來自中國內地、香港及海外的機構加入成為合作夥伴，包括多邊金融機構及發展銀行、公營機構投資者、私營機構投資者 / 資產管理公司、銀行、基建項目發展及營運機構、專業服務公司及國際貿易協會。在這些企業和機構合作夥伴基礎上，IFFO 可發揮與各方沒有利益衝突的獨特地位和優勢，推動不同企業和機構之間的資訊分享和經驗交流；通過舉辦會議、研討會及工作坊等形式，協調合作夥伴共同探索和發展產品市場，特別是營銷及推廣香港作為基建融資中心的優勢。

2016 年 7 月，金管局分別與國際金融公司及全球基礎設施中心簽訂諒解備忘錄，加強基建融資方面的合作與技能提升，並促進相關交易。IFFO 與博鰲亞洲論壇在香港合辦高層次會議「金融促進實體經濟」，探討基建投資如何帶動經濟發展。10 月，IFFO 主辦並由國際金融公司及瀚亞投資協辦了首個行政人員工作坊，主題是「私營資金參與新興市場基建項目的投融資」，推動技能提升方面的工作，並吸引了 13 個新的 IFFO 合作夥伴。12 月，金管局與國家開發銀行及中國進出口銀行分別簽署諒解備忘錄，通過 IFFO 平台建立策略性合作框架，以促進基建項目投資。

值得關注的是，作為香港金融監管機構的一部分，IFFO 在此過程中可以很好地幫助金管局以致香港金融同業理解和認識有可能妨礙吸引基建投資及其融資的因素，並進行優化和改善，從而提升有關基建項目的可行

性，提升香港金融業的參與程度。

三 ／ 加入亞投行更有利於 IFFO 開展工作

財政司司長曾俊華在 IFFO 開幕式上表示：「憑藉香港與內地以至全球各地市場的緊密聯繫，以及作為區內國際金融中心的多方面優勢，香港具備優越的條件發展成為區內基建項目的集資、融資和資產管理中心。」香港有良好的願望，但也需要得到外部因素的支持及配合，例如，由亞投行鼎力協助香港拓展「一帶一路」基建融資。

亞投行是一個向亞洲國家和地區政府提供資金以支持基礎設施建設的區域多邊開發機構，旨在促進亞洲區內建設互聯互通化和經濟一體化的進程，亦加強中國及其他亞洲國家和地區的合作。亞投行總部設在北京，法定資本為 1,000 億美元，於 2016 年 1 月正式開業。創始成員國共有 57 個，其中域內國家 37 個、域外國家 20 個。迄今，亞投行已正常運營，第一個項目有了著落，即從北京到巴格達的鐵路建設，以支持「絲綢之路經濟帶」的建設。

自亞投行籌建起，香港一直積極爭取加入。2016 年 11 月 8 日，亞投行行長金立群在參加香港 IFFO 主辦的研討會上預期，香港將正式成為亞投行新成員，2017 年 3 月 23 日亞投行正式公佈接納香港成為亞投行新成員。這是亞投行成立以來首批以普通成員身份加入進來的新成員，顯示亞投行希望更好地利用香港離岸金融中心推動亞太區基建融資的強烈意願。他特別強調，香港作為世界級金融中心，擁有穩健的商業基建及成熟且活躍的資本市場，亞投行乃至其他國際多邊組織，在發債時必會考慮利用香港這方面的專長。

成為亞投行成員，令香港在亞太區及「一帶一路」建設中有了更堅實的「抓手」，可發揮更大作用。香港不僅獲得了在亞投行的話事權，直接

為亞投行及「一帶一路」項目提供融資，而且還可建議及推動亞投行將投融資活動放到香港。另一方面，亞投行支持基建融資，除了自有資金之外，更多的是需要發行債券融資，包括利用香港點心債市場，或者利用香港債券平台進行分銷。這是香港銀行業界努力爭取的業務機遇。

四、以「一帶一路」基建融資促進香港人民幣業務

　　金管局肩負著促進香港國際金融中心發展的職能，牽頭成立 IFFO，不僅促進「一帶一路」基建發展及融資機會，而且亦能更好地推動「一帶一路」人民幣業務的發展。從某種意義上看，「一帶一路」戰略與人民幣國際化並肩而行，互相推動。「一帶一路」為人民幣國際化創造更廣闊的發展空間，而人民幣國際化亦提升了「一帶一路」建設的效率及層次。香港同時把握兩大歷史機遇，並有能力將兩者有機地結合於一體。

　　近年來，「一帶一路」沿線國家和地區接受人民幣不斷提升。伴隨人民幣向沿線國家和地區持續輸出，離岸人民幣市場規模也在不斷擴大，沿線國家和地區的機構、企業、個人使用人民幣及持有人民幣資產規模進一步擴大，對人民幣資產管理需求趨於多元化，包括人民幣清算服務、理財產品、離岸拆借、離岸債券、匯兌交易及其他財資業務。香港在發展「一帶一路」基建融資的基礎上可拓展更多業務機會。

　　一方面，香港可對「一帶一路」基建項目建設中符合商業性和銀行風險控制要求的項目提供包括人民幣在內的融資、結算服務，尤其是由中國政府支持及中資企業參與的項目，可加大人民幣融資及結算佔比，打造「一帶一路」的人民幣資金通道。

　　另一方面，中國在東盟、中亞、南亞、中東歐設立了一大批產業園區，成為推進「一帶一路」的平台。各園區主要由中資企業參與組建及運營，對人民幣資金需求較多。對於一些政治相對安全、基礎設施條件較好、

產業聚集達到一定程度的園區及入園企業，香港銀行可以推出人民幣、美元、本幣結合的綜合金融服務方案，推進人民幣在當地使用。

進一步，香港可利用法治、金融及專業服務的優勢，建立一個綜合服務平台，引導更多境內外企業參與亞太區基建及「一帶一路」投資項目。在這個平台上，香港可提供靈活多樣的融資產品，通過日趨豐富的美元及人民幣衍生品來化解「一帶一路」沿線部分高風險國家和地區的投資風險，保證相對安全穩定的投資回報，並提供國際法律服務，建立被全球接受的爭議解決機制，為項目建設出現的糾紛提供調解和仲裁服務，從而推動亞太區基建及「一帶一路」項目順利展開。

香港近年來一直積極發展國際資產管理業務中心，基金管理及私人銀行排名亞太區前列，並有望成為離岸人民幣資產管理中心。2016 年香港通過稅務優惠計劃，吸引更多跨國公司亞太區總部在香港設立財資管理中心（Corporate Treasury Centre, CTC）。特區政府及業界特別希望亞投行能將離岸財資管理中心設在香港，甚至在香港成立亞投行第二總部或辦事處。成立 IFFO 無疑有助於推動這一進程。

香港一向是內地對外發展戰略的重要「棋子」，從早期對外貿易的「窗口」，到中資企業對外投資的「跳板」，再到跨境人民幣業務的「試驗田」，近兩年又積極、主動參與「一帶一路」項目，通過 IFFO 推動「一帶一路」基建融資，如今又成為亞投行成員，進一步穩固了香港的角色，也令香港各行各業獲得延綿不絕的發展機遇。⊕

第五章

大力拓展香港離岸市場人民幣業務

香港以金融創新助推
「一帶一路」建設

岳　毅（中銀香港副董事長兼總裁）

（2016 年 2 月 27 日海上絲綢之路協會「一帶一路——硬實力結合軟實力」
論壇演講稿）

很高興應海上絲綢之路協會的邀請出席今天的論壇。習主席提出的「一帶一路」戰略正在加快推進，受到廣泛的讚許。「一帶一路」實現了理念和方式的創新，將推動區域合作，為沿線國家提供巨大發展潛力，也為香港工商界帶來新的業務機會。

一／「一帶一路」是對外開放和合作模式的創新

「一帶一路」首先是合作理念的創新。迄今為止全球主要的區域合作組織多以貿易和投資便利化為主題，難免有所局限並缺少針對性。「一帶一路」提出打造利益共同體和命運共同體，體現「和、敬、親、融」以及天下大同等中華文明的核心價值，與亞洲國家持有的「多元一體、和諧共贏」的新地區主義理念相一致。這是「一帶一路」戰略的靈魂所在，也是區域經濟合作模式創新的基本前提。

「一帶一路」在合作方式方面有三大創新。一是以建設經濟走廊作為

重要推進平台，為全球資金和人才提供用武之地。現階段主要有新歐亞大陸橋、中蒙俄、中國－中亞－西亞、中國－中南半島、孟中印緬和中巴等六大經濟走廊，它們大多是區域性的，如歐亞大陸橋是橫跨亞歐大陸的鐵路運輸系統，是古絲綢之路的主要走向，早在 1992 年就開通國際集裝箱貨運業務，以此為平台建設經濟走廊，涵蓋中國、中亞、西亞和西歐 30 多個國家，將是世界上最長、最具潛力的經濟走廊；又如中國－中南半島經濟走廊涵蓋中國和東盟十國，現已是 10+1 自由貿易區，正在進行自貿區升級談判，在此基礎上打造經濟走廊，無疑將錦上添花，事半功倍。

二是通過與沿線國家分別簽訂備忘錄和路線圖，實行「一國一策」。也就是要搞八仙過海，各顯神通。目前已在塔吉克、馬爾代夫、斯里蘭卡、印度和巴基斯坦等國家採用這個合作方式，以中巴合作為例，雙方已簽訂總額 460 億美元的協定，重點是瓜達爾港和能源項目，其中瓜達爾港是中巴經濟走廊的西南門戶，目前正在加強港口基建以及疏港公路、機場、電站等一系列配套工程；能源項目涉及風電、太陽能、水電、火電、核電和輸電線路等 27 項建設工程，一旦取得成功，將為發展中國家的國際投資合作提供新的經驗。

三是成立新的多邊開發機構籌集建設資金。「問渠何得清如許，為有源頭活水來」，成立新的多邊開發機構就是要為絲路建設注入源頭活水。推動「一帶一路」需要巨額資金，如何融資成為關鍵。目前主要通過設立亞洲基礎設施投資銀行、上合組織開發銀行等機構籌集資金，其中最具影響力的亞投行已經以新機制開始運作。同時，國家還出資 400 億美元成立絲路基金，作為投資主體支持「一帶一路」重點項目建設和運作，目前已率先投入一些基建項目。

「一帶一路」沿線多數為新興市場或發展中經濟體，本世紀以來 GDP 增速是全球平均水平的 2.5 倍，未來若以兩倍於全球平均的速度增長，20 年後這一區域的 GDP 總量將佔全球接近一半，形成「絲路半球」，成為

真正的經濟重心和財富增長的源頭。

二 / 香港可以金融創新助推絲路建設

在國家「一帶一路」建設中，香港金融業擁有巨大的優勢，可以提供多功能的服務和多方面的支持。香港地理區位優越，同時擁有一國兩制的雙重優勢；作為國際金融中心，融資等多元化金融服務具備比較優勢；作為最大離岸人民幣業務中心，在人民幣國際化進程中佔據先機；擁有完備的法律體系、低稅率及簡單稅制，可在內地同沿線國家貿易、投資、財資管理中發揮作用；是「21 世紀海上絲綢之路」的重要節點，在國際貿易與物流上具備天然的優勢。

正因如此，「一帶一路」建設給香港金融業帶來眾多難得的發展機遇。當然也要看到，絲路沿線國家經濟、政局環境差異較大，一些國家市場化程度不高，法律制度不健全，企業乃至銀行經營缺乏規範的行業準則，為金融業務風險管理帶來新挑戰。面對這些重大機遇和挑戰，香港金融業要以戰略思維把握全域，努力通過金融創新協助國家推動「一帶一路」建設。具體可以從四個方面著手：

一是為「一帶一路」金融創新提供平台。香港金融機構可在銀團貸款、項目貸款、發行基建債券以及基金等傳統領域，以創新方式向沿線國家基建項目提供融資；以戰略性思維吸納沿線成熟的投資項目來港上市；亞投行、絲路基金等支持性金融機構將為香港商業銀行和投資銀行帶來重大投資項目的創新合作良機；香港 2007 年就開始研究伊斯蘭債券問題，2015年發行 10 億美元伊斯蘭債券得到投資者認可，未來創新發展的空間很大。值得一提的是，香港在亞投行運營中可以充當特殊的支持角色，包括擔當亞投行的首要國際融資平台、作為亞投行支持項目的國際投資夥伴、配合亞投行促進人民幣國際化以及為亞投行提供國際性人才等，成為亞投行在

2016 年 9 月，G20 領導人峰會在杭州舉行，中國繼續積極推動「一帶一路」戰略。（新華社照片）

海外的主要營運中心。

二是以創新思維支持中國內地企業走出去。國家通過「一帶一路」戰略營造有利中企的投資環境，香港金融業應以新思維支持內地企業「走出去」，通過股權、債權相結合，直接融資、間接融資相結合等方式，為企業提供全方位融資安排。如中國三峽集團公司不久前在香港註冊成立三峽南亞公司，擬投資巴基斯坦的四個大型水電站，目前正在尋找 70 億美元融資，相信不少會在香港進行。未來將會有更多中企借船出海，以香港為跳板到絲路沿線投資，從而對香港金融創新和專業服務提出更多的要求。

三是借助「一帶一路」再創香港人民幣市場新優勢。香港作為全球最大的離岸人民幣中心，未來應以創新理念為「一帶一路」提供不同的金融產品和多樣化的資產分配工具。伴隨人民幣在沿線國家持續輸出和擴大運用，人民幣離岸市場規模也將不斷擴大，在沿線國家持有人民幣資產的各類機構、企業和個人的多元化人民幣資產管理需求也將快速提高，人民幣清算服務和理財產品、離岸市場拆借、離岸債券、匯兌交易與套保工具衍生品等財資業務空間更加廣闊。

四是為經濟走廊和產業園建設提供專項融資安排。一方面，香港可為六大經濟走廊建設提供一攬子金融服務，對符合商業性和銀行風險控制要求的項目提供融資、資金結算和清算，同時借助香港金融機構多元化投資平台，參與走廊建設基金投資。另一方面，中國在東盟、中亞、南亞、中東歐和邊境地區共設立了數十個產業園區，作為推進「一帶一路」的平台，對於政治環境友好、基礎設施具備一定條件、產業聚集達到一定程度的園區及入園企業，香港銀行可提供授信支持，以創新思維制定綜合金融服務方案。

三 / 中國銀行將積極參與「一帶一路」建設

中國與絲路國家經貿合作水平不斷提升，投資力度不斷加大，為中國銀行提供堅實的業務基礎和重大項目合作機會。中銀香港的戰略定位是秉承「擔當社會責任，做最好的銀行」，支持國家「一帶一路」戰略，將中國銀行構建為「一帶一路」金融大動脈；戰略目標是通過自設機構與兼併收購完善網絡佈局，實現絲路沿線國家機構覆蓋率 50% 以上。2015 年中國銀行「一帶一路」相關授信 200 億美元，2016 至 2018 年將達到 1,000 億美元。

中銀香港為配合國家「一帶一路」發展戰略和總行的總體佈局，也制定了自身的策略，即抓住「一帶一路」機遇，發揮中銀香港在東盟乃至亞洲的區域中心作用，將服務、產品、資源等方面的優勢輻射至「一帶一路」區域，實現由城市銀行向區域性銀行轉變。

在具體操作上，中銀香港將聚焦「一路」的客戶與業務。我們將結合打造「一帶一路」金融大動脈重要樞紐和向區域性銀行轉型的戰略，重點聚焦「21 世紀海上絲綢之路」沿線業務機會，優先拓展中－東盟重點項目和客戶。我們正在進行的東南亞機構重組契合了國家戰略，也是我行加快國際化發展的戰略部署，意義重大，影響深遠。中銀香港將通過矩陣式管理模式實施區域化發展戰略，發揮「超級連絡人」優勢推動專業平台的延伸，建立完善對東盟機構的管理體制，充分發揮各自優勢形成強大的區域競爭力，爭取成為「走出去」企業的主流銀行、當地客戶的主流銀行、東南亞華人華僑的主要往來銀行和首選銀行。

與此同時，我們將主抓中資、港資大型企業沿線項目，批量服務沿線園區企業、商貿企業，加強各類機構客戶拓展力度；在金融產品上將實行投融資、貿易金融、財資產品、機構業務四輪驅動；在風控方面堅持商業化、市場化原則，做實沿線國家法律環境、監管政策、行業情況的研究分

析，做好項目風險評估管理和防控，同時在某些重大項目上加強同政策性金融機構及多邊機構合作，通過多邊機構出具擔保、投保出口信用保險等方式，多渠道加強風險緩釋。

女士們、先生們，推進「一帶一路」建設將是國家在未來一段時間內對外開放的主旋律。面對這一歷史性機遇，中銀香港願與香港各界一道把握機會，在參與絲路建設攜手合作，締造多贏格局，為香港未來發展而共同努力。⊕

更好地發揮中銀香港清算行在人民幣國際化的重要作用

楊如海（中銀香港營運部總經理）

自從 2003 年底內地開放香港市場個人項下人民幣業務起，中銀香港就一直擔任香港人民幣清算行。一路走來，我們見證了香港及海外人民幣業務發展的推進歷程。

一／中銀香港已建成境外最先進的人民幣清算系統

2009 年 7 月人民銀行推出跨境貿易人民幣結算政策以來，逐步形成人民幣跨境使用的政策框架，至今已有 7 年多。在兩地監管機構的支持和指導下，中銀香港不斷完善各項人民幣產品和服務。截至目前，中銀香港清算行可向參加行提供全面的清算服務，包括人民幣存款、貿易項下兌換平盤、個人及機構人民幣匯款、資金調撥、人民幣現鈔提存、資金拆借、日間回購融資、託管安排等業務品種。香港人民幣清算行已成為境外地區產品體系最完善的人民幣清算行。

與此同時，作為清算行，我們積極營銷海外其他國家或地區的金融機

構，努力擴大離岸人民幣清算網絡體系，為人民幣貿易及投資便利化創造便利條件。截至 2016 年底，直接在中銀香港開立人民幣清算帳戶的參加行達到 218 家。另外，還有不計其數的海外銀行在上述參加行開立了人民幣帳戶，成為間接的參加行。以中銀香港為主渠道的人民幣全球清算網絡已初具雛形，香港人民幣清算行亦成為境外覆蓋面最廣泛的人民幣清算行。

長期以來，中銀香港努力把握機遇，不斷做好系統支持等各項基本建設。在人民銀行以及香港金管局的支持下，前瞻性地大幅提升及完善人民幣清算系統功能，建立起香港人民幣即時支付系統（RTGS），並加強與其他清算系統的連接，不斷延長服務時間。目前清算行可實現境內外銀行資金點對點的即時清算，並且該清算系統又與債券、股市、外匯交易等系統無縫連接，業務處理自動化程度較高，成為境外參加行選擇的主要清算渠道。

2014 年香港人民幣清算行通過深圳金融電子結算系統，將跨境人民幣清算時間延長至凌晨 5 點，並在此基礎上實現了 24 小時人民幣清算服務，為內地及海外不同時區之間辦理跨境人民幣業務提供了充分便利。2016 年，在人民銀行的大力支持下，香港人民幣清算行又成為人民幣跨境支付系統（CIPS）的直接參與者，同步實現了 RTGS 與 CIPS 的連接，進一步為跨境以及離岸人民幣清算提供了便利。

目前，香港人民幣 RTGS 已成為全球運作時間最長以及交易量最大的離岸人民幣 RTGS。自離岸人民幣業務 2010 年起步以來，經過香港人民幣 RTGS 的清算量迅速增長，短短幾年間，每月清算量從原來的不到八萬筆迅速增加到如今的近 32 萬筆（見圖一）。交易金額方面，2013 年 5 月香港人民幣 RTGS 交易額首次超越港幣 RTGS 交易額，為香港四個 RTGS（港幣、美元、歐元及人民幣）當中交易額最大的系統，至今此現象已成為常態。2016 年首 10 個月，人民幣清算金額每月超過 16 萬億元。

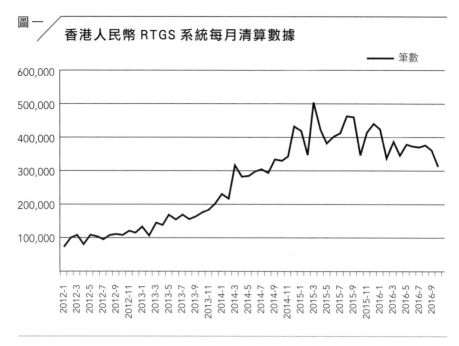

圖一 香港人民幣 RTGS 系統每月清算數據

—— 筆數

資料來源：香港銀行同業結算有限公司

　　綜上所述，中銀香港已經發展成為一個全球覆蓋、全天候運作、功能強大的人民幣清算系統，有力地支持了跨境人民幣業務發展。人民幣正式「入籃」後，香港離岸人民幣中心的地位將更加穩固，香港人民幣清算行重要性也將進一步提升，以維繫香港作為境外人民幣業務樞紐的地位。

二 / 新市場環境下香港清算行繼續發揮重要作用

　　「8‧11」匯改以來，人民幣國際化進入新階段，中銀香港人民幣清算行不斷發揮自身積極作用，在保障各項清算行業務平穩運行的同時，全力支持人民幣走向國際化的縱深發展。

　　首先，清算行全力保持市場支付清算等基礎性業務的穩定開展。

2015 年 8 月 11 日，人民銀行宣佈完善人民幣匯率中間價形成機制後，香港離岸人民幣市場一度大幅波動，市場人民幣交易量迅速增加，對清算行的業務運作帶來較大考驗，中銀香港克服市場變化帶來的業務壓力，所有業務維持常規的高標準服務水平，從未出現任何支付阻滯或業務失誤，為人民幣國際使用提供強大的清算保障。

日益複雜多變的市場環境給參加行的人民幣流動性管理增加了難度，清算行始終堅守崗位，積極發揮流動性支持作用。清算行通過清算系統功能及流動性融資手段，為離岸市場構建一套完備的流動性管理機制。在系統功能方面，RTGS 採用即時逐筆清算的交易模式，但考慮到參加行之間的資金交收很多情況下都是互有相連，為加速資金清算效率，及避免參加行之間的資金清算由於某家參加行流動性出現短暫不足造成支付清算的堵塞現象，RTGS 引入多邊淨額軋差計算功能，提高參加行之間的清算效率。

同時，清算行提供多種工具，便利參加行的流動性管理，包括實時帳戶結餘查詢、實時交易查詢，並且容許參加行按交易急緩自由調動其支付交易的先後順序，確保參加行資金使用效率達至最大化。此外，清算行又與香港金融管理局共同制定支付比例指引（Throughput Ratio Guideline），鼓勵參加行分別在每個工作日的下午 2 時 30 分及 5 時 30 分之前完成不少於 30% 及 60% 的交易（以支付金額計算），促進離岸市場的整體流動性。

至於流動性類別產品方面，清算行向參加行提供日間債券回購（Intraday Repo）服務，參加行只需與清算行簽署日間債券回購服務協議，並備有清算行認可的合資格抵押品，即可通過抵押方式從清算行獲取免費的日間流動性資金。清算行自 2011 年推出該項服務，為配合人民幣業務不斷增長，清算行不斷優化相關服務，在香港金管局大力支持下，先後將日間債券回購服務時間延長至晚上 11 時 30 分以及翌日凌晨 5 時，並擴大日間回購服務可接受的債券抵押品範圍。

人民幣業務清算協議簽署儀式
Signing Ceremony of RMB Clearing Agreement
2011. Hong Kong

2011年11月，中國人民銀行與中銀香港簽署新的人民幣業務清算協議。

迄今，清算行接受的抵押品包括：由中華人民共和國財政部、政策性銀行（包括中國農業發展銀行、國家開發銀行及中國進出口銀行）在香港發行的人民幣債券，以及香港特區政府債券、外匯基金票據及債券。清算行亦通過資金拆借為參加行提供適度的短期人民幣資金融通服務。

其次，清算行根據政策導向，滿足海外央行以及其他主權機構與日俱增的使用人民幣、儲備人民幣的需求，做好各項配套服務。

近年來，與人民銀行簽署人民幣貨幣互換協議的海外央行越來越多，中銀香港積極營銷海外央行和其他主權類機構，擴大服務於這些機構的業務領域。在清算及運營環節，清算行亦配套各項產品及業務，包括構建系統平台、創新服務流程等，從而亦提升了人民幣國際儲備貨幣功能。

第三，依託香港獨特的人民幣清算體系，為參加行提供多樣化的跨境清算服務。

圖二

跨境人民幣清算系統的三種資金連接模式

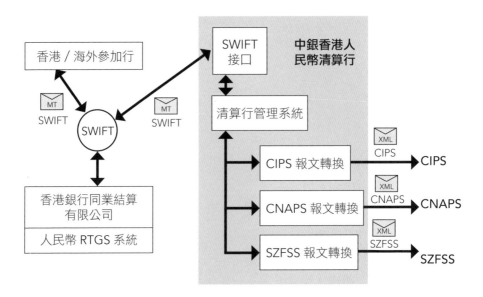

當前，清算行同時與三個跨境資金清算系統直接連接，並且實現全自動選擇清算渠道及對應報文格式轉換，保證資金清算效率及資金安全。這三個系統分別是中國現代化支付系統（China National Advanced Payment System, CNAPS）、人民幣跨境支付系統（CIPS）和深圳金融結算系統（Shenzhen Finance Settlement System, SZFSS）。清算行根據交易特性，選擇最合適的渠道，直接與國內銀行進行資金清算，無需透過第三方辦理，充分滿足參加行不同支付業務的需要。

其中，CNAPS 是全國性人民幣支付清算系統，參與銀行包括人民銀行、政策性銀行、國有商業銀行、股份制商業銀行等，參與銀行可通過 CNAPS 覆蓋全國的網絡進行清算。CNAPS 服務時間由上午 8 時 30 分至下午 5 時。通過 CNAPS，清算行與境內網點銀行進行點對點交易，即時直達收款網點。

CIPS 由人民銀行在 2015 年底推出，截至 2016 年 10 月底，共有 27 家直接參與者、449 家間接參與者，覆蓋 78 個國家和地區。中銀香港人民幣清算行於 2016 年 7 月成為首家 CIPS 直接參與者的境外機構，充分體現內地對香港離岸人民幣中心地位的肯定與支持。

CIPS 具有服務時間較長的特點。服務時間為上午 9 時至晚上 8 時，且系統報文格式與環球銀行金融電信協會（SWIFT）報文格式有較佳相容性，並實現直接及間接參與者雙層用戶架構，容許間接參與者於不同直接參與者開立帳戶，便利海外銀行開發相關系統功能。CIPS 系統未來可支持海外直接參與者。人民幣於 2016 年 10 月正式加入特別提款權（SDR）成為主要儲備貨幣，隨著人民幣在國際貿易及投資中的需求增加，CIPS 將成為推動人民幣國際化的重要金融基礎性設施。

SZFSS 為深圳本地的金融結算系統，該系統能夠提供 24 小時運作，對於部分未能趕及日間辦理的緊急業務，或需要於歐、美辦公時間進行交易的跨境匯款，參加行可通過 SZFSS 於夜間辦理，有效補充了 CNAPS 與

CIPS 運作時間上的限制。

綜上所述，CNAPS、CIPS、SZFSS 三個系統各有特點，互相補充，共同構建人民幣跨境流動的清算平台，為人民幣跨境及國際使用建立了穩健的金融基礎設施。香港清算行同時連接這三個系統，是迄今境外唯一一家具備此項條件的清算行，可為參加行提供更具靈活性及最貼切其需求的清算服務。

第四，中銀香港人民幣清算行積極與海外其他地區的人民幣清算行密切合作，共同推動人民幣在全球的使用。

中銀香港清算行在做好自身清算業務的基礎上，一直積極向海外推廣香港清算行模式，為境外其他人民幣清算行提供支持，形成良好合作關係。同時，中銀香港亦積極協助海外機構搭建當地人民幣清算平台，分享人民幣清算業務發展和管理經驗，共同推動人民幣清算業務，促進人民幣國際使用。

三 ╱ 香港人民幣清算行將繼續保持領先優勢

展望未來，隨著人民幣國際化的不斷推進，中銀香港人民幣清算行將進一步增強清算功能，拓展新的業務領域，鞏固和提升香港人民幣清算行在離岸人民幣清算業務中的領先優勢：

首先，加強清算系統運作管理和系統的升級優化，保持清算平台穩定運作，深入挖掘清算行各項潛在資源，保持並不斷提升人民幣清算系統高效性、安全性及便捷性。

其次，持續優化各項清算產品和服務，完善人民幣流動性支持工具，通過各種方法加強與參加行的溝通交流，提升客戶體驗。

再次，全力配合國家「一帶一路」戰略藍圖，為「一帶一路」沿線國家和地區的銀行同業分享跨境人民幣業務經驗，為「一帶一路」沿線國家

和地區企業和金融機構使用人民幣提供支持。

最後，繼續發揮身處市場一線的優勢，總結人民幣清算業務中的經驗，進一步增強離岸市場的研究能力，為監管機構、市場參與者及其他人士提供具有價值的研究報告。

總之，離岸人民幣市場還在不斷發展及完善中，香港人民幣清算行的基建以及內涵亦在不斷發展中，當前重點是發揮香港人民幣業務基礎平台的作用，進一步豐富產品和服務品種，繼續推進人民幣在實體經濟活動中的作用。

作為香港人民幣清算行，我們將繼續緊密圍繞監管機構的政策導向，穩步推動人民幣投資貿易便利化。長遠看，中銀香港人民幣清算行可在人民幣國際化加快的進程中，發揮更多的、更加積極的作用，充分發揮在清算渠道、客戶基礎、金融產品、專業服務及品牌形象等方面的優勢，為人民幣成為主要國際貨幣作出更大貢獻。 ⊕

新市場環境下香港
人民幣業務分析

張朝陽（中銀香港發展規劃部總經理）

以「8·11」匯改為分界線，香港人民幣業務發展發生了很大變化。經歷了多年市場「風平浪靜」、業務「順風順水」後，市場參與者發現，市場不確定性陡然上升，各種形態的匯率及利率波動隨時發生，而主要業務指標也是有升有跌。另一方面，隨著人民幣國際使用擴大，市場參與者又不難尋覓到越來越多的業務機會。在這種情況下，如何更好地開展香港人民幣業務，是一個值得探討的問題。

一　人民幣業務面對不確定的市場環境

「8·11」匯改前離岸人民幣匯率、利息走勢較好預判。多年來人民幣一直承受升值壓力，即使 2014 年底以後在一定幅度內波動，但變化幅度不大，人民幣利率長期低於境內。「8·11」後匯率走勢變得難以琢磨，在不到一年時間已出現幾番起落——從「8·11」匯改至 2016 年 2 月初（春節前），匯率大幅波動，貶值預期佔據主導，市場參與者紛紛拋售人民幣；

從春節後至「6·24」英國「脫歐」，匯率波動逐漸回穩，在一個較窄區間內調整（見圖一）；「6·24」英國「脫歐」以後，在全球金融市場急劇波動帶動下，匯率又出現一輪貶值。利率先大幅飆升，後持續下降，9月份及12月份利率又出現一輪反彈。

CNH 及中間價

市場波動中不難觀察到以下兩個新的市場特徵：

其一，單邊預期被打破，市場參與者開始理性看待匯率變化。2016年5月底美聯儲加息預期增強、6月底英國「脫歐」、11月上旬特朗普意外當選，均令離岸市場匯率（CNH）承受被動貶值壓力，分別突破6.6、6.7、6.8及6.9阻力線，但市場能夠平靜接受，並未出現有人預期的崩盤，甚至交易量也未明顯擴大。這與「8·11」及年初的市場恐慌形成了對比。遠期市場上CNH一年期可交割期貨與即期的價差（Spread）從1月中旬2,000點收窄至1,000點以下，期權市場上衡量做空人民幣的重要指標一年風險逆轉率也大幅回落。如果說「8·11」匯改時，大多數市場參與者還沒有做好心理準備，經歷了此輪匯率「攻防戰」，市場上分化出「淡友」與「好

友」，未來單邊預期將越來越少。

其二，CNH 與 CNY（在岸市場匯率）、中間價並軌，離岸在岸互動增強。「8·11」前 CNY、CNH 持續偏離中間價，CNH 偏離更大。「8·11」匯改希望確立中間價的基準地位及權威性，令其能夠反映市場匯率變化並成為市場匯率波動的軸心。從這個方向考察，CNH 與中間價的點差從「8·11」之前半年平均 870 多點，收窄到 2016 年 2 月中旬以來 140 多點；中間價彈性增強，對 CNH 引導性越來越明顯。春節以來中間價平均調整 123 點，調整幅度超過 100 點的比重達全部交易日一半，而 CNH 跟隨中間價變化方向及圍繞中間價上下波動也成為一種常態，由此亦改變了持續弱於或強於中間價的分佈特徵。

不過，從波動幅度上看，人民幣仍是一種相對穩定的貨幣。對比特別提款權（SDR）籃子貨幣中歐元、英鎊、日圓及人民幣兌美元匯率，2016年上半年四種貨幣匯率波動區間分別是 7.3%、13.2%、16.9% 及 3.7%。在日波動幅度方面，人民幣只有一次超過 1%，歐元是六次，日圓及英鎊均超過十次。長遠看，由於中國經濟實力不斷增強，人民幣匯率穩定性仍獲支持。雖然人民幣定價機制越來越市場化，影響匯率走勢的內外部基本經濟面越來越複雜，人民幣波動幅度會加大，但相信不會大於 SDR 其他籃子貨幣。

二 / 業務指標回落反映了前期市場波動的影響

在市場波動中，香港主要人民幣業務指標開始回落。值得留意的是，「8·11」後匯率、利率波動最大時，各項業務指標回落並不明顯，反而 2016 年以來陸續顯現出來，持續到 2017 年，反映了市場波動對人民幣業務的影響具有一定滯後性。

2016 年 12 月底香港人民幣存款為 5,467 億元，比 2015 年底減少 3,044

億元（跌幅為 35.8%），2017 年 1 月進一步跌至 5,225 億元。受人民幣貶值預期、資金不足及成本上升等綜合因素影響，其他人民幣業務出現負增長。2016 年點心債發行 422 億元，一度連續數月零發行，其中財政部在香港發行了 280 億元國債，佔一半以上；9 月底人民幣貸款餘額 3,074 億元，比 2015 年底微升 3%，增長動力回落；人民幣市場活躍度下降，拆借、即遠期、衍生品及點心債交易量大幅回落；首季人民幣保單保費同比大跌82%。此外，2016 年人民幣即時支付結算（RTGS）交易量 202 萬億元，同比下降 9%，2017 年首兩個月交易量 31 萬億元，仍在低位徘徊。

由於各項人民幣業務之間有著密切的關聯性，部分業務出現調整又造成連鎖反應。過去，在充足的市場流動性支持之下，人民幣產品創新加快，不僅產品類別越來越豐富，市場深度及廣度也不斷拓展，促進各項人民幣業務的良性互動發展。例如，人民幣貸款除依賴人民幣存款，還借助多元化資金來源。存款不足時通過資金市場或發行大額存款證來補充資金，遇到客戶提取貸款，也可能臨時利用互換及拆借等方式獲取資金，故資金市場及資本市場保持良好流動性相當重要。「8‧11」後資金價格不穩定，有時還出現流動性抽緊，一些金融機構保留更多人民幣頭寸，其他業務相當謹慎。

對香港銀行業來說，市場波動下如何拓展人民幣業務也是一個新課題，一方面為保住貸款市場佔有率，不得不壓低利率定價；另一方面，面對存款進一步下降趨勢，又要向客戶提供優惠利率，導致利差不斷收窄。人民幣交易量滑坡直接影響到非利息收入。在多重因素共同作用下，人民幣業務盈利受到了侵蝕。

市場波動是如何影響到人民幣業務的呢？一般認為，人民幣貶值及貶值預期會降低投資者持有人民幣資產的意願並改變跨境貿易人民幣結算的資金流向。但這只是事物的一個方面。實際上，近幾年美元、歐元及英鎊都出現過一至兩成的急貶，還出現負利率，人民幣貶值幅度要小於以上貨幣。事物的另一個方面是，市場波動的背後是市場的扭曲。人民幣業務要

取得持久發展，首先要有一個健康運行的市場機體。「8 · 11」後國際投機力量操控市場情緒，設計即遠期及期權「連環套」，大肆做空人民幣，破壞了人民幣市場秩序。

因此，恢復市場秩序是促進香港人民幣業務健康發展的前提。有一些跡象顯示，隨著市場恢復理性，香港人民幣業務有望走出低谷。正如周小川所斷言的：「等市場逐漸回到相對穩定狀態，人民幣國際化還會繼續前進。」

三 / 人民幣業務可拓展的空間不斷擴大

撇開市場波動對香港人民幣業務的影響，在市場波動之際，國家仍不斷推出人民幣國際化政策，一些重要的國家戰略及對外開放措施也在不斷向離岸市場釋放「紅利」，香港離岸人民幣市場正處於一個難得的機遇期，有待業界充分挖掘。

首先，人民幣加入 SDR 貨幣籃子將帶來新的業務機會。按新 SDR 權重計算，外國央行遠景人民幣外匯儲備需求可達 7,000 億美元，以 2015 年底外國央行持有 1,300 億美元計，增持空間很大。人民幣外匯儲備以人民幣債券為主，境內債券市場是主要投資渠道。儘管境內債券市場已對外國央行打開大門，但迄今外國央行直接進入市場購買債券增長較慢。對香港離岸人民幣市場來說，這意味著兩個業務機會，一是積極推動更多人民幣國債及類主權債在香港發行，二是吸引外國央行以香港為投資平台購買境內債券。至於如何用好這兩個機會，則有賴於業界深入思考並作出合理的設計。

其次，「一帶一路」項目推進過程中的業務機會。「一帶一路」為人民幣國際使用提供了更廣闊的天地，隨著「一帶一路」項目正式展開，人民幣的用處越來越大，可成為主要支付結算手段、主要投融資工具、主要風險管理工具，亦可成為沿線國家的「硬通貨」及主要使用貨幣、資產管理工具。香港是境外最重要的離岸人民幣中心，可在參與「一帶一路」項

目開發中加入人民幣業務元素，提高項目建設的參與度及縱深度。

再者，資本項目進一步開放帶來的業務機會。境內資本項目開放步伐明顯加快，2015 年下半年以來，境內債券市場分別向境外央行及機構投資者打開大門，境內外匯市場延長交易時間並進一步引入合格境外投資主體，跨境人民幣貸款通過全口徑跨境融資宏觀審慎管理政策實現了全面開放，四大自貿區則形成對外金融業開放新格局，這些措施為香港離岸人民幣市場提供的業務機會是前所未有的。

四 / 繼續積極有序地推動人民幣跨境使用

隨著離岸人民幣市場趨於理性，人民幣作為一種國際貨幣的特徵進一步顯現，市場對於加快人民幣國際化有了新的期盼，繼續積極有序推動人民幣跨境使用「水到渠成」。總結「8‧11」離岸市場波動的經驗，可為下一步加快人民幣跨境使用提供依據。以下一些初淺的建議可供參考：

1 / 清晰傳遞匯率政策思路，加強離岸市場預期管理

「8‧11」匯改及之後推出的一系列政策措施，建立起人行與市場之間良好的溝通機制，通過一套透明的規則，讓市場清晰地了解人行完善人民幣匯率形成的思路及實際運行情況，從而引導離岸市場對人民幣匯率變化作出理性的判斷。中國與歐美國家、國際貨幣基金組織（IMF）之間加強了匯率政策溝通討論，達成一致意見，向市場傳遞正面信號，亦取得很好的效果。未來，可進一步完善政策溝通機制，動態地、連貫地向離岸市場傳遞匯率政策信號，從而提高離岸市場預期管理效果。

2 / 提高雙向開放外匯交易的效果，有效引導兩地匯率接近

內地銀行間市場引入合格境外主體，並研究商業銀行有序參與離岸外

匯市場。若能實現，可雙向打通兩地交易，令 CNH 和 CNY 進一步接近，以至於最終趨於消除，形成內外統一的匯率。下一步，可鼓勵香港中資銀行充實人民幣交易平台。除時區上與境內市場一致外，主要是由於對人民幣的實際需求主要來自亞洲時區。進一步擴大香港交易量，可保持離岸人民幣定價權，亦便於監管及調控。對於境內銀行，可考慮通過自貿區分帳核算單元（Federation of Trade Unions, FTU）參與離岸外匯交易，以便更好地把控風險。

3 ／ 有序放寬人民幣資金流出渠道，燙平境內外息差

最近香港人民幣資金成本有所下降，與境內價差也在收窄，應是參加行減少境內同業存款及出售債券並調回人民幣資金的結果，並不具有可持續性。如果人民幣貸款及點心債發行增加，接近甚至超過資金池規模（兩項資金需求佔資金池的比重從 2014 年底的 49% 升至 2016 年 9 月的 85%），香港人民幣資金成本必會上升，對人民幣業務將構成負面影響。因此，一旦人民幣滙率波動趨於穩定，在條件允許的範圍內，又做好風險防範，可考慮有序放寬人民幣資金的流出，補充人民幣資金池的水源。

4 ／ 進一步推動資本項目開放，開放個人跨境人民幣使用

鑒於市場波動加大，部分資本項目開放措施有所延後，特別是個人項下跨境人民幣使用政策（如 QDII2）未能落地，令境內居民在全球配置資產的需求難以滿足，而境外投資者投資境內市場的便利程度亦有待提高。此外，市場亦在等待全口徑跨境融資宏觀審慎管理實施細則、三個新自貿區的資本項目開放措施。這些開放措施在市場趨於平穩後可考慮加快推出，從而進一步推進人民幣國際化。⊕

人民幣債券融資
市場發展及其前景

王　彤（中銀香港全球市場總經理）

在人民幣國際化的大浪潮之下，人民幣債券融資成為了一個發展最快速的資本市場之一。本文將探討人民幣債券融資的起源，介紹點心債和熊貓債這兩個近年發展蓬勃的人民幣債券市場，並分析兩個市場的前景。

籠統來說，點心債是指在中國離岸市場發行的人民幣債券，而熊貓債則是境外機構在中國在岸市場發行的人民幣債券。要了解這兩個人民幣債券市場的興起，必先了解人民幣國際化的大背景。

一／ 人民幣國際化與點心債及熊貓債

人民幣國際化是指人民幣逐步成為國際通用貨幣的進程。近十多年來內地出台多項推動人民幣國際化的措施，例如，2004 年起容許香港銀行向個人提供人民幣存款、兌換、信用卡及匯款服務；2009 年人民幣貿易結算試點推出，並於 2011 年推廣至所有省市；2008 年起中國人民銀行與多國

央行簽署貨幣互換協定，增加了境外人民幣流通量；2016 年人民幣正式成為國際貨幣基金組織（IMF）特別提款權（SDR）的籃子貨幣等，均令人民幣的國際使用大幅提高。2015 年底人民幣成為全球第五大支付貨幣及第五大外匯交易貨幣。

隨著人民幣國際使用大幅提高，離岸市場對人民幣融資與資產配置需求相應增加，點心債應運而生。企業能夠在離岸市場直接進行人民幣融資，同時亦為境外人民幣資金提供了投資出路。

除了人民幣國際使用外，人民幣國際化的另一個重要方向是人民幣資本帳戶開放，允許資金有序地自由流動及兌換，其中一個關鍵環節是逐步開放中國境內資本市場予境外的投融資參與者。內地一方面透過人民幣境外合格機構投資者（RQFII）、滬港通讓境外投資者參與境內資本市場，另一方面亦逐步開放境外機構通過境內資本市場進行人民幣融資，從而促成了熊貓債的發展。

二 / 境外人民幣債券市場：點心債

1 / 基本概念

點心債市場根據國際債券市場的慣例運作，完全採取市場化定價，是離岸人民幣市場的一個重要組成部分。向專業投資者發行點心債毋須獲得任何監管機構的核准（發行人所在地監管機構對發行人的個別要求除外），募集所得的人民幣資金亦可在中國境外市場自由流動，不受中國的外匯管制所限（資金匯入中國境內除外）。如境外美元債一樣，發行人可以選擇一次性發行點心債，又或透過建立中期票據計劃分批發行。事實上，現時市場大部分中期票據計劃的設計已經涵蓋了人民幣，為點心債發行提供了便利。點心債一般採用國際市場慣用的英國法作為管轄法律，較適合境外發行人及投資者。除此之外，點心債交易亦高度國際化，

2009 年 7 月，國家開發銀行在香港發行了人民幣點心債（中銀香港擔任牽頭行及簿記行）。

部分點心債託管在香港的債務工具中央結算（Central Moneymarkets Unit, CMU）系統，並與國際主要的中央債券託管系統 Euroclear 及 Clearsteam 連結，部分則直接託管在 Euroclear 及 Clearsteam，對點心債在全球交易有著積極的作用。

2 ／ 發展概況

自從國家開發銀行於 2007 年在香港市場發行了首筆 50 億元人民幣債券後，海外人民幣債券市場持續擴張，發行量在之後幾年裏大幅增加。2010 年中銀香港幫助港資企業合和公路基建成功發行了全世界首筆非金融企業人民幣債券，受到投資者歡迎。由於當時海外投資者都在熱切尋找人民幣生息資產，此類債券供不應求，就好像香港的點心，好吃而量不多，因而被市場人士親切地稱為「點心債」。自 2009 年以來，中國財政部每年均在香港發行人民幣國債，涵蓋兩年至 30 年的多種年期，在市場上建立起完整的離岸人民幣國債收息率曲線，為市場發展奠定了基礎。

點心債發行量於 2014 年進入高峰。其後，由於境外人民幣流動性趨緊，令人民幣融資成本上升，加上境內融資成本持續下降，鼓勵了部分企業改道至境內市場籌資。此外，中國人民銀行不斷對人民幣匯率形成機制進行改革，引導人民幣匯率逐步轉為市場定價為主，打破了市場過往對人民幣匯率單向升值的預期。在人民幣貶值時期，部分境外投資者對人民幣資產的興趣減低，不利於點心債發展。這在一定程度上反映了點心債市場還處於市場發展初期。

但是，隨著人民幣匯率雙向波動常態化以及掉期市場的發展，一些有經驗的發行人往往會抓住市場時機發行點心債，獲得較本幣融資更低的成本。因此，點心債市場靈活及多樣化的市場發行機制可發揮特殊作用。

3 / 投資者群體

點心債市場經過多年發展，投資者群體日趨多樣化，由早期以中資金融機構、大中華地區保險公司為主的簡單投資者群體，發展至當前由主權基金、大型國際資產管理公司、對沖基金、國際金融機構等組成的綜合性投資者群體。

從發行地域來説，人民幣點心債屬於離岸市場債券，從嚴格意義來説並沒有明確的地域劃分。但市場人士偶爾會根據債券發行的上市地點或主要銷售面向的市場作出分類，對不同地區發行的海外人民幣債券冠以具有當地特色的名稱，如新加坡獅城債、法國凱旋門債、德國歌德債、澳洲大洋債等，顯示人民幣國際化不斷擴展。海外人民幣債券日益受到國際市場的認可。

不過，不論在哪裏發行，現時點心債還是以亞洲投資者佔主導，當中香港作為離岸人民幣中心的先行者，坐擁最大規模的離岸人民幣存款量，成為了點心債市場的最重要參與者。因此，點心債發行人在進行路演推廣時，一般亦會首選香港，並按情況加入新加坡、倫敦等地的行程。

4 / 債券品種

點心債品種亦日趨多樣化。按發行人信用風險分類可分為高等級債和高收益債；按債券結構分類可分為普通債券、伊斯蘭債券等；按資本結構分類可分為高級債、次級債及一級資本債等；按期限分類可分為一年至永續債之中的各個期限；按利率風險分類可分為浮動利率債及固定利率債。發行人也包括了諸多中外公司、金融機構、國際金融組織和政府等。

5 / 市場配套

成熟的融資工具離不開其他市場配套的支持。現時離岸人民幣市場已發展出多種的對沖工具，如遠期交易、利率掉期、貨幣掉期、貨幣期貨、

期權等。這些產品不僅為發行人和投資者提供了豐富的風險對沖手段，而且也為點心債投融資增加了更大的靈活性。舉例而言，當美元人民幣貨幣互換利率（CCS）處於較高的水準時，部分發行人往往會選擇發行點心債並透過貨幣互換把人民幣負債轉化為美元負債，從而獲得較低的綜合美元融資成本。此做法一度吸引了不少沒有直接人民幣資金需要的國際企業選擇發行點心債。

三／境內人民幣債券市場：熊貓債

1／基本概念

有別於在國際市場發行的點心債，熊貓債市場屬於中國本地債券市場的一部分，受中國監管機構的監管。中國境內債券市場可以分為銀行間債券市場和交易所市場，分別由中國銀行間市場交易商協會以及中國證券監督管理委員會監管。

發行熊貓債需要獲得相關的監管機構審批。一般而言，在監管機構核准發行額度後，發行人可以在審批有效期及獲批額度之內按需要發行熊貓債。

發行人亦需要符合一定的資質。例如，在銀行間債券市場發行熊貓債，需要獲得至少兩個信用評級，當中至少一個由境內評級機構給予。由於屬本地債券市場，熊貓債均以中國法作為管轄法律，並託管在中國境內的託管機構，一般為中央結算公司或上海清算所。發行熊貓債募集的人民幣資金流向，不論在境內使用還是匯出境外，均需要經監管機構核准。

2／發展概況

熊貓債的起源比點心債更早，可以追溯至 2005 年亞洲開發銀行和國際金融公司發行的第一批熊貓債券，只是發行人僅限於國際開發機構，一級市場發行量並不多。直至 2014 年，中國銀行幫助德國汽車公司戴姆勒

發行首筆非由國際開發機構發行的熊貓債。2015 年下半年起，熊貓債發行錄得爆發性增長，由 2015 年下半年至 2016 年 10 月，共有 56 筆熊貓債完成發行，發行金額超過 1,000 億元。

熊貓債市場急速發展，一方面源於境內監管機構積極推動，另一方面是因為中國自 2014 年以來採取了較寬鬆的貨幣政策，包括人行多次降息及降低存款準備金率，大幅降低了境內國債及其他債券的收益率曲線，為境外發行人獲取低成本人民幣資金提供了良好機會。此外，中國債券市場規模龐大，僅次於美國和日本（截至 2015 年），因而亦吸引了不少國際發行人。

3 / 發行人與投資者

熊貓債發行主體亦日趨多樣化，包括國際開發機構（如新開發銀行、亞洲開發銀行等）、商業銀行（如中銀香港、滙豐銀行等）、非金融企業（如招商局、九龍倉等）、主權體（如韓國及波蘭政府等）紛紛完成了熊貓債發行。

境內商業銀行是熊貓債的主要投資者，在熊貓債的訂單簿中佔據主導位置。現階段境外投資者的參與程度雖然相對偏低，但隨著內地允許更多符合條件的機構投資銀行間債券市場，取消投資額度限制，預期境外投資者的參與程度將持續提升。

四 / 點心債與熊貓債市場可互相補足

隨著熊貓債迅速發展並日趨成熟，部分市場人士關注點心債是否會被熊貓債取代。不過，這個擔心並沒有考慮到兩個市場各自具備的獨特優勢。如上面所介紹，兩個市場的性質和運作模式存在差異，適合於不同類型的發行人。

熊貓債作為一個本地市場，市場規模較大，但會計準則要求、語言、管轄法律等方面均要依據中國法律法規，故較適合熟悉中國市場的發行人；點心債作為國際債券市場的一部分，屬於離岸市場產品。市場規模較小，每次發行基數不大，但發展速度較快，且較為開放及靈活，擁有多種對沖產品，募集資金的調撥亦相對自由，故適合一些熟悉國際資本市場的發行人。

長遠而言，人民幣國際化的最終目標，是讓全球參與者使用人民幣。在岸市場和離岸市場都是擴大人民幣國際影響力的重要組成部分，是相輔相成的，兩地市場各自的特點可以滿足不同參與者的需要。兩個市場的互聯互通，可以為境內外發行人及投資人創造機會。

目前，兩個市場均處於市場發展初期。作為試驗田，兩個市場為不同參與者使用，積累更多經驗，為下一步人民幣資本帳戶的全面開放做好準備。

五 / 人民幣債券融資的發展前景

人民幣債券融資擁有龐大的發展潛力。短期而言，隨著美國加快加息步伐，美元匯率走強或會持續一段時間，對於沒有美元收入作自然對沖的發行人而言，發行美元債將會構成更大的債務負擔，引致更多企業關注人民幣融資市場。

從投資人角度，市場正在意識到人民幣匯率雙向浮動屬於正常現象，對人民幣的信心將會逐漸恢復，這亦有利點心債及熊貓債等人民幣資產。

中長期而言，隨著人民幣正式成為 SDR 籃子貨幣，將鼓勵各國央行增加持有人民幣作為外匯儲備，加上人民幣在國際貿易結算上的佔比持續提升，將帶動離岸投資者對人民幣資產的需求。另外，「一帶一路」戰略將增加中國對外直接投資，推動人民幣資本輸出，並透過境外人民幣融資支持外國購買中國產品，均有助推動人民幣國際債發展，而充裕的離岸人民幣資金必將刺激人民幣債券需求，使人民幣債券市場更加成熟。 ⊕

人民幣國際債
二元一體發展模型
之初探

張朝陽（中銀香港發展規劃部總經理）、

應　堅（中銀香港發展規劃部高級經濟研究員）

隨著人民幣熊貓債和點心債相繼出現並形成一定的發行規模，人民幣國際債市場初步形成，並加快追趕美元、歐元等主要國際債的步伐。這不僅成為人民幣國際化的又一大亮點，而且亦進一步豐富了全球融資及投資工具，促進國際金融市場發展。然而，有關熊貓債和點心債的爭論也在升溫，對於兩種不同類型的人民幣國際債的發展前景及相互關係提出各自的看法。周小川行長在 2016 年全國人大記者會上強調，隨著人民幣國際化發展，熊貓債和點心債都有相當不錯的發展空間，不必太擔心誰吃掉誰的問題。準確理解及把握監管部門的思路，對於下一步更好地推動人民幣國際債發展意義重大。本文以美元、歐元、日圓及英鎊等主要國際債的實踐，來闡述熊貓債及點心債之間互為補充、互為依存的關係，並提出建立人民幣國際債二元一體發展模型的想法。

一 ╱ 文獻回顧

1 ╱ 關於熊貓債和點心債研究文獻

　　熊貓債和點心債是人民幣國際化的必然產物。由於形成的時間很短，市場規模很小，學術界對於熊貓債和點心債的認識深度有限，境內外文獻數量較少。此外，由於兩個市場至今未能提供足夠的數據，相關研究主要以定性為主，甚至不少是「描述性」分析（周先平，2015）。

　　相對而言，點心債連續發行的時間稍長，積累了一定規模發行量，幾年來引起學術界的興趣。迄今，大多數文獻主要分析點心債發展現狀、存在問題、發展策略，以及對人民幣國際化或香港離岸人民幣中心的作用。早期研究注意到香港人民幣債券市場迅速成長的現象（Fung & Yau，2011），包括以人民幣計價及結算的點心債及以人民幣計價及美元結算的複合債，認識到人民幣債券是離岸人民幣市場的基本要件之一，並與人民幣資金規模及其他人民幣產品大量推出有著密切的關係。應堅（2014）的研究側重於點心債發行範圍向歐美市場擴展的客觀原因及點心債內部結構的主要特點，發現除香港之外已有十多個境外地區爭相發行了點心債，而從主權債及類主權債佔比、發行者及投資者構成看，這個新興市場規模雖不算大，但卻具備發展成為成熟市場的某些潛質。

　　對熊貓債文獻的檢索有一定難度。熊貓債於十年前少量發行，但象徵意義大於實際意義（楊夢莎，2015），根據對市場觀察，境外機構在境內發債仍處於十分邊緣的地位，制度功能不能得到充分發揮，仍面臨著許多制度障礙。儘管如此，熊貓債發展的重要意義不可否認。楊夢莎（2015）認為，本幣計價國際債在全世界都是檢驗一國金融市場開放程度的試金石，債券市場開放有利於促進人民幣國際化水平，並成為助推境內金融市場完善的良好契機。

　　亦有文獻開始研究境內外債券市場聯動關係及影響因素（周先平，

2015；王增武，2011）。周先平（2015）假設，境內外人民幣債券市場的資金流動和一體化程度是影響聯動關係的重要因素，研究結果顯示，國債市場存在境內對境外的單向波動溢出效應，金融債市場存在雙向的波動溢出效應。利差上升能夠增加國債相關係數、金融債相關係數的波動性，在岸市場對外開放程度提高能夠降低相關係數的波動性。不過，周的研究探討的是點心債與境內主體債券市場之間的關係，對點心債與熊貓債的相關性研究的幫助有限。

2 ／ 參考歐美國際債研究文獻

歐美債券市場是成熟市場，國際債市場同樣也是成熟市場，包括揚基債、金邊債、武士債、歐洲債及歷史上曾經有過的德國馬克、法國法郎、荷蘭盾的各種類型的國際債，相關研究文獻數量也很多。然而，由於以上貨幣均已是成熟的國際貨幣，在境外市場存量及流量很大，而歐美國家金融市場開放度較高，故與處於轉軌經濟中的中國債券市場處於不同發展水平。參考歐美國際債的文獻要注意尺度把握，要批評性地借鑒。

大量文獻從歷史角度提供了各種有關美元、日圓等貨幣典型國際債發展的具參考性的研究素材，包括歷史成因、內外環境因素、市場功能、融資效果、內部結構，以及發行人、投資者、價格形成及二級市場特點。一般而言，研究者把國際債作為獨立於國內債的特殊市場進行分析，或者只是作為國內債的補充，使用定量或定性工具來證明這些市場的合理性、優越性、必然性甚至缺陷，但較少探討兩個市場之間關聯性、互動性。

Richard（1992）的分析基本上覆蓋了歐洲離岸市場多幣種國際債的歷史演進，具有很強的參考性。他認為，隨著 80 年代歐洲各國逐漸取消資本管制，國內債市場延伸到離岸市場，多幣種融資需求及投資需求急劇上升，突破以美元國際債為主的發展格局，促成歐洲國際債進入繁榮時期。Osugi（1984）提出，武士債的發展是日美「廣場協議」的副產品，儘管

日本出於經常項盈餘及長期資金外流的壓力，有推動債券市場開放的內在動力，但美國強行打開日本資本市場及金融市場的大門，才造就了武士債市場。在很長時間內，日本保留了發行人評級資格及衍生品管理的限制。

80 年代後，離岸市場國際債取得長足發展並在較短時間內追上外國人在境內市場的融資步伐，例如，歐洲美元債增長速度要快於揚基債。各類文獻重點挖掘歐洲美元債崛起的原因。Cole（1981）發現，70 年代揚基債佔據全球債券市場很大比重，不僅滿足工業化國家持續融資需求，而且緩解石油美元資本流入的壓力，但進入 80 年代，美國國內政策被迫調整，令揚基債融資成本大幅上升，給了歐洲美元債難得的發展機遇。Chester（1991）也注意到金融管制與國際債之間的關係。歐洲國際債主要買家原本是歐洲大陸的投資者，1979 年英國居民獲得投資歐洲債券市場的資格，日本投資者隨後也加入進來，而不同幣種國際債有著不同的息差，成為投資者資產組合調整的重要工具，大大擴展了歐洲國際債的投資者基礎。另一方面，歐洲債券市場的金融創新較強，不斷滿足投資者和發行人的需要，也成為一個重要特色。

此外，不少文獻試圖識別國際債與國內債不同的市場特徵，如發行制度、稅收制度、交割系統、市場結構，還有債券與其他金融產品的關係，從不同角度詮釋了國際債的成長環境及發展趨勢。

儘管同一貨幣的國內債與國際債是作為對立統一體而存在的，但大部分文獻只看到兩個市場之間相互排斥、相互替代的一面，卻不太關注兩個市場長期並存的現實及原因。Richard（1992）指出，國際債與國內債相互之間是競爭關係。Cole（1981）分析認為，80 年代揚基債幾乎被歐洲美元債所取代，合理的解釋是歐洲美元債券市場深度及流動性的發展，尤其是公司發行債券大量轉到歐洲離岸市場，從發行速度和便利性角度評估，後者已超過前者，部分國債發行時間只需要幾個小時！Chester（1991）表示，國際債投資者要求有足夠的流動性，歐洲二級債券市場發展起來，改

變之前做市商不活躍、清算效率低及通訊技術不成熟，滿足了市場需求，歐洲國際債競爭力顯著提升。

當然，部分文獻也研究了國際債市場的收斂性（Convergence）。Richard（1992）通過大量事實證明，全球債券市場存在著一體化趨勢，例如，債券孳息率及價格變化顯示 80 年代下半葉以後，國內債券市場與國際債券市場進一步融合。另一個證據亦可說明這一發展趨勢，不少國家（德國、美國、法國和意大利）放棄了債券發行預提稅規定，這是受到國際債發行機制的啟發。Patrick（2004）則對倫敦離岸金融中心轉型進行研究，發現倫敦成為歐洲美元債的發行中心，由此得出國際債具有聚合性（Cluster）特徵。

二 / 影響歐美國際債二元化發展的主要因素

根據國際清算銀行（BIS）的定義，除了發行人在本國市場發行國內債，其他債券發行均屬於國際債。按幣種劃分，美元債可分為美元國內債和國際債，美元國際債又分為非居民在美國境內市場發行的揚基債（又稱美元外國債）及全球發行人在美國以外市場發行的歐洲美元債。日圓債券可分為日圓國內債和國際債（包括境內發行的武士債及境外發行的歐洲日圓債）。

回顧歐美主要國際債發展史，在境內發行的外國債與在境外發行的國際債（揚基債與歐洲美元債、武士債與歐洲日圓債）關係一向複雜，既互為推動、互為補充，又互相競爭。但有充分證據顯示，兩者呈現交替發展，即使某一階段發展速度不同，但並沒有出現相互取代的趨勢。這可從政策因素、制度因素、市場因素及金融基建等幾個方面來觀察之：

1 / 政策因素

　　國際債是一國資本項目開放的產物，政策因素在其發展過程中（尤其是初期）至關重要。二戰後，美國成為歐洲主要債權人，對境外發行人在境內發債較為支持。隨著美元大量流出、國際收支惡化，政府的態度發生了變化，引入利息平衡稅（Interest Equalization Tax）[1]，限制對外投資，揚基債由盛轉衰，歐洲美元債則趁勢而起（Michael，1982）。之後，美國放鬆了跨境資金管制，取消利息平衡稅、優化債券發行登記、改善二級市場流動性，促成揚基債市場復蘇（Stavros，2010）。目前境外發債體在美國發行美元債餘額超過 1.3 萬億美元。日本 80 年代加快推進武士債，部分原因是貿易盈餘激增，部分是迫於美國壓力，處於一種矛盾心理。進入失落的十年，日圓國際化退步，對武士債的支持力度下降，武士債市場停滯不前（Osugi，1990；Fumiaki & Alexander，2006）。相反，沒有政策限制的歐洲日圓債獲得了較大發展空間。

2 / 制度因素

　　揚基債與歐洲美元債、武士債與歐洲日圓債在發行制度上存在很大差別，令兩種不同類型國際債在相互競爭中能長期並存。然而，發行制度是可以調整的，如引入有利於市場發展的新元素。境內市場發行的揚基債和武士債受到境內監管機構監管，監管標準與國內債相同。發行揚基債須向美國證監會註冊（File）及持續披露信息（Continuous Disclosure），而武士債由日本證券交易委員會負責管理，註冊環節是必經的一關。而

1　利息平衡稅（Interest Equalization Tax）為美國於 1963 至 1974 年對居民購買外國債的利息收入徵收的稅項，提高外國債發行成本約 1%。

境外市場發行的歐洲美元債和日圓債則無須註冊，屬於市場自律發行，成本低、效率高。為此，兩國優化了註冊程序，引入了暫擱註冊（Shelf Registration）[2]。另一方面，離岸市場一般不徵收預提稅（Withholding Tax）[3]，有些國家對此作出調整。美國近年取消揚基債預提稅，有利於揚基債發展（Richard，1992）。但日本等國家仍然保留了預提稅，故武士債的吸引力不如歐洲日圓債。

3 ／ 市場因素

對債券市場影響較大的是發債貨幣的利率走勢，如果境內與境外存在息差，發債體會選擇融資成本較低的市場。美元國際債的發展顯示了其與資金及利率的關係。布雷頓森林體系建立之初，美國黃金儲備充足，境內資金充裕，資金成本較低，缺乏資金的歐洲發債體一般前往美國融資，揚基債進入了一個黃金期；60年代後，美國經濟不景、通脹高企，加上Q條例的弊端，美元從美國流向歐洲，石油美元亦在歐洲離岸市場大量沉澱，形成歐洲美元市場。境外美元利率低於境內市場，歐洲美元債首次超過揚基債。美國取消資本流動管制後，兩地利率水平拉齊，揚基債再度復甦。再看武士債，80年代日本開放金融市場時境內利率較低，有利於武士債發展。不過，歐洲日圓債流動性更強，通過掉期（Swap）轉換其他貨幣十分方便，境外發債的實際融資成本更低（Fumiaki & Alexander，

2　暫擱註冊（Shelf Registration）是指美國於2005年實施的預先註冊制度，發債體可提前三年為所有可預期的債券發行預先到美國證券交易所委員會辦理註冊，並自主決定發行時間。

3　預提稅（Withholding Tax）又稱預提所得稅，是對非居民在境內取得源自境內的利潤、利息（包括債券利息）、租金等所得徵收的所得稅。

2006）。這也是歐洲日圓債超過武士債的原因之一。

4 ／ 金融基建

跨境清算系統在國際債發展中發揮了很重要的作用。早期外國債採取記名制方式發行，並採取實物票證，境外投資者購買不方便。歐洲美元債從一開始就採取了不記名制（Bearer），雖可吸引更多投資者，但若也採取實物票證，須承擔遺失的風險。此外，跨境投資時，如何交割及支付利息也是一件較麻煩的事情。歐洲美元債之所以能夠發展起來，與其實現債券交易電子化及採取跨境集中清算與託管有直接關係。歐洲兩大跨境債券清算系統——Euroclear 和 Clearstream，幾乎與歐洲美元債市場同時建立及發展起來（Richard，1992）。兩大系統將歐洲市場連為一體，最大限度地降低甚至消除交易過程產生的風險。Euroclear 及 Clearstream 又與包括美國清算所銀行同業支付系統（CHIPS）在內的其他國家支付清算系統聯結，進一步將國際債市場推向高速發展道路。

圖一
影響國際債發展的重要因素

三 / 歐美二元國際債市場的基本特徵

大體上，歐美主要貨幣的國際債都在境內外兩個市場發展，有的是境外發行的國際債稍強，有的則是境內發行的外國債稍強。各種貨幣國際債在長期發展中呈現一些基本特徵，決定了二元發展的方向。

聚合性：理論上，全球任何市場都可發行國際債，但長遠看卻向主要國際金融中心聚攏。60 年代後，美元、馬克、法郎、日圓國際債首先在歐洲離岸市場出現，80 年代離岸國際債進一步進入亞洲離岸市場。儘管各個國際金融中心都在積極爭取，但國際債發行及交易最終集中於少數幾個地區。倫敦作為國際債中心的條件最好，不僅各種貨幣的離岸存貸款規模最大、外匯交易量最多，而且在法律、監管提供了不少便利，不少跨國銀行將集團的外匯交易平台設立於此，後建立起強大的債券承銷團隊，面向全球融資需求。對發債體而言，選擇在倫敦發行債券，可接觸到更廣泛的投資者。由於交易活躍，投資者隨時可轉手，保證了國際債的市場流動性。此外，倫敦金融人才雲集，具有較強的創新意識，令國際債產品創新亦保持領先，進一步吸引發債體及投資者（Chester，1991；Patrick，2004）。除了倫敦外，巴黎、法蘭克福在國際債市場亦佔有一席之地。

收斂性：主要國際債在境內發行及在境外發行呈現趨同發展趨勢，定價及發行方式差別不斷縮小。並且，貨幣管制越寬鬆，收斂性越明顯。有研究發現，近年來在境內發行的揚基債與境外發行的歐洲美元債，兩者之間價格差別比數十年前要小得多。一個重要原因是資金跨境流動越來越頻密。美元在 60 至 70 年代有過管制，令美元境內外資金價格出現倒掛，美國境內公司在歐洲大陸城市設立子公司，從歐洲債券市場融入美元資金，減少對境內市場的依賴（Michael，1982）。從此以後，美國未曾再採取過資本管制。目前全球美元資金成本大致相同。另一個原因是引入了全球承銷。歐元國際債從一開始就是國際承銷的，美國揚基債的准入門檻亦不

斷被降低，獲准發行後可向境外市場出售，而只有價格大致相同，才可能吸引到境外投資者。發債體選擇資金成本最低的市場發債，不斷拉近境內外價差。不僅如此，互換市場的發展也拉近了不同貨幣國際債之間的價差（Richard，1992）。

耦合性：境內外發行的國際債處於不同市場，屬於既有分隔又有聯繫的兩個系統，長期以來保持互動，產生耦合效應。境內外國債對境外國際債的主要影響表現為價格引導。美元流到歐洲離岸市場並大量沉澱，但歐洲美元並不形成獨立的貨幣體系。美國貨幣政策決定歐洲美元的價格水平，通過債券市場槓桿，先將利率變化信號從國內債市場傳導到外國債市場，再傳導到離岸國際債市場。反過來，離岸國際債市場機制建設對境內外國債產生影響。例如，美國債券市場傳統上是一個以持有到期為主的一手市場，歐洲一些經紀從美國獲得揚基債，再轉售給歐洲投資者，並成立做市商自律協會（Association of International Bond Dealers, AIBD）。80年代後，二手場外交易（OTC）市場在倫敦迅速發展起來，盧森堡證交所則開發場內交易，增強了國際債流動性，被美國市場所引入（1990年美國在私募市場也採取措施以提高流動性）。1984年，美國借鑒歐洲美元債券市場的慣例取消了揚基債利息預提稅。另一方面，美國市場的一些創新產品也被歐洲接受，如債券證券化（Mortgage Backed Securities, MBS）產品。

包容性：離岸國際債是一個自發形成的市場，有一套被市場普遍接受的發行及交易規則，具有跨境承銷、跨境交易等基本特性，亦承銷及交易來自境內的外國債。然而，境內債券市場是一個有管理的市場，並非從一開始就對境外市場具有同等包容性。不同國家外國債對境外投資者開放有快有慢，揚基債不限制境外投資者購買，但其他國家未必如此。德國發行馬克外國債的一個目的是舒緩貿易盈餘壓力，故不鼓勵境外投資者購買，以免馬克進一步流入。80年代德國取消了預提稅，終於向境外投資者打開大門（Richard，1992）。日本武士債市場的開放是伴隨資本項目開放的，

而 1985 年前日本不允許外國投資者購買武士債，以防範資金頻繁跨境流動，加劇日圓波動。另一方面，不同國家開放境內投資者購買離岸債券也有一個過程。70 年代前美國嚴格限制境內投資者購買歐洲美元債，後資本管制措施逐漸取消，但對一些機構投資者仍有限制，直到 80 年代後美國投資者才可自由購買歐洲美元債。總體上，主要國際貨幣的國際債市場壁壘不斷被消除，除了發行上仍保留市場准入門檻限制外，其他發行及交易的限制措施越來越少，顯示包容性已大為提高。

主從性：一種貨幣的國內債市場肯定是主板市場，集中了主要的融資及投資需求。由於是本幣發行，不僅資金規模遠大於境外市場，而且擁有定價權，以無風險基準利率為軸心，形成完整的債券孳息率曲線體系。境內發行的外國債與國內債基本相同，屬於主板債券，而境外發行的離岸國際債只是一個從屬市場，不可能獨立存在，定價上跟隨著國內債市場。除此，境外發債體選擇在境內發行外國債還有兩重考慮，一是實現多元化戰略目標。儘管首次登記成本較高，但一旦進入境內市場，持續發行成本並不高，而且有利於進入更廣闊的境內資本及資金市場，如存款證、票據及私募，若發行股票，亦比直接從境外申請更有利，可成為進入相關業務領域的「敲門磚」；二是避免流動性風險。央行是境內流動性的管理者，承擔最後貸款人責任，但不承擔境外流動性管理的責任。歐債危機爆發時，歐元區出現嚴重的美元短缺，儘管五大央行通過互換度過危機，但離岸流動性及利率大幅波動，引起發債體的高度關注。

從近年國際債發展情況看，境內外市場出現融合趨勢，兩個市場的邊界也有所模糊。推動這一趨勢的主要動力是全球金融市場一體化。另一個原因是，主要歐美國家改革債券市場管理方式，引入了暫擱註冊制度，取消外國債預提稅。境外公司在美國發行揚基債，若不想登記，亦可採取非登記的 144A/RegS 私募發行 [4]。美國於 2012 年修訂 144A 條款，增強私募發行債券流動性，從而啟動了該市場。根據 BIS 統計，2015 年底，國際債

發行餘額 21 萬億美元。其中，美元及歐元國際債均超 8 萬億美元，日圓國際債為 4,000 多億美元（見圖二及表一）。

圖二

2014 年底主要國際貨幣國際債餘額（10 億美元）

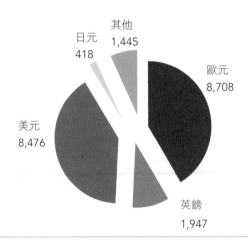

日元 418
其他 1,445
歐元 8,708
美元 8,476
英鎊 1,947

資料來源：國際清算銀行

表一

境內外發行的國際債基本特徵比較

	境內外國債	境外國際債
發行地點	境內市場	離岸市場
發行人（以發行貨幣所在國為本國）	外國政府、多邊國際組織、跨國銀行、跨國企業等	外國政府、多邊國際組織、跨國銀行、跨國企業、本國政府、本國銀行、本國企業等

4　非居民在美國發行債券，可不受美國證監會註冊及信息披露要求限制，但債券只能在私募市場向合格機構認購者（QIB）發行及交易。

幣種（以本國貨幣為本幣）	本幣（美元、歐元、英鎊、日圓等）	非本幣（美元、歐元、英鎊、日圓等）
國際債例舉	揚基債、武士債、猛犬債等	歐洲美元債、歐洲日圓債等
市場准入	註冊（美國證監會要求，德國、瑞士及荷蘭無要求）及暫擱註冊	無要求
信息披露	持續披露（年度或季度定期發佈）	無要求
債券種類	計名債（揚基債、猛犬債等）	不計名債
發行規模	單筆發行量較大	單筆發行量較小
發行年期	年期較長（揚基債可達30年）	年期較短（以數年居多）
稅賦	徵收預提稅（英國、日本）或不徵收預提稅（美國、德國等大部分國家）	不徵收預提稅
承銷商	國內承銷商	跨境承銷商
投資人	國內及境外投資人	全球投資人
交易方式	OTC及國內交易所	OTC及倫敦、盧森堡等交易所
清算所	國內中央清算所（如美國CHIPS或Fedwire）	跨境中央清算所（Euroclear或Clearstream）

四 ╱ 熊貓債、點心債共築人民幣國際債市場

按照歐美債券市場發展基本規律，人民幣債券市場亦會朝著國內債和國際債兩個方向發展。目前國內債市場以銀行間債券市場為主體，並以證

券交易所及銀行櫃枱為輔助市場。歐美主要貨幣國際債市場是二元化發展，包括非居民在國內發行的本幣債及所有發行人在境外市場發行的本幣國際債。近年來形成的熊貓債和點心債與國內債存在明顯差異，但都符合BIS有關國際債的基本定義——一個是非居民在境內發行的外國債，另一個是全球發行人在離岸市場發行的人民幣債券，從而形成了二元化市場。

與美元等主要國際債的百年發展歷程（武士債也有40多年）相比，人民幣國際債十分幼小。首宗熊貓債是2004年發行的，而點心債於2007年才推出，均約十年光景（成思危，2014）。儘管如此，兩個市場都已經歷了一番起落。

熊貓債推出首八年，內地以試點形式批准國際金融公司（International Finance Corporation, IFC）和亞洲開發銀行（Asian Development Bank, ADB）兩家多邊國際組織在銀行間債券市場發債40億元。2014年內地重啟熊貓債發行，戴姆勒率先發行5億元境外非金融機構熊貓債。2015年，中銀香港、滙豐、渣打、招商局及韓國政府相繼發債，實際發行115億元。2016年熊貓債發行繼續提速，加拿大不列顛哥倫比亞省、波蘭政府、九龍倉、加拿大國民銀行、招商局及華潤置地機構發行了356億元熊貓債，世界銀行、渣打銀行發行了兩筆6億特別提款權（SDR）單位的以人民幣計價的SDR債券。上海財政局在上海自貿區發行了30億元自貿債。

與熊貓債相比，點心債後來居上，但卻後勁乏力。2007年國家開發銀行在香港發行第一筆人民幣點心債，最初幾年增長平穩，每年發行數百億元，2011年後在內地政策大力推動及各種有利市場條件促成下加快發展，連續三年每年發行1,000億元左右，2014年更創下2,018億元的新紀錄。發債體不斷豐富，從境內機構到境外機構；從中外資金融機構，到中國國有、民營企業及跨國企業，再到中國財政部、外國政府及多邊國際組織。投資者覆蓋面廣泛，顯示了較強的國際性，包括銀行、基金、保險公司、私人銀行、企業、央行及個人（應堅，2014）。然而，2015年點心債市場

轉淡，發行急劇萎縮，全年發行量不足 2014 年一半。2016 年上半年點心債市場更趨疲憊，發行量進一步萎縮，全年公募發行了 422 億元。扣除中國財政部在香港發行的 280 億元國債，商業發行很少。歷年點心債累計發行約 7,000 億元（見圖三）。

圖三

人民幣國際債發行量（億元人民幣）

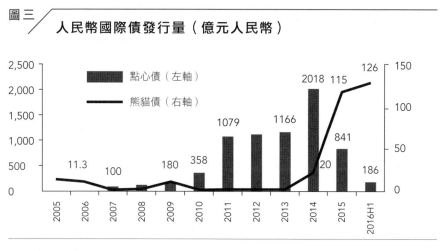

資料來源：中銀香港

　　熊貓債、點心債一起一落引起廣泛關注。兩種債券均屬國際債範疇，均為國際發行，只是發行及交易地點不同，自然會形成競爭關係。尤其是發債體部分重疊，已發行熊貓債的多邊國際組織、金融機構及跨國企業，其實也是點心債主要發行人，轉回境內發債，會減少境外發行量。

　　客觀說，熊貓債有不少點心債不具備的有利條件。例如，可依託人民幣國內債市場（以銀行間市場為主）。近年國內債復蘇十分有利於熊貓債。2015 年底國內債託管餘額 47.9 萬億元（7.38 萬億美元）（中國人民銀行，2015），次於美國（40 萬億美元）和日本（11 萬億美元）。2015 年人行連續降息，債券孳息率曲線大幅下移，債券指數反彈，債市發行及交易趨

於活躍。全年銀行間債券市場發行量同比增長 1.08 倍，日均成交增長 1.16 倍。發行成本下降並低於離岸市場，成為境外發債體選擇發行熊貓債的主要誘因。政策支持力度也很大，熊貓債的適用範圍、發行方式、資金用途、資金匯出都有重大調整，進一步提升了境外發行人的興趣。另一方面，銀行間債券市場加快對外開放，2010 年境外三類機構獲准投資銀行間債券市場，2015 年以來人行分別取消境外央行等主權類機構以及境外機構投資者投資額度管理，向外打開大門。

相比之下，隨著熊貓債市場重啟，點心債失去了獨一無二的特殊地位。另一方面，2015 年離岸人民幣市場變化對點心債產生負面影響：離岸匯率波動顯著大於在岸市場，「8·11」後貶值幅度更大，出現單邊貶值預期，令境外投資者更加猶豫不決；人民幣資金市場連續嚴重抽緊，資金成本不斷攀升，與在岸市場形成嚴重倒掛，2015 年 12 月離岸市場一至三個月拆息要高過在岸市場 2 至 3 厘，令發債體發行點心債興趣下降，更傾向發行熊貓債。

回顧這幾年熊貓債和點心債的發展歷程，令不少人對點心債的發展前景感到擔憂，甚至有人斷言，熊貓債市場復蘇會對離岸點心債產生擠出效應，或者更形象一點：點心債可能會被熊貓債市場當作「點心」吃掉。究竟如何看待人民幣國際債下一步發展呢？是如同一些市場人士預判，熊貓債市場發展將以點心債市場萎縮為代價呢，還是如周小川強調的「都有相當不錯的發展空間」？

熊貓債和點心債的二元市場結構，與美元、歐元等主要國際債的市場結構是吻合的，人民幣國際債又與國內債一起，共同構成人民幣債券市場體系。根據前文分析，境內外國際債市場各有特色，能夠長期並存、共同發展。因此，點心債和熊貓債也不應是相互排斥的關係。再從歷史唯物論角度看，點心債和熊貓債市場都有可能表現出階段性發展的基本規律，近期點心債市場表現欠理想，與離岸人民幣市場環境有關，一旦匯率預期及

資金成本發生變化，點心債市場重新啟動也是完全可能的。

五 ／ 建立二元一體人民幣國際債市場的設想

　　既然兩個市場有理由保持長期「共存」，那麼能否達到長期「共榮」？這是決策層面可能關心的問題。如果兩個市場「都有相當不錯的發展空間」，就沒有必要集中力量推動一個市場的發展，而是可以兼顧兩個市場共同成長。如何令兩個市場的共同繁榮得以實現，則具有積極的現實意義。為此，有必要對兩個市場進行深入「解剖」，以便更好地確立發展戰略。

　　進一步分析點心債和熊貓債市場，與歐美主要國際債市場相比，差距是相當明顯的。首先是市場規模上的差距。截至 2016 年上半年熊貓債累計發行量只有 600 多億元，點心債發行量及存量亦遠小於其他貨幣的離岸國際債。債務工具中央結算系統（CMU）託管點心債最高峰時為 4,400 多億元，相當於歐洲美元債的 1% 左右，2016 年 12 月託管量進一步降至 2,796 億元。2016 年 6 月底中國財政部在香港成功發行了 140 億元人民幣國債，三年期國債最終發行利率只有 2.9%，超額認購 2.49 倍，但 12 月發行的 100 億元人民幣國債，三年期國債定價 3.4 厘，只錄得 1.3 倍的超額認購，反映市場對人民幣債券需求並不穩定，帶動其他點心債發行的效果尚未顯現出來。

　　其次是市場機制上的差距。熊貓債仍處於起步階段，政策配套尚未跟上。除 2005 年 3 月由人行等四部委頒佈的《國際開發機構人民幣債券發行管理暫行辦法》外，到 2016 年為止沒有其他相關政策法規出台，對來自境外的申請採取個案處理的方式；管理體制尚未理順，呈現多頭管理，令不熟悉中國營商環境的境外機構較難適應；發行標準、監管手段、信息披露、稅務處理、會計準則未與國際接軌；市場規模雖大，但成熟度不如歐美市場。例如，沒有形成做市文化、缺乏足夠流動性，二級市場持續定價能力較弱，未到期債券交易不活躍。這些對熊貓債進一步擴展形成了一

定制約。

　　點心債與歐洲美元債較為接近，但也不是一個成熟市場。與歐洲美元債相同的地方是：點心債無須向本地監管機構登記、註冊，屬於信用發行，採取市場化定價：既可向評級公司申請信用評級，並根據評級來選擇定價區間，也可在沒有信用評級下直接發行（包括垃圾債）；經路演後，通過銀行間市場詢價或 CMU 招標等方式，確定發行價。香港 CMU 負責交割、清算及託管，與歐洲及亞太區的主要中央債券託管系統鏈接，故點心債承銷及交易是全球聯網的，具有一定的靈活性（陳爽，2012）。

　　然而，儘管定價機制較市場化，但實際定價效果值得探討。主要是由於點心債交易不活躍，流動性不足。根據環球銀行金融電信協會（SWIFT）數據，2015 年底離岸人民幣債券交易量排在所有貨幣的第 13 位。另據 CMU 數據，2016 年 12 月點心債成交量僅為 2014 年最多時的三分之一。按 CMU 數據計算，2015 年點心債周轉率只有 1.2 倍，遠遜於美國債市的 4.9 倍（美國國債周轉率更達到 10.8 倍）。周轉率如此之低，不利於點心債持續定價。更要留意的是，由於主權債發行有限，定價基準的科學性及準確性受到影響。截至 2016 年底，財政部在香港累計發行 1,640 億元國債，扣除已經到期的，餘額不足 1,000 億元。儘管初步形成基準孳息率曲線，但缺乏代表性。其他債券孳息率曲線也不完善。加上離岸人民幣市場匯率及利率急劇波動，離岸市場的一些優勢很難發揮出來，點心債發展遇到了瓶頸。

　　不過，換個角度看，正是由於熊貓債和點心債整體規模很小，也不成熟，追趕美元、歐元等國際債的空間很大，速度也會較快。尤其是人民幣被納為 SDR 第三大籃子貨幣後，相對於潛在融資量及投資量，兩個市場合在一起也難以滿足需求。因此，熊貓債和點心債競爭是相對的，共同做大做強才是主要方向。

　　如何加快熊貓債和點心債市場擴容？筆者認為，人民幣國際債在借鑒歐美主要國際債發展經驗的基礎上，應加強政策協調，建立熊貓債和點心

債二元一體發展模式。

與歐洲美元債、日圓債相比，點心債並非是一個自發形成的市場，而是由政策推動而成的。2007 至 2010 年，香港陸續出現政策銀行債、國有銀行債、港資法人銀行債、國有企業債及國債，基本上是內地批准一單就發行一單，初步建立了點心債市場。2011 年 8 月，中央政府在港宣佈一系列促進香港人民幣離岸中心發展的政策措施，包括把在港發行人民幣國債作為長期制度安排及逐年擴大發行額度，及擴大境內機構在港發行點心債，吸引境外發債體大量參與。點心債市場出現政策與市場雙輪驅動發展，迎來一個黃金發展時期。隨著當前市場陷於低迷，有賴於政策推動重新注入活力。

所謂人民幣國際債二元一體發展，就是利用香港離岸人民幣市場與內地的特殊聯繫，將熊貓債和點心債市場作為一個整體規劃，促進兩個市場協同發展，達到共贏目標。

一是鞏固及強化香港作為境外首要的人民幣國際債發行及交易中心的地位及功能。加快點心債市場發展具有重要的戰略意義。首先，點心債發行量是人民幣國際化的關鍵性指標之一，可與其他香港人民幣業務相得益彰，提升人民幣國際化發展水平；其次，做大做強點心債市場，有利於在香港形成內地金融業對外開放的緩衝帶，有效隔離市場風險；再者，健全點心債市場功能，可形成境內貨幣政策向境外傳導機制，增強貨幣政策的有效性。加快點心債市場發展，主要就是推動更多內地機構在香港發債，尤其是增加人民幣國債發行量，扭轉點心債發行下滑的被動局面，也提升境內外其他發債體的信心。另一方面，當人民幣市場預期趨於穩定後，可考慮促進更多人民幣流出，擴大離岸人民幣資金池，為進一步擴容創造有利的資金條件。

二是利用有利的市場條件，加快發展熊貓債市場，令其迅速接近點心債市場規模。重點是加強熊貓債機制建設及市場培育。發行制度上，可考

慮更多地引入符合國際慣例的註冊制度、信息披露、評級方法、會計準則；市場建設上，有必要改變現行的持有到期投資方式，引導市場參與者做市意識，形成做市文化；市場結構上，繼續吸引境外央行類主權投資者及各類機構投資者，提高境外投資者在債券交易的佔比，促進債券市場國際化；代理方式上，提高外資代理參與度，批准一些具有投資經驗的境外機構持有甲類、乙類牌照（見圖四）。

圖四

建立二元一體人民幣國際債市場

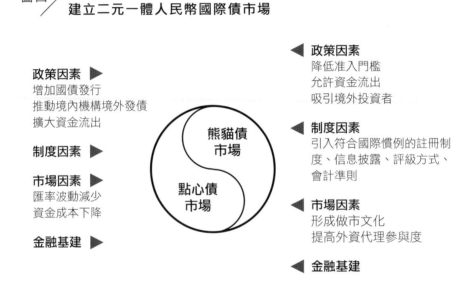

政策因素 ▶
增加國債發行
推動境內機構境外發債
擴大資金流出

制度因素 ▶

市場因素 ▶
匯率波動減少
資金成本下降

金融基建 ▶

熊貓債市場

點心債市場

◀ **政策因素**
降低准入門檻
允許資金流出
吸引境外投資者

◀ **制度因素**
引入符合國際慣例的註冊制度、信息披露、評級方式、會計準則

◀ **市場因素**
形成做市文化
提高外資代理參與度

◀ **金融基建**

通過這些努力，不僅做大了人民幣國際債規模，而且也形成了兩個市場的分工及協作，在整體上盡快達到歐美國際債市場的水平，提升人民幣債券市場的國際競爭力，更好地服務於國家整體經濟發展戰略目標，如利用兩個人民幣國際債市場促進「一帶一路」項目融資，滿足人民幣加入SDR後全球央行及機構投資者增持人民幣外匯儲備及人民幣資產的需求，從而推動人民幣國際化進程。 ◈

參考資料：

〔1〕周小川，〈全面深化金融業改革開放，加快完善金融市場體系〔N〕〉，《人民日報》，2013 年 11 月 28 日。

〔2〕周小川，〈金融改革發展及其內在邏輯〔J〕〉，《中國金融》，2015 年第 19 期。

〔3〕周先平，〈境內外人民幣債券市場的聯動關係及其影響因素分析〔J〕〉，《國際金融研究》，2015 年第 3 期。

〔4〕王增武、范麗君，〈在岸離岸債券市場應協同發展〔J〕〉，《中國金融》，2011 年第 10 期。

〔5〕楊夢莎，〈我國外國債券發展障礙問題研究〔J〕〉，《政法學刊》，第 32 卷第 5 期，2015 年 10 月。

〔6〕應堅，〈離岸人民幣債券市場新發展〔R〕〉，《中銀經濟月刊》，2014 年 10 月。

〔7〕中國人民銀行、財政部、國家發展和改革委員會、中國證券監督管理委員會，《國際開發機構人民幣債券發行管理暫行辦法》，中國人民銀行、財政部、國家發展和改革委員會、中國證券監督管理委員會公告〔2010〕第 10 號〔EB〕，2010 年 10 月。

〔8〕中國人民銀行，《2015 年第四季度中國貨幣政策執行報告〔R〕》，2016 年 2 月。

〔9〕中國人民銀行，《人民幣國際化報告（2015）〔R〕》，2015 年 6 月。

〔10〕高校聯金融協會，《人民幣國際化與香港新機遇〔M〕》，天窗出版社，2010 年 9 月。

〔11〕成思危，《人民幣國際化之路〔M〕》，中信出版社，2014 年 1 月。

〔12〕陳爽，《人民幣啟航：香港發展人民幣離岸中心的契機〔M〕》，天窗出版社，2012 年 9 月

〔13〕張宏任，《人民幣國際化與香港未來〔M〕》，和平圖書有限公司，2012 年 4 月。

〔14〕Hung-Gay Fung, Jot Yau，"Chinese Offshore Renminbi Currency and Bond Markets: The Role of Hong Kong〔J〕"，*China and World Economy*, Vol. 20, No. 3, 2012, 107-122，December 1, 2011

〔15〕Richard Benzie, "The Development of the International Bond Market〔R〕", *BIS Economic Paper*, No.32-January 1992

〔16〕Michael H. Coles, "Foreign Companies Raising Capital in the United States〔J〕", *Journal of Comparative Law and Securities Regulation* 3(1981)300-319

〔17〕Staff Member from European Central Bank, The Euro Bond Market Study〔R〕, December 2004

〔18〕K. Osugi, "Japan's Experience of Financial Deregulation since 1984 in an International Perspective〔R〕", *BIS Economic Papers*, No. 26-January 1990

〔19〕Darius P. Miller and John Puthenpurackal, "The Costs, Wealth Effects, and Determinants of International Capital Raising: Evidence from Public Yankee Bonds〔J〕",

Journal of Financial Intermediation, Volume 11, October 2002, Pages 455–485

〔20〕A. C. Chester, "The International Bond Market 〔R〕", *Bank of England Quarterly Bulletin*, November 1991

〔21〕Patrick McGuire, "A shift in London's Eurodollar Market 〔R〕", *BIS Quarterly Review*, September 2004

〔22〕Fumiaki Nishi and Alexander Vergus, "Asian Bond Issues in Tokyo: History, Structure and Prospects 〔R〕", *BIS Papers* No 30, November 2006

〔23〕Marc Labonte, "Supervision of U.S. Payment, Clearing, and Settlement Systems: Designation of Financial Market Utilities (FMUs) 〔R〕", *CRS Report for Congress*, September 10, 2012

〔24〕Stavros Peristiani, "Has the U.S. Bond Market Lost Its Edge to the Eurobond Market? 〔R〕", *Federal Reserve Bank of New York Working Paper*, May 19, 2010

從交易層面看中國債券市場的開放機會

李　冰（中銀香港全球市場首席交易員）

隨著人民幣被納入特別提款權（SDR）貨幣籃子，境內債市對外開放步伐明顯加快。2015 年 7 月人行大幅降低境外央行或貨幣當局、國際金融組織、主權財富基金進入境內銀行間市場的門檻，以備案制取代之前的事前審批制，並取消額度管理。2016 年 2 月人行宣佈，對符合條件的境外機構投資者投資銀行間債券市場取消額度限制，簡化管理流程。這是境內債券市場對境外機構開放具有標誌意義的一步。

作為一名債券交易員，親眼目睹境內債券市場開放的全過程，接下來，筆者將從交易層面分析市場開放給境外投資者帶來的機會及在境內債市交易的一些感受。

一／ 全球投資者對人民幣債券的需求猛增

國際貨幣基金組織（IMF）正式接納人民幣為 SDR 籃子貨幣後，不久的未來，單計境外央行，便有約 3,000 億美元的潛在需求量。境外央行增

持人民幣資產，又會帶動其他投資者一起增持。不難想像，如此龐大的人民幣資產需求，只能在人民幣債券市場，尤其是境內債券市場找到空間。

另一方面，一些制訂具國際影響力全球債券指數的金融機構，開始考慮將中國在岸市場的人民幣債券納入其指數內。例如，花旗銀行宣稱，將在其國際主權債券指數（World Government Bond Index, WGBI）納入人民幣債券。若成功納入，則中國債市的比重是可達 20%，與之對應的投資規模可達 4,000 億美金。摩根大通也表示可能將人民幣債券納入其全球新興市場多元化債券指數。如果中國債市在指數中的權重達到 10%，追蹤該指數中人民幣債券的投資份額將達 1,800 億美元。

二 ／ 境內債市有待與境外市場接軌

雖然人民幣國際化大大激發了境外投資者參與境內人民幣債券市場的興趣，但境內債市是在資本項目不完全開放的情況下「以我為主」建立起來的，運行機制、投資文化及市場結構與境外市場存在較大差異。對境外投資者來說，進入境內債市時間不久，對中國國情認識有限，實際操作又與國際慣例不完全一樣，令其投資活動受到一定影響。

1 ／ 資金進出問題

境外投資者比較擔心，由於資本項目尚未完全開放，匯入資金購買債券及退出債市後資金匯出可能會受到跨境資金流動限制。不過，從交易層面看，跨境資金管理對債券投資的影響不大。根據人行《境外央行類機構進入中國銀行間債券市場業務流程》，境外央行類機構可自由將其開立在人行的人民幣專用資金帳戶的人民幣資金轉出，既可轉至境外央行類機構在中國境內或境外的其他人民幣帳戶，亦可通過參與中國銀行間外匯市場將人民幣兌換為外幣匯出。另據《境外機構投資者投資銀行間債券市場備

案管理實施細則》，非央行類境外機構投資者可自主決定投資規模，沒有額度限制。資金匯進匯出和結匯或購匯手續，也不需要到國家外匯局進行核准或審批。

2 / 二級市場流動性

按人行規定，境外機構應作為長期投資者，並基於資產保值增值需求，但並不排除短線投資及頭寸調整。這與境外市場既作持有到期投資又作買進賣出的交易的慣常做法不同。目前，境內機構以債券持有到期為主，儘管亦引入做市商制度，但尚未形成做市文化，二級市場債券流動性較小。2015 年，境內債市周轉率為 1.14 倍，小於美國債市的 4.87 倍（國債周轉率更達 10.8 倍）。同時，境外機構還缺乏獲得境內市場人民幣流動性的窗口，加大了個別境外投資者的流動性管理的難度。

3 / 境內債券的信用評級

境內評級機構給予信用債評級偏高，令境外投資者感到困惑，以致於影響投資信用債。境內評級機構的信用等級大致與國際評級機構相同。以標普及大公國際為例，扣掉違約級別，分為 AAA、AA、A 及 BBB 四個投資級別及 BB、B、CCC 三個投機級別。標普投資級 BBB 佔 34%，投機級 B 佔 16%。AAA 級及 AA 級佔 5%。大公 AAA 級佔 15%，AA 級佔 82%，A 級佔了 2%，而 BBB 級及以下不到 1%。從信用債評級分佈看，中國沒有一個投機級信用債市場。因此，投資高等級債券可能難以識別高風險債券，而一些願意投資高風險信用債的境外投資者，卻又不能獲得相應的高收益作為回報。

4 / 境內機構的服務能力

銀行間債券市場實行分層管理，甲類可開展自營業務，還可擔當丙類

成員的結算代理人。境外機構大量湧現，並以丙類成員身份出現，甲類成員（110多家銀行及券商）初次接觸，大多數未配備專業服務團隊、營銷能力、服務意識、技術手段乃至於語言能力都未跟上。反觀美國債市，主要坐市商不僅是美資機構，還包括法巴、德銀、蘇皇、大和、瑞穗，可直接服務歐亞等境外市場，服務渠道暢通，服務意識、能力及經驗很強。因此，境外投資者尋找理想的合作夥伴及合適的交易平台存在一定困難。

三 / 境外投資者參與境內債市的發展前景

2016年初以來，由於央行不停出台政策鼓勵境外機構參與境內債市，境外機構在境內債券市場的投資規模錄得顯著增長。根據中央國債登記結算公司，截至年底，境外機構投資境內債券共計7,788億元人民幣，較年初時增長三成。境外機構所持境內債券佔境內債市總量的比重也由1.56%提高至1.8%（見圖一）。

雖然如此，根據國際貨幣基金組織，外資參與中國境內債市的比例仍遠低於印度的6%、泰國的16%、馬來西亞的34%及印尼的58%。由此可見，比起其他國家，中國境內債券市場的境外機構參與度仍然過低。

若能不斷完善境內債市機制，促進中國債市與國際接軌，消除境外投資者疑慮，那麼，借著人民幣國際化東風，單計海外央行、貨幣當局及主權基金，估計已可令境內債市的境外機構參與度由目前不到2%提升至6%。加上私人機構投資者，包括商業銀行、保險公司、互惠基金等，境外機構參與度應該可達13%。

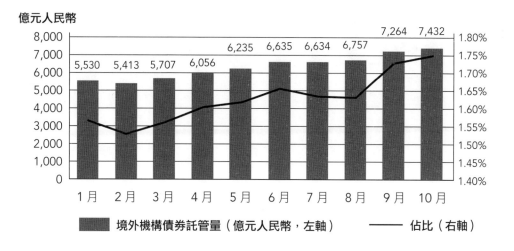

圖一 2016年境外機構投資境內債券市場總量與佔比

億元人民幣

境外機構債券託管量（億元人民幣，左軸）　　　佔比（右軸）

資料來源：中國債券信息網

　　另一方面，雖然中國境內債市屬全球第三大債市，規模僅次於美國和日本，但市場成熟度與歐美市場有一定差距。若境內債市能不斷完善自身制度，則不僅能成功吸引外資，促進人民幣國際化，更有助於豐富境內債市的投資者基礎，促進債券品種多樣化。同時，與國際接軌也代表著境內發債體信息披露能力與企業管治水平的提升，令境內債券市場更加成熟與規範。⊕

香港銀行業拓展
跨區域人民幣業務
合作的思考

王鎮強（中銀香港發展規劃部副總經理）

自2009年7月跨境貿易人民幣結算試點開展以來，香港離岸人民幣業務進入高速發展期，逐漸形成一個具有相當規模的離岸人民幣市場。香港金融機構積極推動人民幣業務，利用離岸人民幣市場的各種有利條件拓展跨境客戶，不僅密切了與內地的金融合作關係，同時亦增強了對其他境外地區的人民幣業務的輻射。例如，香港擔當著珠三角與東盟之間跨區域人民幣業務的中介及橋樑，對人民幣國際化產生了積極的推動作用。

一／「珠三角－香港－東盟」成為活躍的人民幣業務帶

1／三地人民幣業務在境內外名列前茅

香港是境外地區人民幣業務規模最大的離岸人民幣中心，由於很好地利用了先發優勢，在其他離岸人民幣中心開始建立時，香港已打下堅實的人民幣業務基礎，各項業務指標保持領先。

這幾年，其他離岸人民幣中心急起直追，形成不同特色。在地理位置上與香港較為接近的東盟，人民幣業務發展很快，開始具備一定的競爭實力。根據人行跨境人民幣業務國別分佈情況統計，2015 年香港人民幣收付金額 6.4 萬億元（佔境外的 53%），東盟收付金額超過 1.4 萬億元（佔境外的 12%）。另據環球銀行金融電信協會（SWIFT）的數據，2015 年香港人民幣支付量約佔全球的 70% 左右。東盟佔 6.8%，只略少於歐盟的 8.6%。不久前國際清算銀行（BIS）公佈了 2016 年 4 月份全球外匯市場交易量統計，香港以日均成交 770 多億美元排名首位，新加坡以 420 多億美元緊隨其後。除此，東盟在人民幣存貸款、人民幣債券發行、人民幣合格境外機構投資者（RQFII）都取得長足發展，成為除香港之外最重要的離岸人民幣市場。

珠三角則是境內跨境人民幣業務的積極拓展者，各項業務指標領先其他省市。以人行跨境人民幣業務統計，2015 年廣東省共辦理跨境人民幣結算業務 3.01 萬億元，同比增長 18.9%，佔全國的四分之一，超過上海的 2.75 萬億元。與上海比較，廣東經常項目收付超出較多，顯示跨境人民幣業務以貿易結算為主的特點（上海因「滬港通」因素資本項目收付更多）。若將人行深圳中心支行的數據分列，則廣東省（扣除深圳）跨境人民幣收付 1.62 萬億元，深圳跨境人民幣收付 1.38 萬億元，分別排名全國第二、三位。廣東省金融機構大力發展跨境雙向人民幣資金池業務，2015 年設立資金池 119 個，涉及企業 1,217 個，累計人民幣收付 1,218 億元。

2 / 香港成為該人民幣業務帶的重要樞紐

在「珠三角－香港－東盟」人民幣業務帶裏，香港的地理位置較為特殊，一頭連著珠三角，另一頭連著東盟，加上與兩地均保持傳統的人文聯繫，有利於在三地人民幣業務往來中擔當中介角色，可發展成為這條人民幣業務帶的重要樞紐。

香港與東盟一向人員往來頻密，在對方僑居的居民較多，便於跨境貿易及投資活動。整個東盟是香港第二大貿易夥伴，跨境投資達到一定規模，僅新加坡在港的直接投資歷年就累計 3,000 多億港元。跨境人民幣業務領域上，新加坡是區域人民幣中心，但東盟經濟存在較大差異性，各自發展人民幣業務，尚未形成密切的區域內部業務往來，各國之間人民幣支付、交易及融資不多。而香港人民幣清算系統覆蓋東盟，東盟 10 國全部接入，有 20 多個參加行。新、港之間人民幣結算、交易量較大。馬來西亞在引入人民幣清算行之前就是香港人民幣清算體系的二級清算行。同樣，香港與泰國、越南有著較密切的人民幣業務合作關係。

香港與珠三角的金融合作經過 30 多年發展，已達到很高層次，2009 年兩地成為跨境貿易人民幣結算首批試點地區後，人民幣業務合作成為兩地金融合作的重點內容。兩地互相配合，並互為依託、互為支持，共同做大跨境人民幣業務規模。據人行數據顯示，廣東與港澳地區跨境人民幣結算業務量從 2010 年的 1,132 億元增至 2015 年的 2.3 萬億元，「十二五」期間累計 6.5 萬億元，佔全省跨境人民幣結算金額的 73.4%，以人民幣計價的跨境收支佔比從 2010 年的 5% 升至 2015 年的 42%。跨境人民幣業務形成突破，深圳前海、廣州南沙、珠海橫琴先後開展跨境人民幣貸款，累計借入 373 億元，有 15 家在廣東經營的港澳企業開展跨境人民幣資金池業務。

跨境人民幣業務是從貿易結算開始，延伸至跨境投資。香港不僅與東盟、珠三角都保持密切的雙邊貿易投資關係，而且亦是東盟與珠三角之間經貿往來的橋樑及跳板。據廣東統計局公佈的數據，2015 年廣東省與東盟進出口總額為 1,134 億美元，佔廣東省進出口總額的 11%，其中很大部分是經香港轉口的。2016 年首七個月，香港對東盟出口有 97% 為轉口貨品，總值 184 億美元，其中 71% 源自內地。香港對新、馬、泰貿易有較大逆差，而對越南有較大順差，顯示新、馬、泰貨物通過香港向珠三角轉口及珠三

中銀香港大力拓展東南亞業務，圖為中銀香港文萊分行開業。

角貨物通過香港向越南轉口。不少東盟企業在香港設立機構，從事對珠三角貿易及投資，僅新加坡企業在香港所設的地區總部及辦事處就有 500 多家。1979 至 2015 年東盟在廣東省實際投資 138 億美元，僅次於香港。三地之間密切的經貿往來關係成為拓展人民幣業務的重要基礎，而三地之間引入人民幣結算，推動三地經貿關係向更深層次發展。

二 ／ 「珠三角－香港－東盟」人民幣業務合作前景廣闊

1 ／ 東盟人民幣業務發展空間很大

中國和東盟經貿關係持續深化，將帶動人民幣貿易結算進一步擴容

中國是東盟最大貿易夥伴，約 15% 的貿易和中國進行，由 1996 至 2015 年，雙邊貿易每年增長超過 17%，以下因素料支撐未來雙邊貿易持續增長：第一，中國與東盟的自由貿易區（China-Asean Free Trade Area, CAFTA）協議進一步提升兩地貿易關係。雙方的自由貿易區自 2010 年 1 月 1 日正式建立後，中國與東盟國家貿易的大部分產品實現零關稅。2015 年 11 月，雙方更達成 CAFTA 升級版協議，預料會進一步增加雙邊貿易規模。市場預測，中國與東盟的雙邊貿易總額，將會由 2014 年的 4,800 億美元翻一番至 2020 年的 10,000 億美元。第二，東盟國家的中產階層正在擴大，目前有逾 1.5 億人，佔東盟總人口四分之一，是推動消費市場的生力軍，所帶動的進口需求有利中國與東盟之間的貿易往來。

香港是中國對東盟轉口貿易的基地。中國與東盟貿易關係越趨緊密下，香港也會受惠，亦令中國與東盟的跨境人民幣貿易結算不斷增加。目前中國外貿用人民幣結算的比例約佔 20%，而日本外貿用日圓結算的比例為 30% 至 40%，歐元區外貿以歐元結算的比例更高達 50% 至 60%，下一步人民幣作為貿易結算還有很大的發展。

「一帶一路」國策深化人民幣在東盟地區的使用

東盟地區是「一帶一路」規劃的核心區域，亞洲開發銀行預測，東盟在 2010 至 2020 年之間的基礎建設工程總值高達 8 萬億美元。這些工程項目將會為東盟國家帶來大量外商直接投資（FDI），在改善當地各種海陸空基建之餘，相信亦有助於加快推進人民幣在東盟各國的使用。

至於其他資產類別，包括證券、大宗商品等，隨著政策開放，以人民幣計價的投資活動在東盟國家的活躍度將日益提升。目前，東盟地區已有四個國家與中國簽訂了本幣互換協議，合計 6,500 億元人民幣，包括新加坡（3,000 億元）、馬來西亞（1,800 億元）、印尼（1,000 億元）和泰國（700 億元）。當中有三個國家獲得人民幣合格境外機構投資者（RQFII）額度，其中新加坡實際批出額度達 1,000 億元人民幣，僅次於香港的 2,700 億元，而馬來西亞及泰國的額度分別為 500 億元。除此之外，內地分別在 2015 年 7 月和 2016 年 2 月開放境內債券市場予央行類投資者（包括海外央行、主權基金和國際金融組織等）及其他金融機構（包括商業銀行、保險、互惠基金等），勢將加快在東盟等地的央行和金融機構增持人民幣資產的速度與力度，推進人民幣計價資產在東盟地區的普及化和區域化。

東盟國家擁有豐富的天然資源，同時是多種商品如棕櫚油、橡膠等的期貨市場，若能將有關商品期貨以人民幣計價交易和結算，將能大大提升人民幣在東盟地區的使用和增強人民幣對國際商品產品的定價能力，同時有助於人民幣計價產品多元化發展，加強人民幣國際化的廣度和深度。

人民幣加入 SDR 將促進人民幣成為東盟儲備貨幣

2016 年 10 日 1 日，人民幣正式加入國際貨幣基金（IMF）特別提款權（SDR）的儲備貨幣籃子，直接帶動了各國央行和主權基金提升對人民幣資產的配置。

世界銀行數據顯示，2015 年東盟 10 國央行的外匯儲備總額達到

7,378 億美元。新加坡、馬來西亞、泰國、印尼、菲律賓及柬埔寨央行都曾公開表示增持或考慮增持人民幣。人民幣在 SDR 貨幣籃子中的比重為 10.92%，以中銀香港專家預測的未來三年人民幣資產佔全球官方外匯儲備的比例可達 5% 左右計算，東盟各國未來三年將會配置 367 億美元（約 2,500 億元人民幣）人民幣外匯儲備。

2 / 香港不斷深化與珠三角合作能激發更多人民幣業務

珠三角與香港的貿易和投資關係密切，特別是廣東自貿區（含廣州南沙片區、深圳前海蛇口片區、珠海橫琴片區）依託政策優勢，從率先推出跨境人民幣貸款開始，在跨境資金池、企業境外發債等領域不斷創新。香港作為國際金融中心和最大的離岸人民幣市場，擁有領先的金融基建、市場化機制和國際性人才，在深化與珠三角合作中創造人民幣業務機遇。包括：

支持珠三角企業在境外直接融資，拓寬人民幣融資渠道

除了跨境貸款，直接融資渠道亦是未來重要發展方向，包括股票和債券市場。香港人民幣股票市場發展相對滯後，迄今發行過匯賢、合和公路等人民幣單幣或雙幣雙股，廣東自貿區方案中提出研究探索自貿區企業在香港股票市場發行人民幣股票，放寬區內企業在境外發行本外幣債券的審批和規模限制，所籌資金根據需要可調回區內使用。隨著深港通開通，配合未來自貿區政策進一步落地，珠三角企業利用香港直接融資市場的渠道拓寬，對香港人民幣股市、債市的發展將形成助力。

依託自貿區創新政策，將境外資金引入境內非公開交易市場，增加人民幣投資回流渠道

目前境外資金通過投資回流境內，主要是合格境外機構投資者

（QFII）、人民幣合格境外機構投資者（RQFII），投資股市、債市等公開交易市場。但香港市場聚集了大量私募股權基金、天使投資、創投等投資機構，他們的主要投資領域和興趣在未上市企業股權，內地大量優質企業的吸引力很大。深圳已經在前海設立了外商股權投資企業的試點，允許以非公開方式向境內外投資者募集資金。香港投資機構依託自貿區創新政策，在自貿區設立外商股權投資企業向全國輻射，能夠增加香港人民幣資金回流境內渠道，有利於打通境內外資金循環，增加對香港市場人民幣資金的投資需求。

香港與珠三角交易所互聯互通逐步啟動，衍生出人民幣業務的新商機

珠三角金融創新政策的一個重要領域是搭建多層次的要素市場，例如深圳前海建立了股權交易、石油化工、金融資產、農產品、碳排放權、保險結算、文化產權 7 家要素交易平台。2016 年 4 月 27 日港交所正式宣佈將在深圳前海設立大宗商品現貨交易平台，擬於 2017 年上半年推出市場，深化深港合作、促進互聯互通。如果未來香港與珠三角要素交易平台之間互聯互通由股票、大宗商品逐步向多元化交易品種鋪開，將有利於發揮香港人民幣離岸中心優勢，帶動跨區域大宗商品、貴金屬、期貨、期權、權證等衍生產品的開發，進一步增強香港人民幣產品的深度和廣度。

港深總部經濟協同效應，帶動跨境人民幣資金池等業務

目前香港約有 1,400 間企業在香港設立區域總部，為促進更多企業來港設立總部，香港於 2016 年正式落實對企業財資中心（CTC）的稅務寬減措施，包括符合資格的企業財資中心，其相關利息支出在計算利得稅時可獲豁免，及寬減企業財資中心財資業務相關利潤的利得稅一半，由16.5% 降至 8.25%。此舉將大大提升跨國企業及內地「走出去」企業在香港設立企業財資中心的吸引力，並在香港設立地區總部。深圳是內地大型

企業境內總部的集中地，總部型企業有 180 多家，包括騰訊、阿里巴巴、百度、華潤、中海油、恒大等。因此深圳已發展成為境內的南方總部，香港則成為境外的總部。港深總部經濟將帶來龐大的商業活動，兩地間形成大量的資金流動，將帶動跨境人民幣資金池業務。

3 / 香港應繼續承擔區域人民幣業務合作的重要角色

中國作為世界上第二大經濟體及第一大貿易國，全球地位舉足輕重，擁有巨大的實體經濟活動。2016 年人民幣在環球支付及外匯儲備的佔比分別只有約 2% 及 1.2%，人民幣國際化要邁上新台階，一定要依靠區域內的實體經濟商業活動多元化，帶動人民幣在區內形成良性的自我循環。

香港與東盟經貿關係日趨緊密，香港與東盟地區會形成一個離岸人民幣自我循環系統；同時珠三角一些特殊改革開放試驗區（前海、南沙、橫琴）享有不少政策優惠，可進一步提升兩地人民幣業務合作，亦可創造一個跨境人民幣自我循環系統。香港作為這兩個區域合作的橋頭堡，可將兩個自我循環融為一體。在兩個自我循環系統中，無論實體經濟還是金融領域，對人民幣服務都有很大的潛在需求，香港銀行需要好好把握帶來的機遇，拓展跨區域人民幣業務合作。

三 / 香港銀行業開拓跨區域人民幣業務的設想

1 / 配合內地企業「走出去」及「一帶一路」戰略的推進，提供跨區域的人民幣綜合服務方案

香港擁有最大的人民幣資金池，香港銀行可作為「一帶一路」企業的最佳人民幣顧問，為客戶設計最有利的融資方案，如選擇通過離岸市場發行債券，或與內地銀行合作在境內發行人民幣債券，亦可直接通過銀行進行人民幣貸款。目前越來越多發行離岸人民幣債券的機構或企業是來自海

外地區，根據金管局的估計，2016 年上半年超過八成的離岸人民幣債券發行體都不是來自內地，這些企業的主要運營的貨幣大多不是人民幣，對人民幣對沖及結構性產品有很大的需求。人民幣雙向波動成為常態，香港銀行可為這些企業提供完整的人民幣風險管理的方案，提供針對利率、匯率波動的風險緩釋類產品，有效管控企業面對的風險。

2 / 借助兩地總部經濟及香港企業財資中心的契機，以跨境人民幣資金池帶動全方位交易銀行業務

香港落實企業財資中心稅務寬減優惠後，相信不少內地「走出去」企業將會選擇在香港設立企業財資中心。香港銀行可借助企業財資中心的契機，配合前海及南沙發展成境內總部的大趨勢，加強對內地企業營銷，藉著「境外香港總部加境內南方總部」的概念，為客戶提供全方位交易銀行業務。2015 年第三季，人行發佈「關於進一步便利跨國企業集團開展跨境雙向人民幣資金池業務的通知」，進一步明確了跨國企業開展跨境雙向人民幣資金池業務的相關要求，香港銀行可積極爭攬跨國企業在香港成立人民幣資金池，幫助客戶高效調撥及管理人民幣資金流動，有利加強人民幣在海外地區提升使用程度。

3 / 利用自貿區創新政策，加強跨區域人民幣投融資業務

前海、南沙、橫琴試點均試點外商股權投資企業，容許以非公開方式向境內外投資者募集資金，直接投資內地企業的股權。香港銀行的資產管理業務部門，可研究開發投資內地高潛力非上市公司股權的基金產品，在香港及海外募集人民幣資金，並在自貿區設立機構，對接香港所募集的資金，直接投資在境內企業的股權。此舉可利用自貿區創新政策，促進香港銀行推行多元化的人民幣投資產品，加強跨區域人民幣投融資業務。

4 ╱ **把握兩地交易所互聯互通機遇，打造基於交易所業務的人民幣產品線**

　　滬港通及深港通之後，香港與內地交易所將進一步深化合作，從股票拓展至其他商品及衍生產品。香港銀行現時可為客戶提供 A 股買賣服務，為人民幣回流境內及投資提供了一個完善的渠道。未來香港銀行可利用交易所互聯互通機遇，進一步擴大人民幣的產品線，豐富人民幣投資的產品組合，並可成立基金投資內地交易所的產品，為香港及海外投資者提供多元化的人民幣投資機會，有利發展人民幣跨境組合投資的業務。⊕

理性評估人民幣貶值對中國銀行業的影響

鄂志寰（中銀香港首席經濟學家）、

戴道華（中銀香港發展規劃部高級經濟研究員）

自2005年匯改以來，人民幣兌美元匯率先是經歷了長逾八年的上升期，累積升值幅度達37%。之後則進入了近三年的下跌期，累積貶幅10%。在2014年以後的貶值當中，一個與之前升浪不同的特點是人民幣匯率的雙向波動增加，背後既有政策因素，也有市場因素，應該是人民幣匯率形成機制改革樂見的方向。在可見的未來，預計人民幣兌美元溫和貶值的壓力仍在，而雙向波動也會是常態，匯率風險增加，對中國銀行業構成多方面的影響。

一／人民幣溫和貶值對銀行業資本影響評估

自本世紀初開始股份制改革以來，中國的銀行先後走上上市之路，有不少還是到香港或其他海外市場上市，如香港恒生中國H股金融業指數當中便包含16家中國的銀行股，加上股份制改革期間剝離呆壞帳和資本注資等的措施，上市銀行的資本金當中便有一定的外幣資本金，包括境外

首次公開募股（IPO）所募集的資本金；境外戰略投資者所購入並持有的股權資本金；國家通過外匯儲備注資的資本金；其餘為本幣資本金，當然仍以後者為主。

人民幣兌美元貶值，如果從國內銀行業監管的角度，資本金是以人民幣計價，那麼外幣資本金錄得匯兌收益就會整體提高有關銀行的資本規模，是利好的。但如果從國際排名和橫向比較的角度，資本金要換算成美元計價，那麼人民幣資本金就會錄得匯兌損失，拖低整體銀行的資本規模乃至國際排名。上世紀日圓升值期間帶動日本銀行在國際銀行業的地位大幅提升，後在日圓大幅貶值下其排名墜落，正是出於匯率這一主要推手。

根據 The Banker 2016 年 6 月底發表的全球首 1,000 家銀行報告，其中一節以「Top 1,000 World Banks – Chinese banks go from strength to strength」為標題，因為在其統計史上以一級資本量度的全球首五大銀行當中，首次出現中國的四大國有銀行佔去四席的局面。該統計是以美元計價的，而且出現在人民幣兌美元已經在 2014 年和 2015 年連續兩年貶值之後，一來說明累計貶值的幅度溫和，二來期間四大行也在積極補充一級資本，彌補了貶值的影響有餘。上世紀曾一度在資本實力上主導全球的日本銀行只有一家躋身全球前十名。不過，值得指出的是，農行在 2016 年的排名趕超了美國銀行，但兩者一級資本的差距只有 2.7%，假如其他條件不變，人民幣兌美元匯率未來繼續貶值的話，兩者就有可能在下一次排名時位置互換。而由於工行的一級資本金較排第三位的摩根大通高出 36.9%，未來人民幣兌美元累積的貶值幅度預計不會如此之大，那麼中國銀行業在資本實力方面領跑全球的局面相信還會持續相當時間。

另外，根據銀監會的統計，截止 2016 年年中，中國銀行業加權平均資本充足率為 13.11%，一級資本充足率為 11.10%，核心一級資本充足率為 10.69%，而巴塞爾協議 III（Basel III）的最低要求分別為 8.0%、6.0% 和 4.5%，重整後的美國銀行業的有關資本比率分別為 14.3%、12.8% 和

12.7%。這樣看來，人民幣溫和貶值對銀行業資本狀況的影響應該在可控範圍之內。此外，在 2015 年中國銀行業進行的壓力測試結果顯示，在人民幣兌美元匯率升 / 跌 30% 的重度衝擊情景下，對銀行體系的直接影響依然有限，資本充足率僅下降 0.07 個百分點，其中中型商業銀行的資本充足率降幅較大，也不過是下降 0.10 個百分點。

表一
2016 年世界十大銀行

排名（2015 年排名）	銀行	國家	一級資本（百萬美元）
1(1)	中國工商銀行	中國	274,432
2(2)	中國建設銀行	中國	220,007
3(3)	摩根大通	美國	200,482
4(4)	中國銀行	中國	198,068
5(6)	中國農業銀行	中國	185,607
6(5)	美國銀行	美國	180,778
7(7)	花旗銀行	美國	176,420
8(8)	富國銀行	美國	164,584
9(9)	滙豐銀行	英國	153,303
10(10)	三菱 UFJ	日本	131,753

資料來源：*The Banker*

二 / 銀行業調整資產負債結構吸收貶值衝擊

人民幣匯率不再單邊升值，而是溫和貶值中雙向波動加大，頻率加密，

會直接影響銀行帳和交易帳的外匯風險敞口。商業銀行的銀行帳會持有一定規模的外幣資產和負債,如外幣存款、外幣貸款、同業外幣拆借、外幣債券投資等,人民幣匯率變動會產生帳面上的盈虧。另外銀行也會因為交易目的而持有一定的外幣金融工具,其以人民幣計價的市值在入帳時同樣會隨著人民幣匯率的升跌而變化。人民幣升值,銀行持有的外幣資產會貶值,負債也會貶值,那麼銀行整體是錄得匯兌收益還是損失,就取決於它持有外幣淨資產還是淨負債,以及其敞口有多大。

　　一般而言,銀行的外幣淨資產敞口越大,人民幣升值對其就越不利,這時銀行資產負債的調整會以減持外幣資產、增加外幣負債為主。反之,在人民幣貶值期,銀行的外幣淨資產敞口越大就越有利,因為可以錄得更大的匯兌收益,那麼銀行資產負債的調整會以增持外幣資產、減少外幣負債為主。

　　從人民銀行的統計所見,一來中國銀行業在外幣資產負債方面呈淨資產敞口;二來 2015 年積極地因應人民幣匯率貶值作出了適當調整;三來相對於龐大的銀行業總資產,其外幣資產佔比小,即使具體到個別銀行有錯配,也不虞嚴重威脅整個系統。

　　中國銀行業整體的對外資產負債是呈淨資產敞口的,規模截至 2016 年年中高達 270,808 億元人民幣,當中大部分以儲備資產的形式由人民銀行持有。若將之撤除,則商業銀行持有國外資產為 42,585 億元人民幣,國外負債為 13,119 億元人民幣,外幣淨資產敞口為 29,446 億元人民幣,人民幣貶值會令這一敞口帶來一定的匯兌收益而非損失,唯其金額也不會太大。

　　2016 年人民幣兌美元溫和貶值進入第三年,銀行業早就循這一方向調整其外幣資產負債。與 2015 年初相比,國外資產從 37,622 億元人民幣增至 2016 年年中的 42,585 億元人民幣,國外負債則從 23,545 億元人民幣減至 13,119 億元人民幣,匯率變動只能解釋當中的一小部分變化,積極的資產負債管理應該是更為合理的結論。另外,根據外管局統計,與一年前相比,2016 年首季銀行業和企業削減外債的規模合共 3,497 億美元,其中又

以銀行減債為主（2,596億美元對企業的901億美元）。這樣一來，一年前銀行業的外債水平比企業為高（8,177億美元對7,075億美元），一年後的2016年首季，銀行的外債餘額低於企業（5,581億美元對6,174億美元），這顯示銀行對匯率風險的意識和敏感度更高，調整也更為積極。最後，中國是銀行業主導的經濟體，銀行業總資產截至2016年年中時高達2,170,247億元人民幣，42,585億元人民幣的國外資產只佔2.0%的比重，即使個別銀行存在較為嚴重的錯配，相信也不至於威脅整個銀行體系。

圖一／
中國銀行業對外淨資產

存款性公司國外淨資產（億元人民幣，1H16）

276,416　271,902　271,667
274,431　271,562　270,808

1　2　3　4　5　6

其他存款性公司
國外資產 vs. 總資產
（億元人民幣，2Q16）

2,170,247

42,585

國外資產　總資產

資料來源：中國人民銀行、中銀香港

三／**人民幣貶值提升銀行業外匯交易相關收益**

匯率風險增加對銀行業的另一直接影響在於銀行外匯交易業務（無論是自營還是代客）。目前，內地外匯和外匯衍生產品市場已經取得長足的

發展，中國外匯交易中心經營人民幣外匯即期、遠期、掉期、期權、外匯貨幣掉期、外匯拆借等交易，銀行既自營，也代客進行交易，匯率風險增加對銀行定價、對沖和管理有關風險的能力就提出了更高的要求，從而進一步推動外匯市場的交易和發展。

根據人民銀行的統計，2015 年銀行間外匯市場成交 13.7 萬億美元，同比增長 54.2%；其中人民幣外匯市場成交 13.5 萬億美元，同比增長 53.9%；外幣市場成交 1,202.1 億美元，同比增長 98.5%。從產品結構看，2015 年外匯衍生品成交 8.7 萬億美元，同比增長 85.9%；外匯即期成交 4.9 萬億美元，同比增長 18.4%。外匯衍生品成交佔整個銀行間外匯市場成交的 63.9%，連續七年增長，而且其成交量增幅自 2009 年以來持續高於即期交易，佔比逐年上升。

在匯率彈性增加的情況下，無論是銀行還是企業規避匯率風險和對沖的需求會相應增加，外匯和外匯衍生產品的開發、銷售和交易也會顯著增加，具備有關能力的銀行就可以獲得額外的業務和收益。根據人民銀行的報告，2015 年中國外匯市場銀行對客戶即期結售匯交易上升 8.7%、遠期結售匯交易下降 16.0%、外匯和貨幣掉期交易上升 11.7%、外匯期權交易上升 84.2%。這樣，中國外匯市場交易當中即期和掉期交易所佔比重已經趕上並超過國際清算銀行（BIS）有關統計所顯示的全球平均水平，未來只要在期權和遠期交易上繼續改進，就可以達到與全球相匹配的外匯市場交易產品結構。

當然，銀行從事的外匯業務除了匯率風險、利率風險、交易對手信用風險以外，還有操作風險、外匯管制風險、結算風險、時區風險等，但這些非市場風險只要管理得宜，不管匯率是升值還是貶值，匯率波幅增加相信可為銀行業帶來不少機遇。

圖二 中國外匯市場產品結構變化及與全球比較

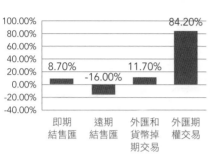

外匯市場銀行對客戶交易量增幅
（％，2015）

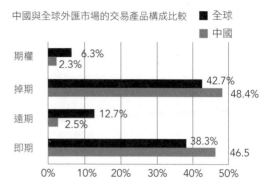

中國與全球外匯市場的交易產品構成比較 ■ 全球 ■ 中國

註：中國為 2015 年數據，全球為國際清算銀行 2013 年 4 月調查數據。

資料來源：中國人民銀行、國家外匯管理局、中國外匯交易中心、國際清算銀行、中銀香港

四 / 人民幣貶值加大企業信用風險，間接影響銀行業資產質素

匯率風險上升不僅會直接影響銀行業，也會影響銀行的客戶，在銀行業主導的經濟結構下，最終會間接影響銀行業。例如從事商品貿易、服務貿易、對外投資的企業因為有大量的外幣收支，如果未作有效對沖，人民幣匯率波動就可能會帶來匯兌收益或損失，一旦匯兌損失過大而影響其財務穩健，就會轉變成為給它們貸款的銀行的信用風險。另外，企業本身也會因應對人民幣匯率的預期來管理自身的資產負債，在人民幣升值、同時人民幣有更高利差的時候借入外幣貸款來滿足本幣融資需求，刻意利用貨幣錯配來配合自身經營，但人民幣匯率一旦轉跌，其匯率風險也會轉嫁成

為銀行的信用風險。

　　所幸的是儘管中國非金融企業的借貸在全球主要經濟體當中最多，但在審慎的外債和跨境資本流動管理下，外債比重小，即使人民幣大幅貶值，出現亞洲金融風暴一樣的貨幣、債務和經濟危機的風險本來就不大，加上企業也同樣地積極調整其資產負債，人民幣匯率雙向波動對企業的主要影響相信在於其核心業務，而非匯兌損益上。

　　如前所述，2015 年在銀行積極削減外債的同時，中國的企業也把外債削減了 901 億美元至 6,174 億美元。從債務工具上看，企業除了削減所借貸款以外，貿易信貸與預付款也顯著減少，部分原因是期間中國對外貿易錄得下降，例如 2016 年首季商品進出口總額同比下降 5.9%，但同期企業的貿易信貸與預付款則減少了 729 億美元或 23.8%，就顯示更為積極的外債管理。但由於中國是全球第三大的商品和服務貿易國，在直接投資方面亦居前列，外幣資產負債再調整相信有關餘額也不至於降至零，是較為容易見底的。與中國企業總的借貸相比，其對外借貸只佔很小的 3.4% 的比重，加上中國外債當中本幣外債佔比高達 44%，因此企業匯率風險的敞口其實也不大。

　　企業因應人民幣匯率貶值而調整對外負債一個可行的做法，應該是把外幣外債轉換為本幣外債，以圖降低匯率風險。但在截至 2016 年首季的 12 個月當中，中國整體外債規模減少了 18.4%，其中外幣外債規模僅減少 12.6%，本幣外債規模的減幅卻有 20.9%，顯示有關的外債調整不僅僅是幣種的轉換，而是整體去槓桿。究其原因，人民幣兌美元匯率溫和貶值，但是人民幣無論是貸款利率還是債券收益率均顯著高於美元，尤其是後者，其息差反而因為美債收益率下降而在擴大，這就要求有關的外債調整要有更精確的綜合匯率和利率的計算才值得操作，整體對外去槓桿反而是更佳的選擇。

　　根據銀監會的統計，截至 2016 年年中，銀行業的不良貸款（Nonperforming Loan, NPL）比率為 1.75%，雖然從低位有所上升，比起美國銀行業的 1.5% 略高，但就仍然顯著低於經濟合作暨發展組織（Organization for Economic Co-operation and Development, OECD）平均、歐元區平均和全球平均的 3.0%、5.7% 和 4.3% 的水平。這發生在人民幣已經連續貶值的第三年，顯示不良貸款增加並非主要來自是企業的匯率風險。加上中國銀行業的資產回報率（Return On Assets, ROA）為 1.1%，股本回報率（Return On Equity, ROE）為 15.2%，淨利差（NIM）為 2.27%，全球頭 11 家經營最有效率、成本收入比率最低的銀行全部為中國的銀行，應該說中國銀行業的抗壓能力不低。

圖三

銀行業金融機構關注類貸款餘額及不良貸款變化情況

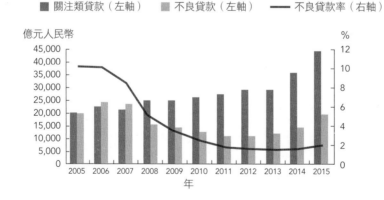

資料來源：中國人民銀行、中國銀監會、中銀香港

全國全口徑外債餘額 13,645 億美元（1Q16）

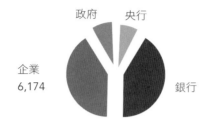

政府　央行

企業
6,174

銀行

資料來源：中國人民銀行、中國銀監會、中銀香港

五 / 結論及展望

　　儘管人民幣匯率貶值壓力迄今尚算溫和，但從監管的角度而言卻不能掉以輕心，因為中國是銀行業主導的經濟體，有全球最大的廣義貨幣供應，人民幣有持續貶值壓力就意味著資金有持續外流壓力。由於外國投資者在在岸市場持有的人民幣資產（股票、債券、貸款、存款）加總為 3.4 萬億元人民幣，其中股票和債券投資只各佔內地相關市場 1.3% 的比重，就算全部套現離場，涉及的金額也有限，更不用說出於分散投資的考慮，它們不太可能全部流走，那麼應該格外關注的是本國資金外流的壓力。要穩定匯率、遏止資金外流，貨幣政策就較難全面放鬆，只能做有針對性的流動性管理，這會對銀行業資金成本、定息收益等帶來影響；針對資金外流的管制暫時也不能全面放鬆，人民幣離岸市場也受到影響，人民幣國際化的對策轉為開放在岸市場以彌補離岸市場收縮；企業「走出去」進行直接投資依然受到鼓勵，但在人民幣貶值之下，其成本和風險也會增加；人民幣匯率貶值會改變貿易結算的結構，以人民幣進行出口結算會增加，進口結算則減少，以往升值期利用貿易結算作跨境套利的誘因會消失，貿易及其結算的真實性會增加。

從監管的角度，銀監會自 2005 年匯改以來就一直著力提醒和推動銀行業重視並加強匯率風險管理，從市場建設、監管要求和制度建設上多管齊下，這主要是因為之前中國銀行業一直在缺乏彈性的匯率機制下經營，有關的匯率風險管理經驗和技能也就無從談起。後在 2005 至 2013 年的人民幣兌美元單邊升值過程當中，銀行如果持有具規模的外幣資產，那麼人民幣升值就會造成其減值，這從當時各銀行的財務報告中披露的匯兌損失可以看得出來，那麼調整的方向不外乎是增加外幣負債，減持外幣資產，企業和個人也同向操作。

2014 年在人民幣兌美元先貶後反彈、但全年還是溫和貶值的情況下，市場參與者對人民幣匯率升值的預期尚未根本改變，到了 2015 年「8‧11」匯改以及其後人民幣貶值壓力加大，單邊升值預期才告打破，在單邊升值期過程中累積的匯率風險才集中爆發，調整變成了償還和壓縮外幣負債，重新增持外幣資產，但有關過程無疑進一步放大了人民幣貶值壓力，而且外幣負債的調整是遲早會見底的，唯增持外幣資產卻是可以無限的，尤其是在中國有全球最大的廣義貨幣供應的情況下，最終會造成資金外流、外匯儲備下降、流動性緊張、進一步拖慢經濟增長等不良後果，因此有效管理匯率預期，從監管和政策層面遏止市場形成單邊貶值預期也十分重要。亞洲金融風暴以及新興市場歷史上的多個金融危機的經驗教訓均是負債型貨幣重大錯配所致，未來中國只要延續現時的做法，控制對外資產負債錯配的敞口，同時有效管理人民幣匯率及其預期，相信就不虞重演金融風暴的一幕。

展望未來，即使人民幣繼續有溫和貶值的壓力，但只要雙向波動是常態，銀行業、企業和個人的外幣資產負債管理理應不再會是一邊倒，匯率風險的累積相信也會較之前為低，但這對短期的管理技巧要求就更高，因為匯率風險在銀行財務報表中都是在報告時點才顯現，匯率雙向波動就意味著匯率的短期可預測性降低，對銀行財務穩健的影響哪怕小，卻是難以完全避免。⊕

內地與香港股票市場互聯互通對兩地估值體系的影響

張朝陽（中銀香港發展規劃部總經理）、

蔡永雄（中銀香港發展規劃部高級經濟研究員）

香港作為內地與世界之間的超級聯繫人，也是以服務內地為主的國際金融中心，現時在港上市的企業中，有略高於一半是內地相關企業（包括國企、紅籌和內地民營企業）。2014 年 11 月，滬港通正式建立，成為內地與香港兩地證券市場的交易及結算互聯互通機制，2016 年 12 月更推出深港通，讓兩地的投資者可進一步透過本地市場的交易所與結算所，參與對方交易所上市股票的交易及進行結算交收。這有利於國際投資者經由香港市場更全面地投資於內地市場，從而鞏固香港作為國際金融中心及主要離岸人民幣樞紐的地位，為香港金融業的發展創造更好的條件。本文嘗試就兩地資本市場的估值體系，以及在互聯互通下的兩地股市估值變化作出分析。

一 / 內地資本管制和上市企業結構是估值差異的主要原因

香港股市是全球股市估值最低之一。近年，無論是以市盈率還是以

股息率計算，港股估值不單一直落後於上海和深圳的市場，更是全球最便宜的股市之一。2016 年 11 月，香港、上海和深圳股市的市盈率分別為 11.3、15.9 及 43.1 倍，股息率分別為 3.66%、1.82% 及 0.69%，而恒生 AH 股溢價指數更達 122 點左右，反映香港股市的估值沒有跟上內地，中港兩地一同上市的 H 股普遍較 A 股明顯便宜。當中既有內地資本管制，也有企業和行業結構不同，市場對其前景有不同看法等因素。

表一

內地與香港股市概況

	香港股市	上海股市	深圳股市
上市公司數目	1,943	1,147	1,833
市值（億港元 / 億人民幣）	254,129	282,567	230,612
市盈率（倍）	11.32	15.90	43.12
股息率（%）	3.66	1.82	0.69

資料來源：香港交易所、上海證券交易所、深圳證券交易所、彭博、中銀香港

1 ／ 內地資本管制尚未完全放開，居民投資渠道有限

近年，內地對資本管制逐漸放開，如推出合格境內機構投資者計劃、讓香港基金於內地銷售，以及建立滬港通等，但上述的各項管道均設有額度限制，資本流動尚未完全打通。相反，經過數十年來經濟快速發展，內地居民長期維持較高的儲蓄率，在內地銀行體系中的境內、住戶及非金融企業存款分別超過 150 萬億、60 萬億及 50 萬億人民幣，大量資金需要尋

找投資渠道。在利率低企的背景下，股市和樓市便成為了資金出路的主要途徑，從而推高了內地股市的估值。相反，香港沒有任何資本管制，無論是外地還是本地的資金均可以自由進出香港，在世界各地尋找投資機會，故毋須過分集中於香港股市，港股估值難免會較為遜色。

2 / 香港股市行業結構遠較上海和深圳單一和集中

從下表可見，香港、上海和深圳股市的行業結構大為不同。若以摩根士丹利資本國際（Morgan Stanley Capital International, MSCI）和標準普爾（Standard & Poor's）開發的全球行業分類標準（Global Industry Classification Standard），把全球的企業分為 67 個行業，香港恒生指數的行業覆蓋最為狹窄，只有 22 個行業，上證和深證綜合指數則各覆蓋了 63 個行業。再者，香港股市的行業集中度最高，恒生指數中首五大行業的佔比高達 70.2%，當中銀行業、保險業和互聯網軟件及服務業分別佔 30.5%、12.7% 及 10.4%。上海股市則介乎兩者之間，首五大行業的佔比也達 41.7%，銀行業也是其最大的行業，佔 18.9%；其次是石油、天然氣與消費用燃料和房地產發展及管理業，分別佔 8.9% 及 4.9%。深圳股市則最為分散，首五大行業僅佔 33.9%，且主要的行業也與香港和上海明顯不同，其中電子設備、儀器和組件、化學品和機械是佔比最大的三個行業，分別佔 7.8%、7.7% 及 7.4%。股份的估值很大程度上取決於行業的前景，投資者往往願意以較高的估值來買入屬於增長前景較佳行業的股份。

3 / 滬港股市擁有不少大型企業，深圳股市則以中小企為主

與香港和上海股市不同，在深圳上市的 1,800 多家企業中，中小企和創業板分別佔 800 多及 500 多家，這些企業更代表著各式各樣的新興產業以至初創企業，部分或處於一個全新科技領域或市場之中，故他們的發展前景和增長潛力龐大，投資者願意以較高估值來買入有關股份。至於三地

內地與香港股市企業和行業結構

	香港恒生指數	上證綜合指數	深證綜合指數
行業數目	22	63	63
最大行業	銀行（30.50%）	銀行（18.92%）	電子設備、儀器和組件（7.78%）
第二大行業	保險（12.73%）	石油、天然氣與消費用燃料（8.86%）	化學品（7.73%）
第三大行業	互聯網軟件與服務（10.14%）	房地產發展及管理（4.86%）	機械（7.42%）
第四大行業	房地產發展及管理（9.51%）	金屬和採礦（4.58%）	電子設備（5.57%）
第五大行業	無線電信服務（7.34%）	建築工程（4.49%）	房地產發展及管理（5.37%）
最大企業	滙豐控股（10.59%）	工商銀行（4.25%）	萬科（1.02%）
第二大企業	騰訊控股（10.14%）	中國石油股份（4.21%）	美的集團（0.77%）
第三大企業	友邦保險（7.86%）	農業銀行（3.32%）	平安銀行（0.68%）
第四大企業	建設銀行（7.40%）	中國銀行（2.53%）	分眾傳媒（0.65%）
第五大企業	中國移動（7.34%）	中國石化（1.69%）	海康威視（0.65%）
首五大行業佔比	70.22%	41.71%	33.87%
首五大企業佔比	43.33%	16.00%	3.77%

資料來源：彭博、中銀香港

中國銀行擔任滬港通主要結算銀行。

上市的大型企業，香港和上海較為一致，兩者都是傳統大型企業，並佔有較高的權重，如於滙豐控股、工商銀行、中國石油、友邦保險、農業銀行和中國銀行等首五大企業分別佔香港恒生指數和上證綜合指數的 43.3% 及 16.0%。深圳上市的企業則明顯較為分散，最大的萬科、美的集團、平安銀行、分眾傳媒等在深證綜合指數的佔比各僅有 1% 或以下，可見於深圳股市不單未有受到傳統大型企業權重較高的影響，且更多代表一些非傳統或新經濟的企業。

4 / 市場對傳統和新經濟行業估值差異明顯

無疑，很多傳統企業已發展成熟，甚至成為了巨無霸企業，令其未來可持續增長的空間有限。因此，如銀行和房地產等傳統企業的市盈率，無論是在香港、上海，還是深圳股市均是偏低的。可是，銀行和房地產卻是香港股市的兩大支柱，現時亦各自受到不同因素的困擾，如銀行業受到經濟下行和監管日趨嚴厲的制約，房地產業則受到樓市泡沫和各種辣招等限制措施的影響，加上香港股市的多元化程度較低，是造成內地和香港股市估值差異的主要原因之一。相反，市場對新經濟企業的前景甚為看好，如在滬深上市的資訊技術、科研服務，以至製造業股份的市盈率可達到數十倍，唯這些新經濟企業在港上市不多，較有代表性的就只有騰訊控股一家，難免令港股的表現構成制約。

二 / 滬港通尚未完全打通兩地市場，兩地股市表現持續分化

兩地股市表現持續分化，價差甚至有所擴闊。滬港通是內地和香港資本市場互聯互通的第一步，但在滬港通開通後（2014 年 11 月 17 日以後），兩地股市估值卻未有受惠於新一批投資者的加入而有所拉近，期內上海股市跑贏港股超過 30 個百分點，且恒生 AH 股溢價指數更有所上升。即使

內地與香港股市不同行業股份的平均市盈率

香港恒生指數			上證綜合指數			深證綜合指數	
行業	公司家數	市盈率	行業	公司家數	市盈率	公司家數	市盈率
金融	12	8.97	農林牧漁	15	73.3	30	22.19
公用事業	5	15.57	採礦業	45	33.88	28	65.73
地產	10	8.85	製造業	606	35.82	1,258	43.50
工商	23	17.83	水電煤氣	57	17.77	37	20.37
			建築業	38	15.17	48	43.84
			批發零售	89	37.83	64	55.75
			運輸倉儲	61	20.21	28	30.42
			住宿餐飲	3	50.29	8	67.86
			資訊技術	39	49.06	155	72.81
			金融業	44	7.7	17	17.02
			房地產	67	19.28	64	20.00
			商務服務	15	50.99	24	35.68
			科研服務	10	56.01	16	69.87
			公共環保	10	66.76	21	25.27
			居民服務	-	-	-	-
			教育	2	-	-	-
			衛生	1	-	5	50.89
			文化傳播	20	45.6	23	47.52
			綜合	17	122.16	7	104.21

資料來源：香港交易所、上海證券交易所、深圳證券交易所、彭博、中銀香港

AH 股價差不時會有所波動，但在滬港通開通前，AH 股價差均大致保持穩定，於 2013 年初的 101.01 僅輕微上升至 2014 年 11 月 14 日的 101.56。其後，兩者價差重新擴闊，並於滬港通開通後至 2016 年 11 月升至 122 點左右，這反映出在滬港通下，兩地股市表現持續分化，相信與以下數項原因有關。

1 ／ 內地資本市場尚未完全開放，滬港通亦未完全打通兩地市場

理論上，倘若資本市場完全開放，且跨境資金和股票交收的流動沒有限制，投資者便可以於不同市場就同一股份作出套戥交易，即在價格低的市場買入股份，並於價格高的市場沽出相同的股份，並把有關股份從價格低的市場提取到價格高的市場完成交收，令於不同市場上市同一股份的價格趨向統一，不會出現明顯的價差。然而，滬港通的設計與資本市場完全開放並不相同，不單受到每日額度和初期的總額度控制，且兩地投資者亦未能完成套戥交易，即不可透過在港買入 H 股，再於上海市場沽售 A 股，並在港提取的 H 股股份於上海 A 股市場完成交收，顯示即使兩地有同一股份上市，但滬港通尚未能把他們打造為一個共同市場，資金和股份還未能做到完全流動，故未達到同股同價的情況。

2 ／ 滬港通交易佔整體成交有限，尚未能對兩地股市估值產生主導作用

在滬港通開通時，北向交易（滬股通）及南向交易（港股通）分別受制於總額度及每日額度。北向交易總額度為人民幣 3,000 億元，南向交易總額度為人民幣 2,500 億元；前者約佔 2014 年 10 月底上海股市總市值的 1.7%，而後者則約佔香港股市總市值的 1.3%。此外，北向交易每日額度為人民幣 130 億元，南向交易每日額度為人民幣 105 億元；前者約佔 2014 年首 10 個月上海股市日均成交約 12%，而後者則約佔香港股市日均成交約 20%。可是，實際成交的金額卻遠低於額度的水平，如自 2014 年 11 月至 2016 年 11 月港股通額度的日均用量只有人民幣 8.9 億左右，分別佔每

日額度及港股日均成交額的 8.5% 及 1.2%。而滬股通額度的日均用量更只有 5.7 億左右，分別僅佔每日額度及滬股日均成交額的 4.4% 及 0.3%。因此，在滬港通交易佔比有限下，即使兩地股市均受惠於新一批投資者的加入，但未能對兩地估值產生主導作用。

3 ╱ 香港市場擁有長倉和短倉的金融工具，能有效實現價格發現的功能

由於投資者在香港的證券市場不單可以持有長倉，還可以持有短倉，故當投資者發現股價大幅偏離其估值的話，他們便可以作出沽空，讓投資者不會單邊看升，並在升市和跌市中皆可獲利。因此，倘若內地和海外投資者對在兩地同一上市股份的估值有不同看法的話，內地投資者或會認為港股股值較 A 股低而透過港股通買入 H 股，但海外投資者根據其本身的分析認為 A 股估值過高，原來的 H 股股價才是合理，令海外投資者一方面不會積極參與滬股通，另一方面更可在香港市場沽售或造空港股，令 AH 股價差持續存在。

4 ╱ 兩地投資者的主體不同，對估值的看法也有所不同

一直以來，內地股市一直以散戶為主導，他們對內地股市的運作和資訊掌握較為熟悉，並較側重於短期股價升幅，而非價值投資或估值是否合理，或是否較 H 股為低；加上近年內地股市表現較香港股市為佳，以及可供選擇的企業更多元化，令一般內地散戶對透過港股通投資港股的興趣有限。至於港股方面，則是以機構投資者為主，他們較多崇尚價值投資，並透過對企業的財政狀況、盈利和前景作深入分析和估值，且香港是一個完全對外開放的市場，故港股估值完全反映全球投資者對上市企業盈利和前景的看法，令海外投資者在內地股市估值較高的情況下，不會積極參與滬股通。

三 / 隨著未來內地資本管制進一步放寬和香港市場的多元化發展，兩地股市估值有望逐漸接近和趨同

滬港通實現兩地金融市場互惠互利。滬港通是內地和香港資本市場互聯互通的第一步，不單可以為內地投資者提供多一個分散和於境外投資的渠道，也為海外投資者提供一個參與內地資本市場的直接途徑，也可讓香港對內地資本市場進一步對外開放作出貢獻。

內地資本管制進一步開放將有利兩地估值逐步拉近。至目前為止，內地資本管制尚未放開，滬港通成交佔兩地整體資本市場的比例有限，且投資者亦未能於兩地市場做到真正的套戥，令兩地股市的估值仍未拉近。因此，若未來內地資本管制進一步開放，增加內地與香港或境外的資金流動渠道，並進一步放寬滬港通、深港通和基金互認等兩地資本市場互聯互通的機制，讓內地投資者參與及持有港股比例將進一步上升，甚至超出海外投資者，增加其對港股估值和價格發現的影響力。再者，若日後境內外投資者均可在內地進行長短倉雙邊交易，兩地股市的估值亦料會較明顯收窄。同時，香港市場亦應努力提升其自身的競爭力，並在吸引更多企業來港上市和保障投資者之間作出更好的平衡，以爭取更多來自世界各地和從事不同行業的企業來港上市，突破目前行業結構單一的制約，推動兩地資本市場估值逐步拉近。⊕

「深港通」內容、特色及影響探討

蘇　傑（中銀香港發展規劃部高級經濟研究員）

2016 年 8 月 16 日，國務院常務會議批准《深港通實施方案》，內地與香港證監會聯合簽署深港股市建立互聯互通機制的公告。12 月 5 日，深港通正式啟動。作為市場期待已久的內地與香港股市進一步互聯互通的措施，深港通是滬港通的升級版，其影響範圍也更加深遠。

一／深港通的主要內容及進展

深港通是繼滬港通、基金互認之後兩地資本市場又一項重大政策，表明內地的資本市場開放進程按照既定的程序有條不紊地持續推進。從具體措施上看，深港通吸取了滬港通成功的經驗，在兩地市場互聯互通實踐基礎上的改進和發展，既呼應了市場需求，又在相關安排上更為靈活，主要體現在以下兩個方面：

1／滬港通、深港通同時取消總額度限制，繼續保持每日額度限制，雙方可根據運營情況對投資額度進行調整，進一步提升了靈活性

現時「港股通」、「滬股通」以及新開通的「深股通」均不設總額度，「滬股通」和「港股通」每日限額 130 億元和 105 億元不變，「深股通」亦設 130 億元每日額度（均為人民幣）。

2 / 深港通投資標的進一步拓展，與市值限制相結合

在維持「滬股通」標的不變的情況下，「港股通」標的增加恒生小型股指數（市值在 50 億元港幣以上股票），新開的「深股通」納入市值 60 億元人民幣及以上深證成指和中小創新指數成份股和深港 A+H 股，但創業板股票先期僅限專業投資者參與。

二 / 深港通主要特色

有別於 2014 年市場對滬港通為兩地市場帶來開創性連接的期待，深圳市場具有與上海市場不同的特點，深港通可望成為滬港通的升級版。深港通的主要特色在以下四個方面：

1 / 深市多元化特徵顯著

上海股市中金融、傳統工業等大型藍籌股雲集，A+H 上市的股票較多，那麼深圳股市有哪些主要特點呢？一是市值較細、數量更多。截至 2016 年 10 月 31 日收市，上海和深圳 A 股上市公司分別有 1,138 和 1,817 家，總市值分別為 27.7 和 22.6 萬億元人民幣；二是結構更為多元化。深圳股市分為主板、中小板和創業板。截至 2016 年 9 月底，中小板和創業板分別有 800 和 540 家，均高於主板的 467 家。行業類型涵蓋信息技術、工業、可選消費、金融地產、原材料、醫藥衛生等；三是成交趨於活躍。自 2015 年 8 月以來，深圳 A 股成交持續超越上海 A 股。以 9 月統計為例，上海 A 股和深圳 A 股日均成交分別為 1,579.06 和 3,598.47 億元人民幣。深圳市

場活躍度高於上海市場漸成內地 A 股的新常態;四是市盈率較高。2015 年深圳市場 PE 值為 52.75 倍,其中中小板與創業板分別為 68.06 倍和 109.01 倍,高於上海 A 股的 10.99 倍。2016 年 10 月 31 日深圳 A 股 PE 值回落至 42.97 倍,仍高於上海 A 股的 15.73 倍,更顯著高於港股主板市場的 10.84 倍。

2 / 深市企業成長性較佳

從深市上市企業 2015 年年報來看,傳統產業持續承壓,新興產業表現突出,創新驅動初現成效。以年度股東淨利潤為例,深市主板企業同比萎縮 0.35%,中小板和創業板則分別增長 12.96% 和 24.84%,可見中小板與創業板是深市有別於上海股市的獨特優勢。其中,中小板指數自 2006 年 1 月發佈,涵蓋蘇寧雲商、海康威視、金風科技、比亞迪、科大訊飛等新興龍頭企業,信息技術企業權重 29.24%,近三年年化收益率為 25.6%,波動率為 30.8%;創業板指數自 2010 年 6 月發佈,涵蓋樂視、機器人、華誼兄弟、東方財富、網宿科技等龍頭股,信息技術企業權重 46.52%,同期年化收益率和波動率分別為 56.08% 和 37.28%。截至 2016 年 4 月底,深市中小板和創業板共有戰略性新興產業公司 609 家,其中,新一代信息技術行業、綠色產業(節能環保、新能源、新能源汽車)以及文化產業公司淨利潤同比增長分別為 23.35%、6.09% 和 24.21%。互聯網相關上市公司(屬於新一代信息技術行業)淨利潤增速更高達 105.66%。

3 / 深市聚焦中國新經濟發展

2016 年 6 月 20 日,深交所對深證成份指數、中小板指數、創業板指數等實施樣本股定期調整。資訊技術行業繼續保持深成指第一大權重行業的地位,權重達到 23%;可選消費行業為第二大行業,權重為 16%。調整後的行業結構與深圳市場更為接近,凸顯以新興產業為主的特徵。同時,調樣後創業板指數中資訊技術行業的成份股數量增至 50 家,在指數中的

合計權重近 50%，體現創業板市場服務新興產業和新經濟的戰略格局。目前深市創業板的市場規模在全球創業板排名僅次於美國納斯達克，已形成龐大的中小科技企業群體，涵蓋了裝備製造、新能源、節能環保、新能源汽車、新材料、生物產業、信息產業等七大國家戰略性新興產業。深圳已形成以創業板為龍頭，一條集場外市場（OTC）、PE / VC、政府引導基金、擔保、銀行等支持創新的資金鏈，相信將會吸引中長期看好中國經濟前景的境外投資者。

4 / 深港融合的優勢

由於深港地理位置相鄰，隨著前海合作區的推進以及廣東自貿區的啟動，近年深港金融服務合作進一步深化。深圳市場投資者相較於上海市場投資者更熟悉香港，或在投資港股上更積極進取；深圳市場企業結構與香港差異較大，互補性較強，創新科技類股票可能會吸引香港及海外投資者。

另外，從跟蹤 2012 年以來的市場表現來看，深圳市場綜合指數表現也明顯優於上海市場，料可吸引更多關注中國經濟未來新亮點的國際投資者。

三、深港通的意義與影響

作為內地與香港股市進一步互聯互通的舉措，深港通在深化內地與香港金融合作、進一步鞏固香港國際金融中心地位的同時，有利於發揮深港區位優勢，加快內地金融業的對外開放，推動人民幣國際化進程。

1 / 兩地資本市場的相互促進與發展

在活躍市場方面，深港通或會延續滬港通提升兩地股市交投的短期效果。中長期而言，其促進兩地資本市場的發展與融合的積極作用不容忽視——對於內地市場而言，深港通有利於中國資本市場提升法制化、市場

化和國際化程度和水平。隨著內地股市國際化及開放程度加大，更多的海外機構與投資者參與，有利於改善過去以內地個人投資者為主的市場結構。海外機構強化對 A 股的研究分析與投資決策，有望提升股市品質和投資價值，並倒逼現有制度改革（註冊制、股票停復牌、信息披露、交易制度對接等），有利於下一步摩根士丹利資本國際（MSCI）和富時（FTSE）等國際性指數公司將 A 股指數納入成份股。對於香港市場而言，香港市場可藉助深港通提升市場深度與廣度（如改善創業板狀況、推出相關配套產品等），並持續發揮中國連接世界金融的橋樑作用。目前上海、深圳、香港三地上市公司市值相加，已超過 10 萬億美元，位列全球第二大規模，隨著深港通的開通，市場規模料將進一步擴容。

表一

香港、上海及深圳股市對比

分類	香港股市	上海股市	深圳股市
上市公司數目	1,943	1,190	1,866
市價總值（億港元）	254,129	315,958	257,789
日均成交金額（億港元）	678	2,241	986
平均 P/E 值（倍）	10.84	15.73	42.97
交易規則	T+0	T+1	T+1
結算交收	T+2	T+1	T+1

注：1 港元 =0.88 元人民幣，上市公司數目、市值及 PE 值截至 2016 年 10 月 31 日，成交為 9 月底數據

資料來源：香港、上海、深圳證券交易所，中銀香港

2 / 人民幣國際化與香港離岸人民幣業務發展必將受益

一是作為人民幣國際化與內地資本項目開放的重要措施，深港通啟動後，內地投資者有更多渠道直接使用人民幣投資香港市場，境外個人投資者擁有了更多的人民幣資金回流內地的合規渠道，使資金在兩地有序流動；二是深港通推出後，兩地監管部門也將在風險控制、資金流向和規則調適等方面展開更多交流和合作；三是隨著內地與香港金融市場更多交流與互動，香港離岸人民幣市場的運行將出現自我流轉的良性循環。

3 / 證券與銀行機構面臨新的業務機會

在人員方面，香港招聘意欲展望調查顯示，金融業招聘需求將受深港通拉動 5% 至 10%。有消息指不少海外投資機構正積極招聘 A 股分析師，提前佈局投資策略。兩地券商、銀行等金融機構將大力擴展客戶資源、開發投資產品，提供專業服務。另外，深港通具有一定的延展性，預計在解決交易所買賣基金（ETF）的清算、結算和法律問題後，ETF 有望於 2017 年納入深港通，從而進一步擴大深港通的輻射範圍和影響力。

四 / 深港通的前景

市場普遍關注深港通是否會重演滬港通當年的行情？

1 / 市場環境今非昔比

相較於滬港通啟動，深港通開通時，內地與香港股市面臨的投資環境大相徑庭。當時全球量化寬鬆貨幣環境持續，美股屢創新高，而內地 A 股市場經歷 2009 年開始長達五年的調整，證券業處於業務創新和加槓桿的進程，資金、政策等利好因素疊加，最終迎來兩地股市「大時代」的來臨；而當前國際市場不確定性因素增加：美國再次加息的靴子落地，歐洲、日

本等擴大量化寬鬆規模的空間有限，還有英國脫歐、全球債息上揚、大宗商品價格仍未企穩等。內地市場在經歷 2015 年中大幅調整之後，證券行業步入加強監管和控制槓桿的階段，防範金融市場系統性風險成為重中之重，投資者信心仍未復原。港股則受制於外圍市場風險與內部經濟疲弱疊加，難以呈現大幅上揚行情。

2 / 資金流向或有不同

儘管深港通尚未啟動，但南北資金流向已自 2015 年年底開始變化。2016 年以來，港股通自 4 月 22 日至 7 月 22 日連續出現長達三個月的資金淨流入，8 月 5 日至 9 月 12 日連續 29 個交易日淨流入，資金規模近 640 億港元，日使用額度餘額佔比曾觸及 42.03% 的紀錄低位；反觀滬股通，資金流入與流出互現，截至 9 月 12 日有四個交易日當日資金流出超過 10 億元（人民幣）。每日額度使用餘額佔比僅於深港通宣佈當日錄得 61.39% 的低位，其餘交易日均在 87% 至 117% 之間徘徊。另外，從兩地市場透過滬港通的每月日均成交額看，港股通 6 月（40.18 億港元）和 8 月（41.32 億港元）均超越滬股通（分別為 28.05 和 31.61 億元人民幣）水平。在內地 A 股市場風險偏好較低、人民幣貶值避險需求、港股 PE 值仍低以及內地資金分散投資需求明顯等因素之下，滬港通開通初期的「南冷北溫」不會重現。

3 / AH 股價差難再持續擴大

當初市場普遍預期滬港通啟動後 AH 股價差或會逐漸收窄。然而，市場表現卻事與願違。2014 年 11 月 17 日，恒生 AH 溢價指數位於 102.14 點，滬港通運行一年後升至 140.33 點，升幅為 37.39%。AH 股價差擴大與內地中小盤和創業板股票持續跑贏藍籌股有關，也反映兩地市場投資方式的差異短期內難以趨同。2016 年中以來，內地股市仍較疲弱、港股持續反彈，

恒生 AH 溢價指數呈現總體向下的行情——8 月 16 日該指數收於 125.47 點，10 月 25 日收於 120.36 點，下跌 3.91%。儘管兩地投資者在風險偏好與投資理念上仍存在較大差距，但在深港通納入更多中小型股票、標的擴充和市場融合升級的背景之下，AH 股價差料會呈現逐步縮小的態勢。 ⊕

資本項目開放及香港離岸人民幣中心前瞻

香港在中國資本市場開放進程中的作用

岳　毅（中銀香港副董事長兼總裁）

（2015 年 11 月 4 日「2015 央視財經論壇」演講稿）

很榮幸受邀參加今天的論壇，有機會與在座各位交流和探討中國資本市場開放下的香港與內地互聯互通問題。我想從中國資本市場開放與香港的關係，以及香港在未來中國資本市場開放中的作用兩個方面，談談我的一些看法。

我想講的第一個方面是，中國資本市場開放與香港密切相關。

大家知道，中國資本市場開放，是一個通過市場化、國際化發展構建市場體系，並不斷與國際監管和規則接軌的過程，是主動通過「走出去」與「引進來」雙向驅動、循序漸進、風險可控的進程，與中國改革開放三十多年的發展相輔相成。其中，許多重要的政策、措施和步驟都與香港息息相關。可以從歷史和現實兩個階段來看：

在中國資本市場開放的最初階段，香港就是內地企業境外融資的首選目的地。從 1991 年內地首次發行 B 股、1993 年首隻 H 股青島啤酒上市到後來大量紅籌股在香港上市，香港在中國企業「走出去」戰略進程中發揮了重要的窗口和跳板作用。近年來，這個融資窗口作用得到持續不斷的發

中銀香港為客戶提供多元化人民幣服務，成為客戶尋求人民幣業務最當
然選擇。（陳潤智攝）

揮。2014 年港股市場共有 876 家中國內地企業，佔總市值和成交額的比重分別達六成和七成。

人民幣國際化進程啟動之後，香港作為離岸人民幣市場發揮了不可替代的促進作用。我們可以從五個方面來觀察：

一是許多重要政策的起步均來自香港。如 2009 年中國人民銀行與香港金管局簽署雙邊本幣互換協定，並就兩地跨境貿易人民幣結算試點業務簽訂備忘錄，同年人民銀行還與中銀香港簽署修訂後的人民幣業務清算協議；

二是人民幣合格境外機構投資者（RQFII）直接針對香港離岸人民幣市場和國際金融中心業務發展。2011 年 12 月開始的 RQFII 試點僅限於境內基金管理公司和證券公司的香港子公司，直到 2013 年擴大試點後才從香港拓展至台灣、新加坡、倫敦等地機構。截至 2015 年 10 月 29 日，146 家境外機構獲得 RQFII 資格，已批額度 4,195 億元人民幣。其中註冊地為香港的機構 79 家（佔比 54%），審批額度 2,700 億元人民幣（佔比 64%）；

三是點心債引來離岸債券市場發展。自 2007 年 6 月國開行在港發行首隻人民幣債券以及人民銀行開放境內金融機構到香港發行人民幣債券後，點心債市場不斷發展，為倫敦、台灣、新加坡等地發行離岸人民幣債券提供了寶貴經驗。2015 年上半年點心債新發行 1,797 億元人民幣，其中海外發行人的新發行額同比上升超過六成至 646 億元人民幣。

四是滬港通構建兩地「共同市場」。2014 年 11 月啟動的「滬港通」首次將兩地股市連接起來，建立起內地與香港、國際投資者以及全球資金共同參與，兩地機構共同運營和監管、封閉循環的「共同市場」。為配合滬港通啟動，香港率先放開居民每日人民幣兌換限制。相關措施為境外投資進入中國市場提供了新渠道，對於中國資本市場開放有開創性意義。從近一年的運行情況看，總體溫和平穩，滬股通和港股通每月平均成交分別

維持在 67.3 億元人民幣和 34.2 億港元水平，並經受住 2015 年兩地股市大幅波動的考驗；

五是兩地基金互認，推進資本帳戶開放。2015 年 7 月兩地基金產品互認機制正式運行，首批基金互認產品已正式推出，在進一步豐富香港離岸人民幣投資產品、推動業務發展的同時，也意味著中國資本帳戶開放進一步推進。

我想講的第二個方面是，香港將在未來中國資本市場開放中發揮重要作用。

展望未來，中國資本市場開放將是以自身的市場條件及發展需要為基礎，具有中國特色的有管理的發展模式，呈現出分層次、分步驟、分階段、循序漸進、風險可控的開放過程。香港未來將扮演國際市場的「超級聯絡人」、金融改革的「最佳試驗場」、風險管控的「堅實防火牆」，在中國資本市場開放上發揮重要作用。接下來，我分別講一講這三個作用。

首先，香港可以發揮平台優勢，當好「超級聯絡人」。中國既要參與和分享全球資本市場一體化的發展成果，又要維護國內金融體系的相對穩定，就需要充分利用香港在一國兩制之下連接中國與世界的功能。因為香港金融制度與市場框架是按照西方市場經濟模式設計和構建的，擁有與成熟發達市場類似的產權、司法及立法、會計審計、信用、信息披露及私人信息保密制度，令國際機構與資金雲集。中國資本市場一旦連接香港市場，就直接或間接與世界各地的最終用戶連接進來，可實現金融工具及資金的跨境流通。

舉例來說，香港可以滬港通為基礎推動兩地資本市場聯通升級。近日「倫港通」開始籌劃，在便利中國企業和投資者有效管理風險和進行全球化多元資產配置的同時，也為香港中介機構提供更多業務機會，並可促進香港發展成為商品交易中心。相信在滬港通平穩運行近一年之後，包括深港通、債券通、商品通等模式將會成功複製，持續借助香港平台推進兩地

市場聯通。

　　另外，還可以利用香港市場國際化優勢，繼續吸引外資利用香港投資中國。隨著內地多個金融中心建設推進和自貿區啟動，有人認為香港的作用在弱化。但 2015 年 7、8 月份 A 股市場的大幅波動和政府救市，令大家對香港在中國資本市場開放中的作用有了重新認識。相對內地市場而言，國際資金參與度高、機構投資者佔比高、監管穩健審慎的香港市場對於國際投資者的認可度更高，在相當長一段時間仍會成為全球投資者運作「中國概念」的最佳場所。

　　其次，香港可以發揮改革開放「先頭兵」作用，為中國金融改革提供「最佳試驗場」。與成熟發達市場相比，中國金融體系仍處轉軌階段。香港國際化經驗豐富，與成熟發達市場聯繫密切，可成為中國市場化、國際化發展的過渡區。許多對國內較為敏感或暫不適宜全面推行的開放與改革措施在香港市場率先試行，通過實施、監測與評估和積累「先行先試」經驗，日後再考慮在中國境內複製或全面推行。

　　比如，香港未來可考慮成為中國個人境外投資的首選地。近期 QDII2（合格境內個人投資者）試點可能推出的消息受到各方關注，作為有條件地放開 2007 年開始實施的內地個人購匯、結匯限制的措施，涉及人民幣境外流動的自由度和資本帳戶開放等問題。這與香港打造以金融產品為導向、以財富管理和金融服務為核心的「金融購物天堂」，建設國際資產管理中心的目標是一致的。

　　第三，香港可以發揮防範內地金融系統風險功能，為中國資本市場開放構築「堅實防火牆」。中國資本市場開放的底線是維護國家經濟金融體系安全。由於香港在一國之下實行與內地不同的制度，法律監管體系穩健，加上有關香港的政策措施可在中央政府的全面統籌和宏觀掌控之下，從而在中國與西方市場之間為防範風險提供了緩衝區域，為中國資本市場平穩開放樹立起審慎而穩妥的屏障。

最近大家都在熱議香港在「一帶一路」中的角色定位，香港可以在其中承擔重要任務。由於沿線國家多為新興市場或發展中經濟體，香港地理上處於「一帶一路」中樞位置，對相關地區的投資環境、法律制度、營商及理財模式較為熟悉，如果相關金融運作放在香港，既可透過貸款、發債、上市及其他資本運作服務安排為基建項目融資，又可在一定程度上分散中國獨自面對地區敏感性風險和衝突的可能性。

我相信，在未來中國資本市場開放進程中，香港的作用將會越加重要，與內地的互聯互通也將不斷深化發展。作為香港一間重要的中資商業銀行，中銀香港將立足香港，面向內地，走向海外，有所作為，充分發揮機構、服務、產品、資源以及離岸人民幣業務綜合優勢，不斷拓展區域影響力，努力為中國資本市場開放做出積極貢獻。謝謝大家！⊕

實現五個對接
加強前海與香港
金融合作

岳　毅（中銀香港副董事長兼總裁）
（2016 年 12 月 5 日前海諮詢委員會年度會議演講稿）

自「前海深港現代服務業合作區」於 2010 年成立以來，香港各界均在關注前海的發展動向及香港與前海的合作機會。很高興就如何加強香港與前海金融服務業合作與出席會議的來賓分享我的看法。

一／港深結合、力量強大

過去 35 年，深港兩地建立了緊密的經濟關係。深港的經濟合作建基於互補、互惠及互利的基礎上，基本上是以香港為金融及服務平台，以深圳為製造業生產基地的合作模式。但隨著深圳經濟水準的提升，深港之間的產業結構及生產要素的比較優勢已發生極大轉變，深港持續多年的合作模式亟需增加新的內涵和動力。

深港合作需要根據兩地的新優勢、建立新合作基礎、新合作平台。回歸以來，香港保持了全球最自由及最具競爭力的經濟體，國際化程度提升，作為內地與國際市場投資及經貿往來的雙向平台功能進一步增強。今

年，權威的瑞士洛桑管理學院公佈的《2016年世界競爭力年報》，香港名列世界競爭力榜首。報告指出，香港是領先全球的銀行和金融中心，擁有良好的營商環境，並且鼓勵創新、政府奉行低稅率及簡單稅制，亦無限制資本流動，而香港亦是外資進入中國及中國資本對外投資的大門。《世界競爭力報告》指出的這些都是香港對國家新時期發展的重要價值。深圳則已轉型及發展成為國家、乃至亞太區一個實力雄厚的創新與高科技產業中心、物流中心及金融服務中心。2015年深圳港口集裝箱輸送量2,420.5萬箱，全球第三，比香港多413萬箱或者17%。以2016年9月底的收市價統計，深圳股市的市值達32,884億美元，與香港股市市值33,006億美元幾乎持平，全球第八大。

圖一／
香港全球競爭力排名

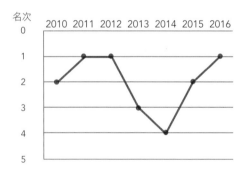

資料來源：瑞士洛桑管理學院

　　深港兩地結合，力量十分強大，兩地股市市值加起來僅次於紐交所和納斯達克，全球第三；集裝箱貨運量加起來達4,428萬箱，大幅超過上海的3,654萬箱及新加坡的3,092萬箱，全球第一。深港相加已成為或者可成為全球金融、貿易及物流、航運，以及高科技創新中心。從註冊企業已

突破 10 萬、接近一半企業實現開業運作的情況看，前海的發展勢頭迅猛，可做為一個節點，尤其是企業總部基地，緊密連接深港兩市，乃至香港與珠三角地區的企業跨境運作，助推港深灣區發展成為全球四至五個強大的中心，使其在國家的發展大局中扮演重要角色。

表一

香港及深圳在全球貨櫃碼頭及證券市場的排名

2015 年全球十大港口		世界各大證券交易所的市值（2016 年 9 月底）		
港口	**集裝箱吞吐量（箱）**		**世界排名**	**市值（10 億美元）**
上海	36,537,000	美國（紐約泛歐交易所集團）	1	18,860.23
新加坡	30,922,000	美國（納斯達克）	2	7,637.44
深圳	24,205,000	日本（日本交易所集團）	3	5,011.39
寧波舟山	20,627,000	中國（上海）	4	3,985.38
香港	20,073,000	英國（倫敦交易所集團）	5	3,732.02
釜山	19,467,000	歐洲（紐約泛歐交易所集團）	6	3,465.35
廣州	17,590,000	香港	7	3,300.66
青島	17,436,000	中國（深圳）	8	3,288.39
杜拜	15,592,000	加拿大（多倫多）	9	1,963.62
天津	14,111,000	德國（證券及衍生工具交易所）	10	1,695.96

就前海與香港的關係而言，前海深港現代服務業合作區雖然有些產業的內容及概念，但主力要發展的是金融及高端生產者服務業，即要打造一個平台，而非生產基地。香港是目前亞洲區一個龐大及國際化的金融服務平台，因此，未來香港與前海的合作基本上是平台對平台的合作，也就是說香港與前海的基本關係是平台與平台，而非平台與產業基地。平台與平台如何有效合作，是一個值得我們深入研究及探討的新課題。

二 / 香港與前海透過體制機制創新實現對接

從國際經驗看，平台與平台之間要加強合作，關鍵在於兩個平台在體制機制、市場、產業鏈、人才等方面能進行全面對接，以提升平台的規模效率，做到 1+1 大於 2。這裏，就加強香港和前海金融服務業合作提幾點初步想法。總體上看，前海與香港的金融服務業應透過政策支持及本身積極及大膽的創新，逐步實現五方面對接：

一是交易平台對接。「滬港通」、「深港通」的價值在於從機制上將香港與內地的股票市場、資金及投資者聯通起來。這「兩個通」的跨境交易可為前海發展投資港股的股票基金提供新機會。而即將開通的香港交易所前海聯合交易中心可助前海快速建立一個大宗商品交易及融資平台，為境內、境外提供現貨交易及實物交割服務。這兩個交易平台的合作模式，可為未來拓展兩地股權及債券交易平台對接提供借鑒。

二是金融創新對接。前海可與香港金融機構加強合作，針對內地在自貿區、CEPA 以及內地對香港服務貿易基本實現自由化框架下，對已對香港開放、但措施一時難以推開的部分，即大門開小門不開的部分，作大膽創新。這類業務包括中資及港資企業本幣及外幣跨境融資、基金互認、保險等。特別要提一下的是，前海的跨境人民幣貸款業務，香港業界希望可以發展快一些。目前香港的人民幣貸存比只有 46%，還有很大增長空間，

前海如能就目前的人民幣離岸貸款稅及使用範圍有更寬鬆的安排，將有利於刺激香港對前海的離岸人民幣貸款業務。

三是金融人才對接。前海及整個深圳市的金融業方興未艾，產值及就業職位仍有較大及較快的增長潛力。相比之下，香港的金融業，特別是銀行業已相對成熟。2015 香港金融業附加產值 3,889 億港元，佔 GDP 比重 16.6%，金融服務業就業人數約 22 萬人，佔香港總就業人數的 6%。金融業產值比重低於 10 年前，就業人數比重與五年前大致持平。前海乃至深圳市可積極吸引香港金融人才前來就業，有人流便有資訊流，人數多了，他們便可成為連接兩個市場的紐帶。

四是加強金融機構合作。前海金融控股分別於 2015 年 7 月及 11 月與恒生銀行及滙豐銀行達成協議，在前海籌建在《CEPA 補充協議十》下內地港資控股合資證券公司及港資控股合資基金管理公司。這是很好的開端，這兩家公司都是內地首家，其營運經驗可供其他金融機構合作借鑒。

五是金融監管及金融政策溝通或者對接。跨境業務的順利開展離不開監管及政策層面的配合及協調，因此，兩地監管機構加強溝通很重要。

最後，我們在積極推動前海與香港兩個平台對接的同時，也要看到兩地在法律制度、開放性、文化、發展水準以及功能方面存在差異及差距，其中有些差異及差距將長期存在，但這並不影響彼此的合作向前推進。前海與香港在法律制度的差異決定了它們將是兩個功能不同的平台，可在國家對外開放及企業走出去中提供差異化服務，以更好滿足企業在市場及業務多元化發展的長遠需要。🈯

「十三五」時期
香港國際金融中心
發展前景評析

鄂志寰（中銀香港首席經濟學家）

倫敦城公司發佈的「全球金融中心指數」（Global Financial Centres Index, GFCI）報告顯示，2016 年 9 月，香港的全球金融中心排名為第四位。比較而言，紐約和倫敦市場主導全球金融市場方向，香港國際金融中心仍然需要突破自身的發展瓶頸，尋求新的發展。「十三五」時期，內地將積極推動金融市場的深度融合，為香港國際金融中心提供源源不斷的發展動力。

一／香港國際金融中心地位剖析

倫敦城公司自 2007 年起每年 3 月和 9 月兩次公佈「全球金融中心指數」，迄今已發佈 20 份報告，儘管市場並不完全認同其評分標準的全面性和客觀性，對其排名也時有爭議，但是並不妨礙其排名被廣泛引用和參考，市場影響力與日俱增。過去幾年，全球金融中心的前兩位通常在紐約和倫敦之間上下調整，香港與新加坡則爭奪第三或第四名，多數時間香港

超過新加坡名列第三。因此，美國《時代週刊》曾將紐約、倫敦、香港列為三大世界金融中心，並稱「紐倫港」（Nylonkong）。

2016年9月倫敦城公司發佈的「全球金融中心指數」報告顯示，截至2016年中，全球金融中心排名前三甲為倫敦—紐約—新加坡，其中，倫敦795分，紐約794分，新加坡752分，香港則以748分居第四位。

香港的國際金融中心地位來之不易，在滄海桑田、瞬息萬變的全球金融市場，百尺竿頭、更進一步抑或能否長期保持三甲，有一定的不確定性。同時，儘管香港與紐約、倫敦並稱「紐倫港」，但是與倫敦和紐約兩大成熟的金融中心相比，香港仍具有明顯的新興市場特徵，應對外部衝擊能力較弱，在全球金融市場出現大幅波動的情況下，容易暴漲暴跌，市場波動比較顯著。

「十三五」期間，香港國際金融中心發展的當務之急是在保持國際排名的同時，探討如何發揮在稅制、金融監管等方面的優勢，通過完善全面、多元化的國際金融市場體系，持續拓展金融市場的深度和廣度，來增強自身實力，實現國際金融中心功能的新突破。

二 ／ 離岸人民幣業務為香港國際金融中心注入新的靈魂

香港國際金融中心的發展歷程與中國經濟融入世界經濟的進程息息相關。香港國際金融中心的路徑選擇涵蓋了三個重要發展階段，一是在70年代抓住西方金融全球化的機會開放市場，初步建立了一個以亞洲時區為根基的區域性金融中心；二是香港作為區域性金融中心站穩腳跟後，迎來了90年代內地金融改革開放浪潮，在中國經濟初步融入世界經濟的過程中，實現了金融中心的轉型升級，向國際領域拓展。進入21世紀後，香港又乘人民幣國際化的東風，以建立人民幣離岸金融中心為契機，加快發展成為亞洲地區首屈一指的國際金融中心。

20 世紀 70 年代，香港確立發展成為區域金融中心的政策目標，以股票市場發展推動國際金融中心建設。70 年代初，香港股票市場由香港證券交易所、遠東交易所、金銀證券交易所及九龍證券交易所四分天下，沒有統一的上市規則。1976 年，香港成立期貨交易所，1986 年四個交易所合併成為香港聯合交易所。在 1987 年的股災中，香港股市及股票指數期貨市場一度停止交易長達四個交易日，此後，監管架構改革提上日程。1989 年，制定《證券及期貨事務監察委員會條例》，成立香港證券及期貨事務監察委員會，即證監會。

20 世紀 90 年代，香港加快推進金融中心現代化。1992 年，香港中央結算有限公司的中央結算及交收系統投入服務，成為所有結算系統參與者的中央交收對手。1993 年，政府把外匯基金辦事處及銀行業監理處合併為香港金融管理局，履行確保金融及銀行業穩定的職能。1998 年，成立強制性公積金計劃管理局。1999 年，推出證券及期貨改革方案，改善金融市場基礎設施，改革規管制度，交易所和結算公司實施股份化和合併。2000 年，香港聯合交易所有限公司、香港期貨交易所有限公司及香港中央結算有限公司完成合併，由單一控股公司香港交易所擁有。2002 年，開始通過並實施《證券及期貨條例》，標誌著符合國際標準和慣例的證券及期貨市場監管法例體系最終建立，推動香港金融市場進入加速發展時期。

進入 21 世紀後，歐美金融業繼續主導全球金融中心格局，但是，2008 年的全球金融危機嚴重衝擊了美國金融市場，隨後歐洲債務危機開始持續影響歐洲傳統金融中心的表現，全球金融市場發展的重心逐漸東移，新興經濟體的金融市場逐步崛起，全球金融中心格局出現此消彼長的結構調整，香港抓住了這個千載難逢的歷史機遇，以人民幣國際化為抓手，飛速發展成為真正意義上的國際金融中心。

2003 年中國人民銀行任命中銀香港為第一家離岸人民幣清算行，香港離岸人民幣市場開始起步；2007 年 1 月，中國人民銀行批准合資格的內地

2009 年 9 月，中國財政部在香港發行海外首筆人民幣國債（中銀香港擔任牽頭行及簿記行）。

金融機構在香港發行人民幣債券；2009 年以來，中央政府在香港發行人民幣國債，由此推動了點心債市場的發展；2009 年 7 月到 2011 年 8 月，跨境貿易人民幣結算由試點擴展到中國內地所有省市，香港人民幣業務由個人向企業和機構業務拓展，市場規模快速擴大；2011 年到 2013 年 3 月，中央政府實施「人民幣合格境外機構投資者」（RQFII）計劃，並將 RQFII 擴展至所有在香港註冊和主要經營地在香港的金融機構，香港離岸人民幣市場在設計理念和發展模式方面從早期單向的現鈔回流內地轉變為雙向的人民幣資金流動，成為全球開發人民幣產品和推動人民幣廣泛使用的開創者和中心樞紐。

「十三五」期間，中國內地將構建開放性金融體制，加快實施「一帶一路」和自貿區等重大戰略，擴大金融業和資本市場的雙向對外開放。香港完全可以再乘中國全方位對外開放的東風，實現國際金融中心的新跨越。

三 ╱ 香港國際金融中心實現跨越發展的基礎要素

從香港國際金融中心的上述發展歷程中，我們不難發現，法制、監管、人才及金融市場基礎設施是香港國際金融中心崛起的基礎要素。這無疑暗合了紐約大學商學院 Ingo Walter 教授的理論，即國際金融中心形成的必要條件是：政治及經濟穩定；經濟實力雄厚並具規模；開放及穩定的外匯、貨幣與資本市場；足夠並運行良好的通訊、運輸及現代化辦公建築等基礎設施；稅率具競爭力；健全的法規制度；優越的地理位置；足夠的律師、會計師等金融輔助服務。而美國經濟學家 Paul Krugman 則將其高度概括為：金融中心是凝聚力和離心力相互作用的結果。

筆者認為，從理論上講，國際金融中心發展具有自然形成和政府推動兩種不同路徑。前者是經濟貿易發展帶動金融服務需求，先形成國內金融

中心，進而向國際金融中心轉變。政府推動的發展路徑則是，政府設定金融中心建設的願景和目標，以系統的政策措施培育並引導金融機構聚集，推動國內金融市場成長，最終實現建立金融中心國際化的目標。在目前全球金融中心格局已然成形的情況下，自然形成已經很難達成建設國際金融中心的目標，因此，對於新興經濟體來說，必須採取政府推動金融中心發展的路徑。從這個意義上，Ingo Walter 概括的八個因素必須要由明確發展國際金融中心的願景統領，才能通過加快發展市場基礎設施，推動國際金融中心發展。

香港國際金融中心得以跨越發展的基礎要素表現在以下三個方面：

首先，宏觀經濟政策的一致性及經濟發展措施的有效性是發展國際金融中心的必要條件。

從金融中心的發展過程看，香港將自由港優勢發揮到極致，以貿易自由、企業經營自由、資金進出自由和人員出入境自由來營造自由公平的營商環境，有效地吸引了大量全球資本停泊在香港，成為金融中心的資金源泉，為香港金融市場提供無限流動性，保證市場運行透明高效。

其次，金融監管的有效性是建設國際金融中心的制度保障。

建立國際金融中心要求確保金融監管能力和水準與國際一致，以此推動市場質素提升，加強該市場各類金融產品對國際投資者的吸引力，以實現銀行業、基金管理業及股票市場和債務工具市場的協調同步發展。

香港的金融監管是國際金融中心發展的重要保障。香港奉行「以原則為本」（principle based supervision）的金融監管理念，為金融市場運作制定原則性指引，由金融機構自行制定運作細則。銀行業監管注重風險控制，強調系統穩定性和安全性；證券業監管則以資訊披露為核心，強調對投資者的保護。這種監管理念為金融機構提供寬鬆的經營環境，有利於金融創新發展。

第三，完善的基礎設施是國際金融中心穩定發展的基礎。

國際金融中心的相關基礎設施應該是一個比較大的範疇，包括自由港政策，法律體系，稅制及人才儲備。以香港為例，以判例法為基礎的法律架構為金融中心發展奠定了信心基礎。香港實行普通法，歐美投資者比較熟悉並易於接納，在港做出的判決在全球其他司法轄區內具有效力，香港合約簽訂和執行等商業活動多以英文為主，法律調解及仲裁服務亦博得國際聲譽，國際廣泛認同並把香港作為辦理業務合約或處理各類糾紛的地點，使香港逐漸發展成為全球主要國際金融及商務中心和跨國企業總部。健全的銀行監管制度與金融市場運行規則，為金融業的發展提供可遵循的規矩。具備優秀的金融和專業服務人才亦是發展國際金融中心的主要前提，內容包括勞工法例不會妨礙商業活動，外地高技術人才受到該經濟體吸引，為其提供可僱用的外國人才，尤其是大批具有豐富國際經驗的高級管理人才，能夠隨時獲得資訊科技技術和融資技術等。目前，香港擁有近22 萬金融從業人員，其中大量是高層次的國際專才。香港吸引眾多的優秀人才，提高了其作為國際金融中心的競爭力和影響力，使之在亞太區主要經濟體中處於領先地位。

四 ╱ 「十三五」時期香港功能定位首重國際金融中心建設

《中共中央關於制定國民經濟和社會發展第十三個五年規劃的建議》對全面建成小康社會進行了戰略部署，著重闡述創新、協調、綠色、開放、共享的發展理念，為「十三五」時期的經濟金融發展指明了新的方向。其中，「開放」在五大發展理念中居於突出位置，「建議」將其具體表述為：「開放是國家繁榮發展的必由之路。必須順應我國經濟深度融入世界經濟的趨勢，奉行互利共贏的開放戰略，堅持內外需協調、進出口平衡、引進來和走出去並重、引資和引技引智並舉，發展更高層次的開放型經濟，積極參與全球經濟治理和公共產品供給，提高我國在全球經濟治理中的制度

性話語權，構建廣泛的利益共同體。」顯然，全方位開放是「十三五」的邏輯核心，也是未來中國經濟金融發展的重要指針。

在「堅持開放發展，著力實現合作共贏」部分，「十三五」規劃建議明確提出香港的功能定位：深化內地和港澳、大陸和台灣地區合作發展。全面準確貫徹「一國兩制」、「港人治港」、「澳人治澳」、高度自治的方針，發揮港澳獨特優勢，提升港澳在國家經濟發展和對外開放中的地位和功能，支持港澳發展經濟、改善民生、推進民主、促進和諧。支持香港鞏固國際金融、航運、貿易三大中心地位，參與國家雙向開放及「一帶一路」建設。支持香港強化全球離岸人民幣業務樞紐地位，推動融資、商貿、物流、專業服務等向高端高增值方向發展。

顯然，香港在中國對外開放中發揮積極作用，首先表現在金融領域，其經過長期努力所奠定的國際金融中心地位具有不可替代的獨特優勢。因此，「十三五」期間，香港必須緊緊圍繞「十三五」規劃提出的經濟金融改革路線圖，對接國家金融開放和發展戰略，鞏固國際金融中心地位，爭取實現國際金融中心功能的新跨越，在中國內地金融、經貿、外交等全方位對外開放中發揮更加積極的作用。

五 ／ 對接國家金融發展戰略，實現香港國際金融中心的新跨越

在「十三五」時期，內地將不斷完善對外開放戰略佈局，推進雙向開放，促進國內國際要素有序流動和資源高效配置，以及市場深度融合。對外開放的重點是金融業的雙向開放，有序實現人民幣資本項目可兌換，推動人民幣加入特別提款權（SDR），成為可兌換、可自由使用貨幣。推進資本市場雙向開放，改進並逐步取消境內外投資額度限制。金融市場的深度融合將為香港國際金融中心提供源源不斷的發展動力，推動其著力實現

以下三個方面的跨越：

1 / 從全球首個離岸人民幣中心轉向全球離岸人民幣業務樞紐

近年來，香港離岸人民幣市場形成從需求到供給再到需求的良性循環，推動全球相關離岸人民幣中心發展，更成為香港國際金融中心發展的重要引擎，打造全球離岸人民幣業務樞紐將推動香港國際金融中心在市場深度和廣度兩個方面實現突破。

其一，香港人民幣資金池積累了逾 6,000 億的人民幣存款，佔離岸人民幣總存款的四成以上。香港人民幣貸款餘額超過 2,000 多億元，經香港銀行處理的人民幣貿易結算額超過 3.2 萬億元，香港離岸人民幣每日兌換量約為 250 至 300 億美元，均名列全球前茅，離岸人民幣業務量的上升顯著拓展了香港金融市場的深度。

其二，離岸人民幣市場運作機制順暢，市場體系完善，離岸人民幣交易日益活躍，產品選擇日趨豐富，意味著香港國際金融中心市場廣度的不斷拓寬，使之可以引領全球各離岸人民幣中心發展。

從全球人民幣離岸中心向離岸人民幣業務樞紐的升級，將為香港國際金融中心的發展提供新的發展機遇。

2 / 從區域融資中心轉向「一帶一路」資金供應中心

香港國際金融中心在中國內地的「一帶一路」戰略中發揮不可替代的積極作用。目前，香港銀行高度集中，截至 2016 年 9 月，香港銀行體系的總資產達 20.1 萬億港元，約為香港 GDP 的八倍，認可機構 197 家，持牌銀行 156 家，有限制牌照銀行 23 家，接受存款公司 18 家。種類齊全、數量繁多的香港銀行業將緊抓重點客戶和重大項目，在滿足「一帶一路」相關項目融資需求的同時，獲得自身的發展。

「一帶一路」也為香港債券市場發展提供新的機遇。與股票市場相比，

香港債券市場發展較為緩慢，一是在現行匯率制度下當地企業易於選擇以美元債券集資，二則香港政府財政常年盈餘，不需要發行公共債券，難以形成債券市場無風險定價基準。近年香港政府推行政府債券計劃，港元債券市場逐漸成為銀行體系和股票市場以外的融資選擇。人民幣點心債有力地推動了香港債券市場發展。隨著「一帶一路」戰略推動人民幣在更多的區域中心使用，同時取消境內企業、商業銀行在境外發行人民幣債券的地域限制，將擴大境內企業的融資管道，有助於深化債券市場發展，提升香港國際金融中心的融資能力。

3 ／ 從提供資金融通轉向打造「走出去」企業全方位金融服務平台

為中國內地「走出去」企業提供全方位的金融服務平台，可以從新股發行和資產管理兩個層面進行突破。香港股票市場是資本市場的核心，新股上市集資領先全球。2016 年前六個月港交所新股上市集資金額總計 436 億港元，超過上海證券交易所 159 億港元和紐約證券交易所 277 億港元，居全球市場首位。以資本市值計算，截至 2015 年底，香港股市總市值達 3.2 萬億美元，是亞洲第四大和全球第七大證券市場。中國內地「走出去」企業將進一步利用香港股票市場融通資金。

基金管理業拉動非銀行金融機構業務發展，推動香港成為全球重要的資產管理中心。截至 2015 年底，香港的基金管理業務合計資產達 17.4 萬億元，其中 69% 為國際投資者資金，總計為 12.3 萬億元，在香港管理的資產總值為 6.82 萬億元。財富管理的重心由歐美國家向亞洲地區及新興市場轉移，不僅吸引海外資金流入香港，來港開業的資產管理公司等金融服務機構也日漸增多，以充分把握在亞洲的投資機會。香港基金業應加大與國內外機構和多平台聯動，不斷豐富人民幣產品和服務，打造及鞏固香港在「一帶一路」人民幣離岸市場的領導地位。

香港金融業應注重與世界銀行、亞洲基礎設施開發銀行及其他大型多

邊金融機構的業務合作，向更多「一帶一路」國家推廣人民幣業務，在推進人民幣國際化的同時，提升自身國際金融中心功能。

總之，「十三五」時期，香港國際金融中心將從內地的金融開放中獲取新的發展動力，在全球激烈的國際金融中心競爭中立於不敗之地，並為中國內地建設國際金融中心提供有益的經驗借鑒。 ⊕

推進香港銀行業
交易所合作業務
的探討

張朝陽（中銀香港發展規劃部總經理）

交易所合作業務對商業銀行來說是一項新興業務。近年來，中國銀行與境內外著名交易所頻繁互動，簽署眾多合作協定並積極拓展合作空間。中國銀行高度重視交易所合作業務，因為這是把中國銀行的國際化和多元化優勢結合起來，避免與同業重複競爭和同質競爭的好方法。

中銀香港作為中國銀行集團主要成員之一，積極參與集團拓展交易所合作業務並發揮重要作用，形成新的業務亮點。相關成功經驗可推薦給香港同業。

一／站在戰略高度，把握難得的業務機會

深入分析中國銀行境內外機構拓展業務的經驗，可以看到銀行與交易所合作確實是當前難得的機遇：

香港成為內地及境外金融市場互聯互通的主要海外接口，圖為香港交易
所。（文匯報照片）

1 / 全球交易所加快併購重組，提出了與銀行聯手的新的需求

近年來，全球交易所逐漸擺脫金融海嘯的打擊，重新進入活躍期，總市值、上市公司數量超過危機前水平。主要證券交易所及期貨交易所紛紛上市，加快併購步伐，形成洲際交易所（Intercontinental Exchange, ICE）、紐約證券交易所（New York Stock Exchange, NYSE）、泛歐交易所（Euronext Exchange）、芝加哥商業交易所（Chicago Mercantile Exchange, CME）、芝加哥商品交易所（Chicago Board of Trade, CBOT）、紐約商品期貨交易所（New York Mercantile Exchange, NYMEX）、德意志交易所（Deutsche Exchange）、歐洲期貨交易所（Eurex Exchange）等幾大交易所集團。各大交易所集團交叉發展股票、商品期貨及金融衍生品，產品越來越豐富。為突破場內交易局限，它們需要加強與銀行合作，借助銀行服務渠道，擴大交易覆蓋面，拓展新客戶，以增加交易量。

2 / 境內外交易所尋求跨境合作，需要借助銀行的跨境業務平台

中國正加快開放資本市場，一方面通過「滬港通」、「深港通」來聯接境內外交易所，令投資者在封閉框架內實現跨境交易；另一方面探索面向國際的交易平台，在自貿區內建立黃金交易所國際板、國際能源交易中心，直接向境外投資者開放市場。銀行在兩種開放形式中都扮演重要角色，既擔當跨境資金收付及清算平台，又協助交易所推動海外業務。

3 / 人民幣國際化加快，境外交易所選擇中資銀行合作開發產品

人民幣迅速成為主要國際貨幣，全球市場對人民幣資產需求大幅增加，促使主要交易所推出更多人民幣產品。CME、德交所、新交所及港交所有意發展人民幣業務，而中資銀行在各大交易所所在城市均有佈局，熟悉中國政策及市場，擁有人才、技術及系統優勢，成為首要的合作對象。

4 ／ 積極參與交易所商品交易，有利於中國爭奪全球商品定價權

所謂全球定價權首先就是指在主要期貨交易所內形成的報價。中國是全球主要商品生產國及消費國，理應享有全球定價權，只因歷史原因，主要商品交易集中在 CME、NYMEX、ICE、CBOT、倫敦金屬交易所（London Metal Exchange, LME）等歐美交易所。要奪回全球定價權，首先就要增強在已擁有定價權的歐美交易所裏的中國聲音，提升中資機構報價能力，再在境內交易所開放中發揮中資坐市商的影響力。中資銀行責無旁貸要參與進去。

以上因素決定了中資銀行參與境內外交易所合作業務的發展空間。對中國銀行來說，發展交易所合作業務，既可履行中國銀行在國家對外開放及人民幣國際化的社會責任，又可促進商、投行業務融合，在同業競爭中展現新的差異化經營優勢。

二 ／ 研究交易所互聯互通新模式，爭取同業領先位置

交易所大力拓展業務範圍，將交易延伸到境外地區，反映了全球資本市場對外開放的大趨勢。在這種趨勢下，中國境內交易所借助人民幣國際化及資本項目開放，積極推進雙向開放，進一步融入全球金融市場。

傳統歐美交易所較注重跨市場產品合作，如預託證券（Depository Receipts, DR）及交易所買賣基金（Exchange Traded Funds, ETF）。中國境內交易所兼容並蓄，一方面引入了境外交易所之間較常採用的產品型合作模式，另一方面不斷創新交易所互聯互通機制，多途徑打通跨境通道，在現有資本項目管理框架下為境內外投資者提供跨境交易便利。

簡單而言，互聯互通可分落地型和平台型兩類不同的業務模式。落地型是指通過人民幣合格境外機構投資者（RQFII）、合格境外機構投資者（QFII）及合格境內機構投資者（QDII）等形式直接將資金劃撥對方市

場進行交易的模式。平台型是指在交易所之間搭建特殊平台開展交易的模式，如「滬港通」、「黃金通」。兩類互聯互通體現不同的開放思路。前者須符合交易發生地的監管原則，採取額度管理及參與主體資格審查的雙重監管保證，但對跨境結算及交易傳遞並無特別規定，跨境交易所合作相對鬆散；後者須遵守主體所在地監管原則，在結算及交易環節設置嚴格的規章，納入平台統一解決，將境內外交易所聯成一體。儘管也有額度限制並設定准入門檻，但進入模式後可自由交易。

圖一 ／ 平台型互聯互通模式（以「滬港通」為例）

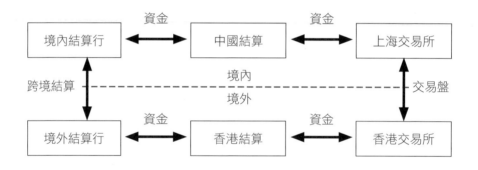

　　前者最大限度延伸境內監管的管理範圍，較為開放，讓主體有較多選擇；後者基本保留了兩邊市場的制度差異及交易習慣，同時給予合作雙方對等的發展機會。兩種管理方式並不存在本質上衝突，皆是對資本項目開放的探索。但對於銀行參與業務而言，後者提供的合作空間顯然大一些。平台型互聯互通較注重於資金清算的安全性及流動性管理，而銀行正好能夠提供穩定的收付款系統、完善的應急預案、高效的兌換服務、足夠的結算額度及大額備用授信，從而成為境內外交易所依重的合作對象。

實踐中，中銀香港成功地被委任為「滬港通」、「黃金通」等平台型業務的獨家清算行，與交易所保持穩定的合作關係，有利於進一步拓展合作業務範圍。中國銀行是中資銀行之中國際化及多元化程度最高、清算系統最先進、人才優勢最突出的銀行，吸引了大多數歐美主要交易所，拓展交易所合作業務處於同業領先位置。

三 ╱ 抓住幾個關鍵環節，進一步做好交易所合作業務

銀行與交易所之間有著廣泛的合作領域。按銀行業務範疇，大致上可分為結算類、傳統商業銀行類、投行及交易類等三大類，涉及支付、帳戶、存款、授信、託管、兌換及交易等業務。銀行主要服務對象是交易所，但並不局限於交易所，還可延伸至會員、經紀及上市公司。這些客戶都是各家銀行積極爭取的優質機構客戶及企業客戶群。在與交易所合作中，銀行應著重從以下幾個關鍵環節取得進展：

1 ╱ 以清算服務為起點，奠定業務合作的基礎

銀行介入交易所合作業務很多都是從被委任為結算行、清算行開始，延伸到結算帳戶、託管帳戶，再發展其他業務。這樣的合作更有深度。交易所主要結算行只有少數幾家，一向是當地主要銀行積極爭取的寶貴資源。以中銀香港為例，與港交所合作十年後，2010 年被委任為場內、場外人民幣獨家清算行及滬股通獨家結算行，獲得了排他性優勢。中銀香港利用這層「特殊關係」，深入到交易所內部各個層面，不僅為港交所開戶，獲得存款，而且還爭取會員客戶，進一步拉動存貸款業務。

2 ╱ 以跨境資金的無縫調撥和管理作為重要手段

目前的平台型模式一般都會引入封閉的跨境資金安排，由於存在交易

日、交易時段及節假日等特殊因素，加上預防惡劣天氣等突發事件的影響，境內外交易所都希望找到最可靠的清算行，保證跨境資金清算細節不出差錯。另一方面，「滬港通」及「黃金通」等「跨境通」均以香港的交易所為境外合作方，由於中銀香港承辦本地人民幣即時支付結算系統（RTGS），各種人民幣劃轉均被納入系統，「跨境通」清算安排也難以繞開清算行。這是中銀香港開展此項業務的利器，亦可在以後的「跨境通」項目中扮演特殊角色。

3 / 發展人民幣業務，深化與交易所的合作關係

中資銀行在與交易所開展合作時，以人民幣業務作為重點方向，可起到事半功倍的效果。中銀香港與港交所合作是全方位的，相比之下，人民幣業務增長更快。因此，中銀香港加強了「滬港通」的客戶營銷，利用客戶單筆交易金額高於港股的特點，增加經紀收入。此外，中銀香港還爭取到「滬港通」資金沉澱及換匯金額。中銀香港擔任 CME、新交所及港交所的人民幣期貨做市商，積極拓展交易業務，保持了市場佔有率的領先位置。

4 / 加強集團內聯動，提高業務發展的效率

跨境業務聯動是中國銀行國際化領先中資同業的重要基石，交易所合作是新的聯動領域。中銀香港拓展「滬港通」、「黃金通」項目得到中國銀行上海分行大力支持，同時協調上海分行獲得「港股通」境內獨家清算行資格、擔任港交所投資銀行間債券市場的獨家結算行。中國銀行紐約分行支持中銀香港成為 CME 離岸人民幣存管及託管行，中銀香港則將港交所旗下 LME 業務轉介給中國銀行倫敦分行。中銀香港與中國銀行新加坡及法蘭克福分行、俄羅斯中行等保持密切聯繫，相互提供技術性支持。

總之，如果利用好各種有利條件，把握住業務發展規律，拓展交易所

合作業務便會取得進展，並帶來實實在在的收益。當然，我們不能忽視拓展業務的難度及複雜性。此類業務與傳統業務存在很大不同，在產生效益前往往需要銀行投入一定人力、物力，還要滿足交易所各種特殊要求，單項的回報可能較慢。但如果建立了交易所與銀行穩固的合作關係，回報也是可持續的。因此，拓展交易所合作業務要著眼長遠，一旦認定了方向，就要堅決地投入資源，以求長遠回報。 ⊕

亞洲金融合作的
進展、前景與
香港的角色

王春新（中銀香港發展規劃部高級經濟研究員）

一 / 進展與難點

迄今為止，亞洲金融合作已經歷了兩個階段：第一階段始於 1966 年成立的亞洲開發銀行（亞開行）。它是面向亞太區的區域性政府間的金融開發機構，建立時有 34 個成員國，目前增至 67 個成員國，其中亞太國家48 個，主要任務是為亞太區發展中成員籌集與提供資金，希望通過發展援助幫助成員消除貧困，促進亞太區經濟和社會發展。

日本一直是亞開行的最大股東和主要資金來源，以亞開行為渠道吸納國內巨額剩餘資本投入到急需資金的亞太國家，早期貸款對象主要是印尼、泰國、馬來西亞、韓國和菲律賓等日本重要的經貿夥伴。如 1985 年簽署《廣場協議》後，日本製造商就利用高日圓把產能轉移至東盟，亞開行在通過改善當地基礎設施，引導日本民間資本轉移過程中扮演了重要角色。但由於亞開行由日本和美國共同主導，成員要獲得貸款，都要在政府透明度、意識形態等方面通過嚴格考核，各種考核動輒需要數年，此外還

有環保、僱傭、招投標等諸多要求，因而這一階段的亞洲金融合作，還是日本一權獨大，單邊提供資金，其他成員都是資金接受方，基本上沒有話事權，因而是以資本輸出為導向的、不完整和不對等的金融合作。

除了亞開行外，這一階段的亞洲金融合作還包括由中日韓和澳大利亞、新西蘭等 11 國組成的東亞及太平洋地區中央銀行行長會議（Executives' Meeting of East Asia and Pacific Central Banks, EMEAP），這是一個於 1991 年成立的政策對話機制，各央行的副行長每年舉行兩次會議，而首屆行長會議也於 1996 年舉行，其後每年舉行一次，目的是透過交流與合作，維護區內金融穩定，推動區域金融市場發展，促進支付系統建設並加強銀行業監管，為區域金融政策對話開了一個好頭。

亞洲金融風暴帶動了第二階段的亞洲區域金融合作，《清邁倡議》（Chiang Mai Initiative, CMI）應運而生。為應對金融危機，2000 年 5 月東盟和中日韓（「10 + 3」）的財長們決定設立一個金融合作協議，是為《清邁倡議》，在建立雙邊貨幣互換、資本流動監測機制、完善區域政策對話和經濟監控機制，以及進行人員培訓等四大領域展開合作。《清邁倡議》是亞洲區第一個區域流動性救助機制，是各國在平等磋商基礎上為應對金融動盪而展開的多邊聯合行動，對深化亞洲金融合作無疑具有重要意義。

《清邁倡議》的核心內容是「10 + 3」雙邊貨幣互換，累積金額一度達到 800 億美元，但從未被使用過，部分原因是因為 90% 的額度動用要與國際貨幣基金組織（IMF）的貸款條件掛鈎。2007 年 5 月在「10 + 3」日本京都財長會議上，各方一致同意通過建立自我管理的外匯儲備庫，即各成員國中央銀行或財政部分別拿出一定數量的外匯儲備，建立區域儲備基金，在危機發生時集中使用，協助發生危機國家應對國際收支和短期流動性困難。這項行動改變了《清邁倡議》的雙邊性質，開始向多邊機制發展。

這一階段的亞洲金融合作，還包括在發展亞洲金融市場方面提出多種倡議，特別是 2003 年「10 + 3」提出建立《亞洲債券市場動議》（Asian

Bond Markets Initiative, ABMI），並立即付諸實施，當年由 EMEAP 牽頭成立亞洲債券基金一期（ABF1），總金額為 10 億美元，這是各國聯手發展區域債券市場的首次行動，但資金只能用於投資 EMEAP 經濟體中主權和準主權發行體發行的美元債券；2005 年 6 月 EMEAP 推出亞洲債券基金二期（ABF2），總金額倍增至 20 億美元，向私人部門開放，投資方向由主權和準主權美元債券擴展到主權和準主權本幣債券。2006 年 11 月 EMEAP 還決定成立副行長級的貨幣與金融穩定委員會，負責經濟監測、危機管理。

全球金融海嘯使以應對金融危機為導向的亞洲金融合作得到深化。2008 年「10 + 3」財長會議通過了亞洲債券市場動議新路線圖，重點是推動各經濟體加快發展各自的本幣結算債券市場。2009 年「10 + 3」財長會議聯合公佈了《亞洲經濟金融穩定行動計劃》，將共同儲備基金擴大到 1,200 億美元（2014 年又擴大至 2,400 億美元），會議提出建立獨立的區域監控機構，增強了一國爆發危機後獲得援助的可預期性與及時性。2010 年「10 + 3」財長會議創建了宏觀經濟監測機構——亞洲宏觀經濟研究辦公室（AMRO），負責監測本地區及成員經濟體的宏觀經濟和金融系統運行情況，對風險進行預警。

然而，擴展後的《清邁倡議》後來並沒有被真正動用過，如 2009 年韓國遭遇資本外流衝擊時，寧願選擇向美聯儲申請援助，卻沒有尋求啟動《清邁倡議》。與此同時，亞洲匯率機制和貨幣合作也是停滯不前，儘管 2005 年亞開行曾提出亞洲貨幣單位（Asian Clearing Unit, ACU）的動議，但由於參加國無法取得共識，亞開行將原定 2006 年 5 月啟動 ACU 的計劃無限期押後。

亞洲金融合作之所以進展緩慢，一方面是因為亞洲對外貿易的最終需求有七成左右依賴歐美市場，加上區內金融市場在規模、深度、效率和流動性等方面與歐美存在很大差距，大量儲蓄不能直接轉化為投資，而是投

向美國等區外金融市場，形成對美元和美國金融市場的高度依賴。另一方面，雖然亞洲經濟體在經濟週期、貿易與投資等方面的政策協調不斷增加，但要形成集體行動，卻面臨諸多難題，尤其是中國與日本存在著主導權之爭，這從 AMRO 第一任主任由中國人與日本人分別擔任半個任期的安排中可看出端倪。由此可見，第二階段的亞洲金融合作具有很強的危機驅動特徵，一旦危機來襲，金融合作就向前推動；倘若危機緩和，金融合作就會停滯不前。

二 / 重點和前景

前兩個階段的亞洲金融合作，主要是由日本和東盟分別主導和推動的，中國只扮演了參與者的角色。由於亞開行本質上與世界銀行沒有太大差別，無法針對亞洲發展中經濟體的真正需要，而東盟雖然積極推動區域經濟整合，但因實力較小，加上受到諸多牽制，難以形成合作軸心及充當「領頭羊」角色。這就需要由更有遠見、更有實力、更能自主的經濟體來引領和推動，中國從配合參與者向引領塑造者轉變，正好滿足了這種需要，亞洲金融合作由此迎來了大國引領、發展導向、區域自主的新時期，即進入亞洲金融合作的第三個階段。

新階段的亞洲金融合作首先建立了促進亞洲經濟加快發展的戰略導向和金融區域化優先的基本原則，同時確立了中國引領合作方向和塑造合作新規則的「領頭羊」角色，從而帶動亞洲金融合作邁上一個新台階。具體而言：

一是「一帶一路」戰略下的金融支持，成為新階段推動亞洲金融合作的核心動力。推動「一帶一路」需要巨額資金，僅基建投資每年就需要8,000 億美元，如何融資成為關鍵，成立新的多邊開發機構就成為正確的選擇。其中，亞投行、絲路基金和正在籌建中的亞洲金融合作協會是金融

拉動「一帶一路」的三架馬車，也是深化亞洲金融合作的重要途徑。亞投行目前擁有 57 個創始成員，成員數量有望達到 90 個，大大超過亞開行，並已以創新機制開始運作，已確定為首批融資對象的四個項目均處在「一帶一路」的重點地區：孟加拉國、印尼、巴基斯坦和塔吉克斯坦。絲路基金主要作為投資主體支持「一帶一路」重點項目建設和運作，目前已率先投入一些項目，包括聯手三峽集團於巴基斯坦建設水電站、聯手中國化工併購意大利倍耐力公司以及投資俄羅斯亞馬爾液化天然氣項目等，其中有些也是亞投行支持的項目。這是一個良好的開端，相信未來還會加大步伐，帶動亞洲金融合作邁步向前。

二是推動人民幣區域化和貨幣合作。中國於 2009 年開始大力推動人民幣國際化，重點是跨境貿易投資人民幣結算以及發展離岸人民幣金融市場。其中最重要的還是區域化發展，香港成為內地以外最大人民幣交易中心，人民幣貿易結算佔全球六成以上；新加坡人民幣市場發展也十分迅速，現已確定把人民幣作為儲備貨幣。但也要看到，過去七年人民幣國際化在很大程度上受到跨境套利與套匯行為的激勵，隨著國內外利差的縮小以及人民幣升值預期的逆轉，人民幣國際化的速度從 2015 年開始已顯著放緩，香港人民幣存款一度超過 1 萬億人民幣，2016 年底已降至 5,467 億人民幣。因此，人民幣國際化亟需新的思路來重新推動，未來一個重點把推動亞洲金融合作與推動人民幣國際化結合起來，通過實現人民幣的區域化來最終推動亞洲的貨幣合作。

必須看到，亞洲貨幣合作停滯不前是因為區內沒有一種貨幣可以成為其他國家的錨貨幣。如今中國對亞洲經濟的影響力與日俱增，未來通過「一帶一路」下金融領域的互聯互通，有助於增強人民幣的認受性，預計將會有更多國家把人民幣作為結算、交易和儲備貨幣，從而推動人民幣成為亞洲區的核心貨幣，以此為基礎深化亞洲貨幣合作，就會取得事半功倍的效果。

三是倡議成立亞洲金融協會。習近平主席在博鰲亞洲論壇 2015 年會上提出積極推動構建地區金融合作體系，探討搭建亞洲金融機構交流合作平台，得到與會者的高度重視。2015 年 11 月李克強總理在東亞合作領導人系列會議上，倡議區域國家金融機構聯合發起成立亞洲金融協會，以加強地區金融機構交流和金融資源整合。亞洲金融協會被定位為一個區域性、非政府的國際金融合作組織，籌建工作正在緊鑼密鼓進行中，初始牽頭的發起機構是中國銀行業協會，2016 年 3 月 25 日發起會議在海口召開，來自亞洲、歐洲、美洲 12 個國家和地區的 38 家發起機構代表參加會議，表示將積極支持並參與亞洲金融合作協會創建。相信此舉有望協調亞洲區內金融市場建設，避免以往多次發生的大規模地區金融動盪。

　　上述可見，由中國帶頭的亞洲金融合作新階段可謂動作頻頻，響應熱烈，前景應可看好。但也要看到，亞洲金融合作仍處在初級階段，未來還有很長的路要走，不論是亞投行、絲路基金，還是亞洲金融協會，都需要致力推動金融合作創新。如絲路基金是開放的，在運作一段時間之後如何吸引海內外投資者，使之更具區域金融合作性質，仍值得深入研究；又如亞洲金融協會除了在貿易融資、銀團貸款、保理業務、反金融詐騙和教育培訓等方面加強合作外，還需要結合創新產業和互聯網金融以及金融領域數字化、網絡化的發展方向，探討金融領域重新整合的方式和途徑。從金融市場看，過去亞洲債券市場發展較為緩慢，隨著亞洲地區擴大內需，加上「一帶一路」戰略將帶動區內貿易和投資，為亞洲大量儲蓄剩餘在內部轉化提供了條件，發展亞洲債券市場日趨重要。《亞洲債券市場倡議》就是希望亞洲各成員發展以本幣計算的債券市場，未來需要更多利用這個機制，加快區內債券市場的發展，尤其是要擴大境外人民幣點心債的發行，使之成為區內最重要的本幣債券。

三 / 香港的角色

香港一直是亞洲金融合作的重要參與者，早在 1969 年就以自身名義成為亞開行成員，也在亞洲開發基金補充資金時提供支持；香港也是亞太經合組織成員，派代表出席亞太經合組織為金融及中央銀行官員而設的會議，曾負責統籌該機構發展本地債券市場合作計劃；香港金管局還分別在 1999 及 2009 年主辦 EMEAP 第四及第 14 屆行長級會議，對亞洲金融合作做出了不少貢獻。未來在國家主導亞洲金融合作的新形勢下，香港可以發揮更大作用，具體可以從幾個方面著手：

一是全力協助國家推動亞洲金融合作，推動香港金融機構參與亞洲金融合作協會。隨著亞洲經濟實力不斷提升，亞洲地區已成為世界財富增長的中心，對把區內儲蓄轉化為本地投資有更多的要求。香港作為國際金融中心，在參與跨國金融合作方面擁有豐富經驗，特區政府除了成立基建融資促進辦公室外，未來還應借助「一國兩制」和金融中心優勢，從金融制度、運行規則、市場監管和專業人才等方面提供支持，協助國家提升亞洲金融合作水平。與此同時，還要積極推動本地金融機構參與協會的工作，甚至可以爭取把亞洲金融合作協會的總部設在香港，並提供專業支持，逐步把亞洲金融合作協會打造成為亞洲版的 IMF。

二是以金融創新助推絲路建設，為亞洲金融合作提供平台。香港金融機構可在銀團貸款、項目貸款、發行基建債券以及基金等傳統領域與亞洲各金融機構合作，以創新方式向沿線國家提供融資；以戰略性思維吸納投資項目來港上市；亞投行和絲路基金將為香港商業銀行和投資銀行帶來重大投資項目的合作良機；香港 2015 年發行 10 億美元伊斯蘭債券得到投資者認可，未來在這方面與相關國家和金融機構展開合作發展的空間很大。值得一提的是，香港在亞投行運營中可以充當特殊的支持角色，包括擔當亞投行的首要國際融資平台、作為亞投行支持項目的國際投資夥伴、配合

亞投行促進人民幣國際化以及為亞投行提供國際性人才等，成為亞投行在海外的主要營運中心。

　　三是再創香港人民幣市場新優勢，為亞洲貨幣合作創造條件。「一帶一路」建設為人民幣的區域化發展帶來了歷史機遇。目前人民幣在沿線地區使用逐漸活躍，多項政策紅利也帶動人民幣使用的滲透度快速提升，未來有望成「一帶一路」沿線地區的關鍵貨幣。香港作為全球最大的離岸人民幣中心，一直以來利用廣泛的清算網絡和高效的流動性管理功能，為其他境外地區提供人民幣頭寸和資金調劑，支持其他市場發展人民幣金融資產和產品創新。由於香港的人民幣離岸市場的總量規模和服務水平均為市場領先水準，同時具備人才優勢、法律優勢以及專業優勢，因此香港自然成為未來海外人民幣基建融資的優先選擇。

　　綜合而言，推動「一帶一路」戰略和強化亞洲金融合作所釋放出來的對金融服務的龐大需求，都預示著亞洲金融中心將獲得巨大發展。香港在服務「一帶一路」建設和配合推動亞洲金融合作的同時，有機會進一步提升為世界級金融中心，包括建成世界級的資本市場、財富管理中心和離岸人民幣市場等，最終發展成為「亞洲的倫敦」。⊕

人民幣成為東盟主流貨幣的前景分析

李明揚（中銀香港發展規劃部策略員）、
譚愛瑋（中銀香港發展規劃部策略員）

十多年來中國與東盟的經貿關係日趨緊密，中國已是東盟最大的貿易夥伴，東盟亦是中國第三大貿易夥伴。中國企業逐步加大對東盟國家投資，「走出去」企業持續增加，為人民幣在東盟內流通提供了良好的土壤。

一／東盟離岸人民幣市場發展概況及特點

從 2009 年開始，中國相繼在不同領域推出跨境人民幣業務政策，鼓勵人民幣先在周邊地區使用及流通，再推向境外其他地區。香港作為人民幣國際化的重點試驗地區，其成功經驗陸續複製至境外其他地區。鑒於中國與東盟國家地理鄰近的先天條件，經貿關係日趨緊密，多項跨境人民幣業務政策在東盟得到有效落實。中國人民銀行先後在新加坡、馬來西亞及泰國委任人民幣清算行，東盟多國政府支持人民幣業務在當地發展，有效地推動人民幣在東盟較廣泛使用。東盟國家成為人民幣國際化的重點區域之一。

1 / 東盟是跨境貿易人民幣結算第一批試點地區，當地企業使用人民幣作為結算貨幣持續上升

2009 年中國政府批准內地試點城市與境外指定地區的企業進行跨境貿易人民幣結算。除香港外，指定地區還包括了東盟國家。越來越多與中國有緊密合作的企業願意使用人民幣為結算貨幣。主要原因是，過去幾年企業可享受人民幣升值、兌換手續費降低、合約價格優惠等因素帶來的好處。

中國與東盟國家雙邊貿易中，使用人民幣的程度不斷提高。2015 年，中國與東盟的跨境人民幣結算量達到 1.58 萬億元人民幣。根據環球銀行金融電信協會（SWIFT）統計，馬來西亞與內地及香港之間的支付結算貨幣，人民幣支付量從 2013 年 1 月至 2016 年 1 月增加 214%，佔比約 8%，成為繼美元後最大支付貨幣，超越當地貨幣馬來西亞令吉（佔比 2%）。東盟不少銀行是香港人民幣清算行的參加行，可直接參與香港人民幣實時支付結算系統（RTGS）。這個系統與中國現代化支付系統（China National Automatic Payment System, CNAPS）無縫連接，可為東盟銀行提供高效率的跨境人民幣結算服務，進一步提高了當地使用人民幣作為結算貨幣的吸引力。

2 / 東盟的人民幣投資渠道相繼拓寬，融資功能亦逐漸強化

多項跨境人民幣政策在東盟國家得到落實，增強了人民幣作為投融資貨幣的功能。東盟成為人民幣合格境外機構投資者計劃（RQFII）試點地區，容許合格投資者在限定額度內投資中國銀行間債券市場及股票市場。RQFII 於 2013 年推廣至新加坡，2015 年擴至泰國及馬來西亞。可供東盟當地機構申請的 RQFII 投資額度共 2,000 億元人民幣，佔全球額度的 13.7%。其中，新加坡是香港之外獲批額度最高的地區，至 2016 年 8 月共批出 588 億元人民幣的額度，予當地 26 間資產管理機構，可見當地對投資人民幣資產

表一

東南亞國家與中國簽署的貨幣互換協議及 RQFII 額度

國家	貨幣互換總額（人民幣）	國家	RQFII 額度（人民幣）
馬來西亞	1,800 億元	新加坡	1,000 億元
印尼	1,000 億元	馬來西亞	500 億元
新加坡	3,000 億元	泰國	500 億元
泰國	700 億元		

資料來源：中國人民銀行

的需求殷切。

　　參考前海與香港跨境人民幣貸款政策，內地試點面向新加坡的跨境貸款及發債政策，於 2014 年容許蘇州工業園區及天津生態城內的企業直接從新加坡銀行獲得跨境人民幣貸款，同時容許區內企業到新加坡發行人民幣債券，拓寬了新加坡使用人民幣的渠道。其後，政策適用規模擴大至蘇州和天津全市，並進一步擴展至重慶。截至 2016 年 1 月，蘇州工業園區的跨境人民幣貸款合同餘額 32.3 億元，提款額達 24.7 億元。

3 ／ 人民幣受東盟國家央行的重視，並呈現一定的儲備功能

　　為支持東盟國家人民幣流動性，推動人民幣在貿易、投資等領域使用，多個東盟國家央行與人行簽署貨幣互換協議，包括泰國、馬來西亞、新加坡、印尼，總額達 6,500 億。新加坡金管局借鑒香港金管局的人民幣流動性管理經驗，在與中國簽署的本幣互換協議下，為新加坡金融機構提供人民幣借貸機制，通過各種期限拆借的形式借出人民幣，支持當地發展人民

幣業務和穩定市場。

隨著人民幣在東盟使用逐漸普及，加上人民幣匯率相對當地貨幣穩定，人民幣資產開始成為當地央行分散投資的好選擇。據了解，約半數東盟國家中央銀行已經將人民幣納入外匯儲備，包括泰國、馬來西亞、印尼、柬埔寨和菲律賓。這些央行表示，會逐漸增加人民幣的儲備，顯示對人民幣的信心。

二 / 人民幣能否成為東盟主流貨幣之一？

過去幾年人民幣業務在東盟得到長足的發展，並生根萌芽，整體使用程度快速上升。從其他主流貨幣（如美元、歐元）的發展進程來看，一種貨幣躋身為某區域主流貨幣主要基於兩種情況：首先，當地企業及投資者對該貨幣接受程度提高，作為貿易、投資、對沖和融資工具，與區內其他主要使用貨幣的差距縮短；其次，當地政府對該貨幣在當地使用的政策支持力度加大，包括提高該貨幣外匯儲備的比例。

某種程度上，東盟當地貨幣，如印尼盾、比索、新幣、泰銖和令吉與美元走勢逐漸脫軌。自 2010 年開始，這些貨幣更密切跟蹤人民幣走勢。未來人民幣會否成為繼美元後東盟國家的主流貨幣之一？支持因素如下：

1 / 中國－東盟經貿關係日趨緊密，將加快推動人民幣使用

東盟經濟具有巨大潛力，多個國家過去三年的平均經濟增速超過 5%，高於發達國家。東盟已成為世界第七大經濟體。2015 年底東盟經濟共同體正式成立，實現跨越 6.2 億人口、2.6 萬億美元國內生產總值和擁有豐富資源的區域一體化。預計在東盟經濟共同體的助力下，東盟 GDP 有望於 2020 年增至 4.7 萬億美元，並於 2030 年成為第四大經濟體。

與此同時，東盟與中國經貿關係也從「黃金十年」步入「鑽石十年」

中銀香港利用東南亞分支機構積極宣傳人民幣業務，圖為中銀香港和中銀泰國在曼谷聯合舉辦人民幣投資論壇。

新歷程。東盟與中國貿易額從 2002 年至 2015 年增長 7.6 倍，至 4,761 億美元；累計雙向投資金額也增長五倍，至 2015 年達到 1,565 億美元。

作為東盟最大的貿易及投資合作夥伴，中國積極推動與東盟的自貿區談判，為中資企業擴大對東盟投資注入新活力。中國－東盟自貿區協議升級版不僅加強貨物貿易發展及投資便利化，同時也深化多個領域合作及開放服務貿易，包括允許對方設立獨資或合資企業，擴大經營範圍，減少地域限制等。2015 年 11 月中國與東盟十國領導參加自貿區升級簽字儀式，均表示將積極爭取到 2020 年達到 1 萬億美元的雙邊貿易額目標。

中國對東盟經濟、貿易、投資影響力日益增長，將進一步加強人民幣在東盟作為結算貨幣、投資貨幣和交易貨幣功能。

2 ╱ 「一帶一路」戰略下，人民幣可成為東盟主要的投融資貨幣

東盟豐富的資源、勞動力優勢、優越地理位置、龐大基建需求吸引「走出去」企業投資東盟。未來在「一帶一路」戰略帶動之下，更多中資企業將赴東盟國家投資，或參與基建、運輸與能源項目建設。迄今，東盟「一帶一路」重大項目取得突破性進展，如緬甸皎漂港特區、柬埔寨西哈努克港開發區、泰國羅勇工業區等。其他重點建設項目，如鐵路、港口、油氣管也會陸續落地。

根據亞洲開發銀行估算，2010 至 2020 年東盟基礎建設工程高達 8 萬億美元。中資企業不僅可通過直接投資模式，還可通過不同運營模式，例如承包商、分包商等，在東盟展開業務。亞洲基礎設施投資銀行及絲路基金相繼成立，將會促進中國與東盟之間的投資，同時也會加速人民幣資金在東盟沉澱下來。「一帶一路」戰略無疑為中資企業及沿線國家帶來龐大的發展機遇，有利於東盟人民幣業務發展。

3 / 人民幣加入 SDR，東盟央行及主權基金對人民幣資產興趣進一步提升

　　人民幣加入特別提款權（SDR）後，在岸市場將進一步開放，投資或持有人民幣資產越來越容易，各國央行增持人民幣意願增強。對於東盟國家央行來說，經歷 1997 年亞洲金融風暴，外匯管理更謹慎。另一方面，大部分東盟貨幣兌美元自 2014 年底開始呈貶值走勢，部分貨幣如馬來西亞令吉及印尼盾貶值一度超過了 1997 年水準（圖一）。儘管「8 · 11」匯改後人民幣匯率波動加大，但仍較東盟國家貨幣的波動幅度來得小，東盟貨幣的潛在匯率風險較高。東盟各國正積極推動儲備貨幣多元化，相信加入 SDR 的人民幣對東盟國家央行及主權基金具有吸引力。

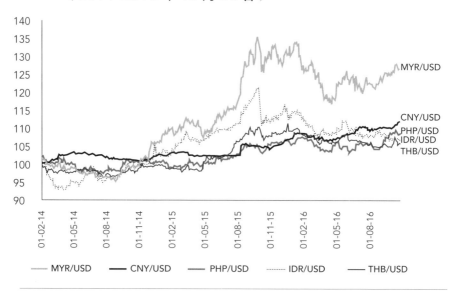

圖一

東盟貨幣及人民幣兌美元的波動分析
（2014-2016 年 10 月 26 日）

資料來源：彭博、中銀香港

據世界銀行統計，2015 年底東盟十國外匯儲備 7,378 億美元。假設五年後東盟國家的人民幣儲備資產平均佔比為 2%，以 1 美元兌 6.75 元人民幣換算，預計東盟國家有可能持有約 1,000 億元的人民幣外匯儲備。

表二

東盟央行儲備（2015 年）（億美元）

新加坡	2,519
泰國	1,565
馬來西亞	953
印尼	1,060
菲律賓	806
越南	282
緬甸	74*
柬埔寨	73
汶萊	34
老撾	12
總數	7,378

資料來源：世界銀行
* 註：此為 2012 年數據

4 ／ 亞太區人民幣清算系統繼續提升，為人民幣在東盟使用量的增長提供良好支持

以香港為起點，亞太區人民幣清算系統經歷了九年發展，已形成高效而穩健的市場基建。香港即時支付結算系統（RTGS）可為不同市場參與者處理在岸及離岸人民幣交易提供支付便利。東盟是首個在兩岸三地以外被人行指定設立人民幣業務清算行的地區，也已形成良好的人民幣清算系

統。現時，馬來西亞、菲律賓、泰國、印尼等七個國家均借助香港穩健的系統及平台，拓展人民幣業務。

2011 年，人民幣被納入馬來西亞幣即時支付結算系統（Real-time Electronic Transfer of Funds and Securities System, RENTAS），實現與香港人民幣跨境支付系統的對接。人民幣跨境支付系統（CIPS）啟動後，進一步優化亞太區人民幣清算體系，提高東盟國家的銀行及企業使用人民幣效率，支持當地人民幣業務發展。

然而，儘管人民幣在東盟發展潛力巨大，但當前東盟人民幣業務也面對一定挑戰。以下因素可能制約人民幣在東盟的發展：

1 / 中國對東盟貿易順差擴大，將影響東盟人民幣存款規模

過去 10 年中國與東盟之間貿易量整體上升，但目前中國處於較大規模順差狀態。2016 年首八個月中國對東盟貿易順差 3,094 億人民幣，可能會影響人民幣通過貿易渠道流入東盟及沉澱下來。由於缺乏龐大人民幣存款支持，當地人民幣業務的廣度及深度或會受到一定影響。除新加坡之外，其他東盟國家人民幣存款較少，人民幣市場成熟度較低。

2 / 人民幣調整壓力持續，市場對人民幣短期內持觀望態度

由於中國經濟增長放緩、美聯儲加息進程啟動，人民幣貶值壓力加大，匯率波動加劇，短期內，市場持有人民幣資產的意願受到一定影響。另一方面，全球金融市場動盪不斷，也在一定程度上不利於東盟人民幣業務發展。

三 / 總結及展望

自 2009 年中國政府將東盟納入跨境貿易人民幣結算的試點地區後，短短幾年人民幣已在東盟取得長足發展。人民幣不只成為了中國－東盟企業的貿易貨幣，也是重要的投融資貨幣。人民幣國際化繼續推進，人民幣也起到穩定全球貨幣體系的作用，這對於以美元作為主要交易及儲備貨幣的東盟國家，是加快儲備貨幣多元化的難得機遇。中國對東盟國家經濟、貿易、投資影響力日益增強，必會進一步推動人民幣成為東盟的結算貨幣、投資貨幣、交易貨幣及儲備貨幣。

另一方面，人民幣在東盟的流動性較低，令其在東盟的發展面對一定挑戰。若可借助其他離岸人民幣中心的優勢及經驗，東盟發展人民幣業務將更有效率。香港作為全球最大離岸人民幣中心，擁有豐富的人民幣業務經驗和境外最大的人民幣資金池，人民幣產品創新走在市場前列，並搭建了覆蓋全球的人民幣清算系統，可在東盟人民幣業務發展中發揮積極作用。

儘管香港與東盟離岸人民幣中心存在一定競爭關係，但由於人民幣業務發展空間龐大，兩地合作空間更大，可相互借鑒經驗，並形成人民幣產品及服務互補，促進人民幣成為東盟主流貨幣。鑒於中國已是東盟國家的重要貿易夥伴，加上中國及東盟政府積極推動人民幣在當地使用，相信人民幣有望成為東盟主流貨幣之一。◈

CIPS 系統的基本特點
及對人民幣國際化的意義

孔　玲（中銀香港發展規劃部策略員）

國際貨幣在全球暢順流動並能有效地發揮各種國際貨幣功能，依賴於安全高效的全球清算系統。2015 年 10 月 8 日，人行推出人民幣跨境支付系統（CIPS），開啓了全球人民幣清算服務的新篇章。

中銀香港作為唯一一間境外直接參與行加入了 CIPS 系統，並於 2016 年 7 月 11 日成功通過 CIPS 完成首筆境外清算銀行跨境人民幣匯款業務，鞏固了香港離岸人民幣清算中心的地位，也為進一步推動香港人民幣業務創造了條件。

一／CIPS 系統的優勢及特點

目前人民幣跨境支付主要通過「清算行模式」和「代理行模式」進行，經過十餘年的發展已經形成了比較成熟的清算渠道。

清算行模式下，港澳清算行直接接入境內大額支付系統（CNAPS），其他清算行通過其總行或者母行接入 CNAPS，所有清算行以 CNAPS 為依

託完成跨境及離岸人民幣清算服務。

CIPS 與 CNAPS 相互獨立而又互聯互通，但可以說，CIPS 是在現有 CNAPS 功能上實現了進一步完善，有以下幾個主要特點：

1／CIPS 的業務種類分為支付業務和資訊業務

支付業務包括客戶匯款、頭寸調撥和金融市場業務。資訊業務包括信用證、託收、保函等資訊的傳遞。CIPS 屬於多功能清算系統，能夠滿足不同清算業務的需要。

2／CIPS 的管理架構的特點是，放開了直接參與者與間接參與者之間的連接限制

清算行模式使用的 CNAPS 擁有超過 13 萬個直接參與者，參與網點覆蓋全國，是內地支付體系的核心和樞紐。CNAPS 直接參與者均擁有獨立的 CNAPS 行名行號，間參行只能選擇一家直參行開戶，屬於一對一的帳戶關係。

與 CNAPS 一對一的帳戶關係不同，CIPS 呈現多對多的帳戶關係——直參行可與多個間參行建立業務關係，而間參行亦可在多個直參行開戶。CIPS 模式下，直參行通過 CIPS 直接發送和接收業務，間參行則通過直參行間接獲得 CIPS 的服務，形成交叉網絡關係。這種運作模式更接近於國際通用做法，一方面給予小規模金融機構更多參與國際結算的機會，另一方面鼓勵直參行提供更好的服務來吸引間參行使用。

3／CIPS 的支付報文格式更加貼近國際通行的環球銀行金融電信協會（SWIFT）報文標準

CIPS 報文轉換更加順暢，支持中英文傳輸，便於境外參加者使用。隨著人民幣加入特別提款權（SDR），越來越多的境外投資者將參與到人民

CIPS 系統資金匯劃路徑與帳戶關係圖

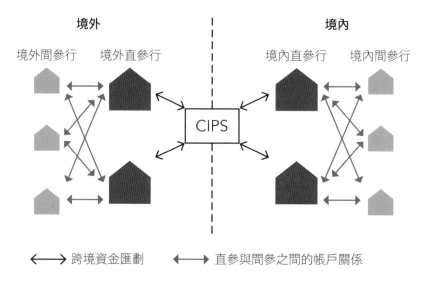

境外　　　　　　　　　　境內

境外間參行　境外直參行　　　　境內直參行　境內間參行

CIPS

⟷ 跨境資金匯劃　　　⟷ 直參與間參之間的帳戶關係

幣資本及資金市場中，CIPS 的設計充分考慮了這一趨勢，為不斷加入的國際用戶提供便利。

4／CIPS 系統的運行時間覆蓋更多時區

　　CIPS 日間營業時間為上午 9 時至晚上 8 時，較 CNAPS 系統由早上 8 時 30 分至下午 5 時延長 2.5 小時，能夠覆蓋歐亞非主要辦公時間。

　　綜上所述，CIPS 的主要特點體現在清算路徑、報文標準與運作模式等幾個方面。隨著人民幣跨境支付結算需求迅速增長，對金融基建要求也越來越高，CIPS 為境內外金融機構提供更為完善的人民幣跨境和離岸資金清算服務，支持境內外人民幣業務創新。CIPS 在全球人民幣清算體系中的地位有望不斷體現出來。

二 / CIPS 為人民幣國際化提供重要支撐

隨著人民幣國際化不斷推進，人民幣已經成為中國第二大跨境支付貨幣和全球第五大支付貨幣，在正式成為 SDR 籃子貨幣後，人民幣從國際支付貨幣發展成為國際儲備貨幣。在這樣的背景下，迫切需要加強人民幣國際化金融基礎設施建設，滿足由日益增長的人民幣國際使用產生的跨境及離岸支付需求。

1 / 構建更加安全可靠的全球人民幣清算網絡

在 CIPS 正式上線之前，跨境及離岸人民幣是由以商業銀行為主體的清算行或代理行完成的，尤其是香港人民幣清算行引入人民幣即時支付結算系統（RTGS），並對參加行提供多元化的清算服務，形成遍及各大洲並有 200 多家參加行參與的全球人民幣清算系統，有力地支持了人民幣國際化。然而，隨著人民幣國際使用不斷增長，整合及統一全球人民幣清算系統、建立國家級跨境支付網，成為人民幣國際化關鍵性工程。CIPS 成功運行，有助於提高跨境清算效率，支持各主要時區人民幣業務發展需要，提高交易安全性，構建公平的市場競爭環境。同時，CIPS 上線運行後，現有人民幣清算行及代理行模式繼續延用，發揮補充及配合 CIPS 的功能，共同構建安全、穩定、高效的全球人民幣清算系統，也給予境外人民幣業務參與者更多的選擇。

2 / CIPS 代表主權性質，提高了維護國家金融安全的能力

從支付安全角度，CIPS 是國家主權性質的清算系統，在 CIPS 開戶等同於在央行開戶，能夠最大程度消除結算風險，對於跨境支付體系的穩健運作至關重要。當人民幣國際化程度達到美元、歐元時，一旦離岸市場出現系統性風險，由人行支持的 CIPS 可迅速向離岸市場注入流動性，防止

危機蔓延，其效果非商業銀行清算系統可比擬的。未來，隨著 CIPS 逐漸成熟完善，還會研究利用持續聯絡結算及交付系統（CLS）與 CIPS 相連接等途徑，實現人民幣外匯交易結算。同時，CIPS 和 CNAPS 兩個系統互為備份，萬一其中一個系統發生中斷等突發情況，另一個系統仍能維持運行，可保持業務持續性及國家金融安全。

3 / CIPS 可支持更廣泛的人民幣使用及產品創新

CIPS 無疑是人民幣國際化的高速公路，亞太地區人民幣使用迅速成長，帶動歐洲和美洲的人民幣交易持續提升，金融機構和企業對人民幣支付基礎設施的要求日益提高。CIPS 允許獲得資格的中外資銀行直接接入央行支付系統，延長了清算服務時間，貼近國際支付標準，簡化了人民幣交易流程，降低了交易成本，將更好地滿足全球各時區人民幣即時清算的需求，支持更多人民幣產品創新，也進一步加強了人民幣在全球範圍的輻射力。

例如，雖然境外央行不會直接加入 CIPS，但其在境內市場敘造人民幣外匯投資或債券買賣時，背後都會涉及大量的資金清算，選擇在商業銀行開戶，間接使用 CIPS。由於 CIPS 系統資金清算更為安全和高效，給央行機構更大的信心。

三 / 借助 CIPS 鞏固香港人民幣業務樞紐地位

CIPS 作為連接內地與香港資金往來的高速公路，將為兩地資本市場連接和產品合作創造條件，進一步推進兩地人民幣業務融合。

1 / 繼續鞏固清算系統優勢

香港人民幣清算行作為 CNAPS 系統直接參與者，在過去十年跨境人

民幣業務迅猛的發展過程中發揮了重要作用，短短幾年間成功應對了幾十倍的業務增長。清算渠道成熟是香港人民幣市場進一步發展的基礎。使用 CIPS 系統後，香港人民幣清算行將進一步強化系統功能建設，在保持安全穩定連接的基礎上，研究完善支付報文分類功能。如果 CIPS 參考美國清算所銀行同業支付系統（CHIPS），可進一步引入授信和透支機制。香港人民幣清算行亦會提早做好採用混合支付方式的準備與研究。

2 / 主動發揮金融創新優勢

香港金融創新正在取得進展，2016 年的財政預算案推出一系列支持金融創新的措施，包括探討虛擬貨幣（Bitcoin）及區塊鏈（Blockchain）技術在金融業的應用。香港人民幣清算行在引入 CIPS 系統後，可進一步推進系統創新，利用 Blockchain 技術實現支付系統區域化。

3 / 積極把握政策優勢

香港正在抓緊「一帶一路」戰略及香港與東盟的經貿合作關係，積極拓展人民幣業務，在這個過程中，香港可發揮在人民幣清算服務的優勢，加強與「一帶一路」沿線國家及東盟國家的人民幣業務合作，將當地人民幣融資及資產管理業務吸引到香港，並將香港發展成為商品定價和風險管理市場。

中銀香港利用擔當人民幣清算行的有利條件，全力拓展各項人民幣參加行業務。成為 CIPS 境外直參行後，香港清算行處理跨境匯款更加便捷、更加靈活，對同業的人民幣業務支持更加多元化，有利於保持境外人民幣清算服務的優勢，並支持香港鞏固離岸人民幣業務樞紐地位。⊕

人民幣債券納入
國際指數的分析
及願景

羅羽庭（中銀香港發展規劃部策略員）

因應中國邁向全面開放債券市場的舉措，先後有具代表性、影響力的環球債券指數制訂者表示，有意把中國境內人民幣債券納入其指數內。人民幣債券納入國際指數必然會發生，此舉會直接影響追蹤該類指數的債券基金進入中國境內債券市場的速度及規模，對人民幣被納入國際投資者的資產組合起相當重要的作用。

一 ／ 人民幣債券有望被納入國際指數

花旗集團及摩根大通兩家大行都表示會考慮把中國境內人民幣債券納入旗下旗艦政府債券指數——世界公債指數（WGBI）及全球新興市場多元化債券指數（JPMorgan GBI-EM Global Diversified Index）。兩隻指數都具指標性，被全球主要基金及大量投資者廣泛追蹤。

2016 年 3 月，花旗表示考慮將人民幣資產納入 WGBI。該指數是國際主權債券指數，納入該指數的政府債券需要滿足三個條件：第一，當地債

券市場規模逾 500 億美元。第二，信貸質素良好（獲標普及穆迪分別給予 A- 及 A3 或以上的主權信貸評級）。第三，對境外投資者沒有限制。中國境內債市規模達 60 萬億元人民幣（8.9 萬億美元），標普及穆迪分別給予 AA- 及 Aa3 的信貸評級，早就滿足首兩項條件。隨著中國對境外機構投資者開放債市，相信第三項條件亦已符合。花旗表示，相關國家若持續符合所有條件達三個月，該行會於其後的三個月內將當地債券納入 WGBI。因此，境內人民幣債券很大機會被納入 WGBI。

WGBI 指數中，美國市場佔比最大，達 33.36%，日本為指數的第二大單一國家，佔比 23.32%。日本債市規模約 9 萬億美元，中國債市規模幾近達到日本的規模，估計中國最終佔比可達 20%。

根據媒體報道，全球追蹤 WGBI 的資金總額高達 2 萬億美元。按此計算，若中國予 WGBI 佔比達 20%，則緊隨投入中國債市的資金可達 4,000 億美元。

圖一

花旗集團世界公債指數（WGBI）地區權重

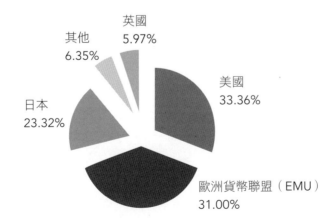

資料來源：花旗定息指數（截至 2016 年 2 月底）、中銀香港

同月，摩根大通表示正對人民幣債券進行評估（index watch），以決定是否將之納入全球新興市場多元化債券指數，並指由於中國債市規模龐大，佔此指數的權重比例可高達10%。摩通表示追蹤該指數的投資總額達1,800億美元。故此，新增投資境內債市的金額將可高達180億美元（約1,210億元人民幣）。

國際貨幣基金組織（IMF）於2016年4月初發表的《全球金融穩定報告》（*Financial Stability Report*）中也表示，一旦人民幣債券納入國際指數，預計其可佔摩根大通另一重要指數——全球新興市場債券指數（JP Morgan Emerging Markets Bond Index Global）逾三分一的比重，一躍而成權重最高的新興債券市場。此指數亦是眾多國際性債券機構投資者的重要指標，相關變化將會對新興國家金融市場，乃至全球資產配置帶來重要變化。

圖二

IMF 預測摩通新興市場債券指數納入人民幣債後比重

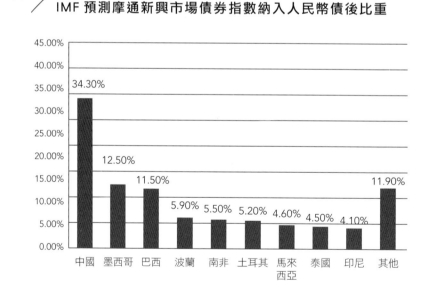

資料來源：IMF《全球金融穩定報告》、中銀香港

未來單是央行、貨幣發行當局及主權基金類投資者，因應 SDR 而投入中國債券市場，料涉及資金已達 5,000 億美元。連同私人界別機構投資者進入境內市場，料將帶動總共 1 萬億美元（約 6.5 萬億元人民幣）的資金投入中國境內債券市場。

二 / 外資參與有助境內債市成熟發展

雖然中國加快對外開放金融市場，但海外投資者在境內債券市場的參與度仍然偏低。根據中央國債登記結算公司，境外機構投資者佔整體境內債券市場不足 2%。按 IMF 報告分析，外資參與中國境內債市比例，遠低於印度的 6%、泰國的 16%、馬來西亞的 34% 及印尼的 58%。

雖然中國境內債市屬世界第三大債市，僅次於美國和日本，但市場成熟度比歐美金融市場遠遠落後。當局引入更多外資參與中國境內債市，有助擴闊境內債市投資者基礎，促進債券品種多樣化，提升發債體質素、訊息披露及企業管治水平，讓市場在價格發現機制上發揮更大的效用，從而令整體債市在融資、定價上更有效率。

然而，目前海外投資者普遍對中國境內人民幣債市認識有限，如未能及時妥善解決，將影響海外資金進入中國債市的信心和熱情。據調查，海外投資者的顧慮是多方面的，除了中國經濟是否已經見底、人民幣貶值趨勢是否持續等因素，海外投資者還對中國債市的長遠、更深層的結構性問題有一定的疑慮。

1 / 資金進出中國債券市場，是境外投資者的首要憂慮

目前內地資本帳未完全開放，跨境資金進出受到限制。人民銀行在 2016 年 4 月 14 日，公佈了《境外央行類機構進入中國銀行間債券市場業務流程》，規定了境外央行投資境內債券的具體操作辦法，對包括資金匯

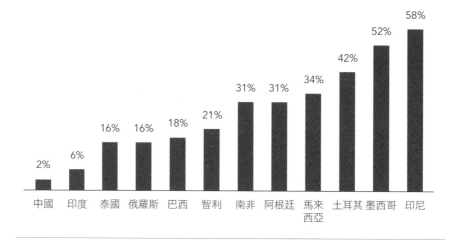

外資在新興市場境內債市參與度

資料來源：IMF《全球金融穩定報告》、中銀香港

進匯出等作出明確指引。至於非央行類私人界別境外機構投資者（包括商業銀行、保險公司、證券公司及基金管理公司），人民銀行於同年 2 月 24 日發出的 3 號公告表明對符合條件者，取消額度限制及簡化管理流程。市場正注視當局何時出台相關細則，以便了解資金進出的規範、投資鎖定期等。細則一旦出台，將會提升海外投資者進入境內市場的信心。

2 境內債券二手市場的流動性，也是海外投資者的顧慮

境內債市規模雖龐大，但除了政府及半官方機構如國開行所發行的債券外，信用債的流動性普遍較低。其中主要原因，是境內債券絕大部分由商業銀行、保險公司等持有，這類金融機構把債券持有至到期（hold to maturity），市場上欠缺做市商的活動（market-making），令大部分債券

流動性欠佳。與此同時，海外機構缺少取得境內市場人民幣流動性的窗口，這對境外投資者的流動性管理帶來困難。可以說，海外投資者有沒有足夠的工具去管理好中國債市投資組合的流動性風險，是他們考慮是否大舉投入境內債市的主要障礙之一。

3／海外投資者亦較為關注信貸風險

首先，境內信貸評級與國際評級的分級制度存在頗大差異。本地評級機構給予的評級偏高，以至境內絕大部分（97%）的評級屬 AA 級以上，而當中有享受 AAA 最高評級的企業，在海外卻被國際評級機構評為 B 的「垃圾」級別，反映境內市場在高評級的狹窄範圍內，企業信貸質素相當參差。這對不熟悉境內市場及經濟環境的海外投資者來說，確是增添了疑慮。

4／境內市場存在隱性擔保（implicit guarantee）的問題

雖然當局逐漸允許較多企業違約，有別於以往「零違約」現象，但違約率仍被人為地壓低，尤其大型國企、地方國企或規模較大、僱員較多的企業，即使經營不善或出現財務問題，在瀕臨違約時往往會由國有銀行或其他企業注資或收購，令投資者長期假定國家在大部分發債體背後提供隱性擔保。此風氣不正常地壓低了高風險債券的息率，助長了道德風險（moral hazard），令高風險與低風險債券之間的價格差異（price differentiation）不明顯。故境外投資者目前只投資政府相關債券，而避免涉足信用債，認為信用債的息率或風險溢價（risk premium）未足以補償他們須承擔的相關信貸風險。

5／投資者權益保障也是海外投資者所關心的

由於目前境內企業發生大型違約的先例不多，當中牽涉海外投資者的

案例更少。一旦有違約發生，債券持有人的申索途徑及所得補償並不清晰。在資本管制下，海外投資者的申索排序是否與境內債權人對等，亦未有清晰條例。債權人利益保障若較清晰，有助提升海外投資者進入境內債市的意欲。

三 ／ 積極回應市場疑慮　提升海外投資者信心

面對海外投資者的關注點，建議監管當局採取措施積極應對，可有效加快海外投資者進入境內債市。

首先，建議當局明確資金進出的規範，讓投資者對相關限制具清晰概念。外匯管理局在 2016 年 2 月 4 日出台新規，對合格境外機構投資者（QFII）投資額度、匯兌管理、本金鎖定期等方面的規定略為放鬆。新規定取消了匯入期限要求；投資本金的鎖定期，由原來的一年縮短至三個月。不過，新規定仍然要求 QFII 每月累計淨匯出資金不得超過其上年底境內總資產的 20%。

對於市場流動性，當局可考慮鼓勵大型金融機構進行做市交易，激活二手市場的買賣，也可擴闊投資者基礎、增加投資者類別，如引入交易較頻繁的資產管理公司、基金等。當局應在鼓勵海外機構投資者進入境內進行長期投資的同時，提供必要的配套措施，允許他們進入外匯市場進行必要的風險對沖交易，及參與債券回購（Repo）交易，以解決他們投資境內債市的匯率風險和流動性風險管理問題。當然，監管機構也需要考慮採取一定的宏觀審慎管理措施，去識別和限制短期炒作的行為。

由於海外投資者對境內信貸評級並不熟悉，建議當局考慮完善境內信貸評級制度，加強與國際評級體系和模式接軌。同時當局可加強對外溝通，向外界闡述境內信貸評級制度的特色，提升海外投資者對境內評級的認知與信心。在 2015 年中美經濟戰略對話中，中國同意讓國際評級機構

進入境內，對地方政府進行信貸評級，當局可逐步推進有關的安排。

　　同時，當局亦可藉開放市場的機會，讓市場機制對定價發揮更大的作用，並利用市場力量提高發債體的企業管治水平。2016 年以來，當局已允許較多企業違約，建議當局繼續向此方向推進市場改革，減少向出現財務困難的發債體提供不必要的「隱性擔保」，令高風險債券利率回復正常水平。此舉有助提升債券息率對投資者的吸引力。最後，針對違約風險，當局可考慮訂立清晰條例列明海外債券持有人的權益，制訂公平機制保障海外債權人利益，以讓海外投資者安心投資於境內債市。⊕

後記

　　近年來，人民幣國際化不斷邁上新台階，尤其是 2016 年 10 月人民幣正式加入 SDR 貨幣籃子，標誌著人民幣國際化取得階段性成果，同時，香港人民幣業務亦不斷面臨市場波動等新挑戰。中銀香港在擔任香港人民幣業務清算行並積極拓展各項人民幣業務的同時，密切跟蹤跨境人民幣政策及離岸人民幣市場變化，撰寫了大量研究報告。在中銀香港迎來百年慶典之際，我們以近年中銀香港研究人員及業務人員對人民幣國際化的最新研究成果為基礎，並邀請相關人員撰寫部份新稿，編輯成冊，公開發行，體現中銀香港對人民幣國際化及香港離岸人民幣中心建設的重要貢獻，亦體現中銀香港人民幣業務理論與實踐研究的雄厚實力及嚴謹的治學態度。

　　《人民幣 SDR 時代與香港離岸人民幣中心》分為六章，共收錄了 42 篇論文，主要選自 2015 年 8 月以來中銀香港內部發表的《中銀財經述評》、《中銀經濟月刊》及其他內部研究報告，以及中銀香港管理層在一些重要場合的對外演講。這些文章中，除了部份發表在《國際金融研究》、《國際金融》及《清華金融評論》等權威刊物，或香港主流媒體專欄外，大多數文章是首次公開與讀者見面。為了讓讀者能夠把握最新的市場及政策脈搏，作者在出版前對部份文章內容及數據作出更新。本書還收錄了一些

中銀香港參與人民幣業務的珍貴歷史照片，亦是首次公開發表。
由於編輯匆忙，難免存有疏漏，懇請讀者海涵。

　　我們榮幸地邀請到香港金融管理局總裁陳德霖先生及中國銀
行董事長兼中銀香港董事長田國立先生為本書作序，感謝香港金
管局及母行中國銀行一向對中銀香港的大力支持。

責任編輯	寧礎鋒
書籍設計	姚國豪
扉頁攝影	陳潤智（頁6-7、396-397）

書　　名	人民幣SDR時代與香港離岸人民幣中心
主　　編	岳　毅
編　　審	鄂志寰
責任編審	應　堅

出　　版	三聯書店（香港）有限公司
	香港北角英皇道四九九號北角工業大廈二十樓
	Joint Publishing (H.K.) Co., Ltd.
	20/F., North Point Industrial Building,
	499 King's Road, North Point, Hong Kong
香港發行	香港聯合書刊物流有限公司
	香港新界大埔汀麗路三十六號三字樓
印　　刷	美雅印刷製本有限公司
	香港九龍觀塘榮業街六號四樓A室
版　　次	二〇一七年五月香港第一版第一次印刷
規　　格	十六開（170mm × 230mm）四〇〇面
國際書號	ISBN　978-962-04-4137-0

三聯書店
http://jointpublishing.com

JPBooks.Plus
http://jpbooks.plus